Reichel
Verlag

Das Buch
Dougall Fraser kennt die Kraft der Farben wie kaum ein anderer. So sieht er in Sekundenschnelle, wie es einem Menschen körperlich und psychisch geht. Er sieht, woran es mangelt, und er weiß, welche Farbe(n) es braucht, die dem Klienten helfen können, sich selbst zu stärken.

Dougall Fraser hat die Kräfte der Farben sein Leben lang an sich erprobt. Sein Anliegen ist es, uns zu zeigen, wie wir diese Kräfte nutzen und als Kraftquelle für ein erfülltes und kreatives Leben nutzen können.

Der Autor
Dougall Fraser ist seit seiner Kindheit hellsichtig. Er ist ein spiritueller Lehrer und medialer Coach. Im Alter von acht Jahren gab er sein erstes Reading und wurde fortan von Erwachsenen konsultiert. Zu seinen Klienten zählen unter anderem Unternehmer, Schauspieler, Pädagogen und Ärzte. Er lebt mit seinem Ehemann in Los Angeles/USA.

Dougall Fraser

Geheime Kraft der Farben

Wie Farben Körper, Geist und Seele stärken

Übersetzt von Johanna Ellsworth

Reichel Verlag

93053 Regensburg

Tel: 0049(0)9194-8900, Fax: 0049(0)9194-4262

E-Mail: info@reichel-verlag.de

www.reichel-verlag.de

Umschlaggestaltung: Christian Wolf

ISBN 978-3-94643399-6

Für Colette Baron-Reid.
Deine Freundschaft, Führung und
Ermutigung bedeuten mir mehr,
als du dir vorstellen kannst.

Inhalt

Vorwort

Ein Buch zu schreiben ist eine starke und tiefgreifende Erfahrung. Viele Menschen nehmen an diesem Prozess teil, und die meisten von ihnen werden in den Danksagungen erwähnt. Doch es gibt einen Menschen, den ich erwähnen muss, noch bevor Sie mit dem Lesen anfangen.

Mein Mann David hat das ganze Buch mit mir zusammen geschrieben. Nach vielen Jahren der Zusammenarbeit haben wir ein Konzept und einen Prozess entwickelt, die meine Fähigkeiten als intuitiver Berater mit meiner Leidenschaft für Farben und Selbsthilfe verbinden.

Auch wenn sein Name nicht auf dem Buchdeckel steht, sollen Sie wissen, dass jede Seite mit seinem Herzen, seiner Seele und seiner Stimme verwoben ist.

David, du bist genial und begabt, und es ist eine Ehre, jeden Tag mit dir zusammenarbeiten zu dürfen. Ich danke dir dafür, dass du mir geholfen hast, aus 20 Jahren Sitzungen ein ganzes Werk zu machen.

Ich liebe dich.

Einleitung

Ich saß im Sprechzimmer meiner neuen Augenärztin, während sie meine Augen untersuchte. An der Wand hinter ihrem Schreibtisch hingen lauter distinguierte Zeugnisse, Qualifikationen und Bescheinigungen. Da ich die Highschool vorzeitig abgebrochen und den Abschluss erst später nachgeholt habe, beeindrucken mich alle Leute, die den höheren Schulabschluss auf dem normalen Weg gemacht haben. Nachdem ich die Buchstaben des Sehtests erfolgreich vorgelesen hatte, riss ich mich zusammen, während sie Tropfen in meine Augen träufelte, um die Pupillen zu erweitern.

„Vergessen Sie bitte nicht, Dougall, dass Ihre Pupillen jetzt weit geöffnet sind und Sie in den nächsten paar Stunden lichtempfindlich sein werden."

Sie haben ja keine Ahnung, wie *lichtempfindlich,* dachte ich. Dann fragte sie mich, ob ich je irgendwas Ungewöhnliches sah, von dem sie wissen sollte.

„Hm, nun ja – was meinen Sie mit ungewöhnlich?"

„Zum Beispiel Kreise, Pünktchen, Streifen oder sonst irgendwas, was Sie tagsüber womöglich sehen, obwohl es nicht vorhanden ist."

O je. Für einen Hellseher ist das eine regelrechte Fangfrage. Ich war hergekommen, um meine Augen untersuchen zu lassen und mir ein neues Rezept für Kontaktlinsen zu holen. Aber wenn man sich seinen Lebensunterhalt als intuitiver Lebenscoach verdient, lässt sich die einfache Frage „Sehen Sie in letzter Zeit irgendwas Ungewöhnliches?" nicht so beantworten, wie es die Ärztin gewohnt ist. Im Gegenteil: Die Antwort wird sie vermutlich glauben lassen, ich sei verrückt.

Wo soll ich anfangen? Letzte Woche sah ich ein orangefarbenes Licht, in das ein intuitiver Kollege von mir gehüllt war, sowie eine dunkelgrüne Aura an den Armen eines Erfolgsautors und einen Lichtkreis aus blauer Energie, der um den Kopf eines Rechtsanwalts schwebte. Als ich heute in ihrem Wartezimmer saß, waren die Arme der Arzthelferin ganz in ein undurchsichtiges dunkelblaues Licht getaucht, was mir verrät, dass sie glaubt, ihr Mann würde sie betrügen. Und vor den Schultern der Augenärztin glitzert ein Funke goldener Energie. Das verrät mir, dass sie daran denkt, hier zu kündigen und ihre eigene Privatpraxis aufzumachen.

„Nein, nichts Ungewöhnliches!"

Sie gab mir ein neues Rezept und ich ging wieder.

Jedes Jahr, wenn mir diese Frage gestellt wird, rätselt ein Teil meines Gehirns: *Was ist, wenn die letzten 20 Jahre, in denen ich Auren und Energien gesehen habe, in Wirklichkeit nur auf einer Sehstörung beruhen?* Können Sie sich vorstellen, eine ganze Berufskarriere und ein gesamtes Werk auf der Fehldiagnose einer Augenkrankheit aufzubauen?

Meine Eltern haben mir immer erzählt, dass ich als Kleinkind Farben über meinem Bettchen gesehen hätte. Daran kann ich mich zwar nicht mehr erinnern, aber ich weiß noch, dass ich als Fünfjähriger einen Freund hatte, der eine rosa Lichtkugel war und den ich Doshun taufte. Meine Eltern fanden sich zwar mit meiner „wilden Fantasie" ab, doch ich bin sicher, mein Vater nahm meine Mutter zur Seite und fragte sie, ob einer ihrer Hippiefreunde mich womöglich aus Versehen mit einem Brownie für Erwachsene gefüttert hätte.

Ich kann seit früher Kindheit farbige Energie um Menschen herum erkennen. Doch anfangs kannte ich die jeweilige Bedeutung dieser Energie, die die Leute einhüllte, nicht. Zuerst war es für mich nur ein lustiges Hobby, Aurafarben sehen zu können. Bei meinen ersten

Readings erzählte ich zwar meinen Klienten, welche Farbe ich um ihren Körper herum sehen konnte, doch ich konnte ihnen keine echten Erkenntnisse bezüglich der Farbe nennen. Es war, als könnte ich zwar die Wörter eines unbekannten Alphabets lesen, aber die Sprache selbst nicht verstehen. Doch als ich diese neue Sprache näher erforschte, sprach sie auf erstaunliche Weise zu mir. Es dauerte achtzehn Jahre der Arbeit mit Klienten, bis ich die Botschaften, die ich aus der geistigen Welt empfing, im Detail verstehen lernte, und jeden Tag lerne ich mehr darüber, wie ich mit der Macht der Farben arbeiten kann.

Während sich meine Arbeit mit Farbenergie über die Jahre weiterentwickelte, habe ich auch gelernt, dass es eine wissenschaftliche Erklärung für die Erfahrungen geben könnte, die ich seit meiner Kindheit mache. Mir wurde gesagt, dass ich Anzeichen von Synästhesie habe; das ist, wenn ein Sinn (wie zum Beispiel das Sehen) zur automatischen, unwillkürlichen Stimulierung eines zweiten Sinnes (wie beispielsweise des Hör- oder Geschmackssinns) führt. Im Großen und Ganzen bedeutet Synästhesie, dass zwei Sinne sich auf ungewöhnliche Weise überlappen. Synästhetiker beschreiben zum Beispiel, dass sie Musik sehen, ein Foto hören oder sogar bestimmte Wörter schmecken können. In meinem Fall sehe ich eine Farbe um Sie herum, wenn ich den Klang Ihrer Stimme höre. Und das wäre auch schon das Ende meiner Erfahrung mit dem Hören von Farben gewesen, wären da nicht meine Arbeit und die unzähligen Readings, die ich für meine Klienten veranstaltet habe. Als intuitiver Mensch kann ich noch einen dritten Sinn – nämlich das Gefühl oder die Energie einer jeden Farbe – nutzen. Synästhesie erklärt womöglich auch, warum die Farben, die ich sehe, andere Bedeutungen haben als die traditionellen Chakrafarben des Sanskrit oder die anderer Farbtherapiemethoden. Jede Farbe hat für mich dauerhafte Eigenschaften. Damit will ich nicht sagen, dass meine Definition die beste oder einzige Methode der Farbdeutung sei. Ich möchte Sie dazu ermutigen, sich mit den verschiedenen Methoden des Farbverständnisses zu befassen, doch das ist *meine* Deutung der Farbenergie, in die ich die Leute eingehüllt sehe.

Lassen Sie mich kurz erklären, wie ich Farbe nutze, wenn ich eine persönliche Sitzung mit einem Klienten abhalte: Sobald ich den Klang der Stimme eines Menschen höre, sehe ich ein Leuchten (entweder konkret um seine Gestalt herum oder vor meinem geistigen Auge, wenn ich mit ihm telefoniere). Meiner Überzeugung nach sehe ich die Farbe der gegenwärtigen Energie – oder noch tiefer: die Farbe der Seele – der Person, wenn ich ihre Stimme höre. Zuerst erkläre ich die Eigenschaften der Farbe, und dann wende ich meine Intuition an, um zu spüren, wie sich die Farbe auf den Lebensweg meines Klienten bezieht.

In diesem Buch möchte ich die Informationen über Farben, die ich über die Jahre gesammelt habe, an Sie weitergeben und hoffe, Sie können das Buch als Ratgeber zur Verbesserung Ihrer Lebenssituation nutzen. Zur Anwendung meiner Methode brauchen Sie keine Erfahrung mit Intuition. Alle Entwicklungsstufen sind willkommen! Es ist von Vorteil, wenn Sie an Energie und das Konzept der Aura glauben. Oder wenn Sie einfach nur an Menschen interessiert sind, deren Gehirn Energie und Informationen anders verarbeitet. Unabhängig von Ihrer Überzeugung finden sich auf den folgenden Seiten viele historische, wissenschaftliche und kulturelle Bezüge, die Sie über die Macht der Farben informieren.

Übersinnliche Phänomene haben mich von Anfang an so fasziniert, wie Baseball oder Ballett manche Kinder begeistert. Für mich gab es nichts Interessanteres auf der Welt als alles, was mit Spiritualität oder Okkult zu tun hat. Nach jahrelanger Therapie und einer Erforschung meiner Lebensreise ergibt diese Faszination heute absolut Sinn. Im Alter von sieben bis ungefähr neunzehn Jahren durchlebte ich eine ziemlich schmerzhafte Zeit. Meine ältere Schwester erkrankte mit sechzehn Jahren an Leukämie. Das hat unsere ganze Familie erschüttert. Die Ehe meiner Eltern war unglücklich, und sie reichten die Scheidung ein. Ich kämpfte mit dem inneren Bewusstsein, schwul zu sein, während ich in einer äußerst konservativen Kleinstadt aufwuchs. Ein noch tieferes Geheimnis war, dass ich von einem Freund der Familie sexuell missbraucht worden war. Ich musste unbedingt wissen, ob es einen Sinn, eine Bedeutung für alles Gute und Schlechte gibt, das uns im Leben widerfährt.

Klingt ziemlich kompliziert, nicht wahr? Nach meiner festen Überzeugung war mein seelischer Schmerz so einschneidend, dass ich mich damals auf etwas konzentrieren musste, was mich tröstete. Die Vorstellung, dass Prozesse wie Meditation, Tarot, Singen oder Channeln mich aus meinem Schmerz herausholen würden, war sehr verlockend. Ich hatte eine spirituelle Form der Abspaltung gefunden. Heute in der Schule gemobbt? Das meditieren wir einfach weg. Mom und Dad streiten sich schon wieder? Wir wollen versuchen, eine Botschaft unserer Schutzengel zu empfangen. Je mehr spirituelle Bücher ich las, umso besessener wurde ich. Inmitten so vieler Unsicherheiten gab mir die Vorstellung, die Zukunft für mich und andere vorhersagen zu können, ein starkes Gefühl des Friedens. Ich machte es mir zur Mission, mich oder andere vor Schmerz zu bewahren, und die Farben wurden schon bald zum Teil meines Heilungsprozesses.

Als ich zu einem Teenager heranwuchs, entwickelte ich mich zu einem recht guten Deuter von Tarotkarten. Ich setzte alles daran, meine intuitiven Fähigkeiten zu schärfen. Wann immer ich konnte, nahm ich an Kursen, Workshops und meditativen Gruppenseminaren teil. Mit sechzehn entsprach ich nicht unbedingt dem typischen Teilnehmer an Erfahrungen dieser Art. Trotzdem fühlte ich mich bei meiner neuen Gemeinschaft, die größtenteils aus vierzig- bis fünfzigjährigen spirituellen Frauen bestand, wohl und geborgen.

Gleichzeitig sah ich weiterhin Auren um die Gestalt meiner Klienten und notierte mir ihre Eigenschaften. Die Farben, die ich sah, manifestierten sich in ganz speziellen Charaktereigenschaften meiner Klienten. Ich studierte die etablierten Methoden der Farbenergie, darunter auch Chakren, die ich liebe und schätze. Doch was mich faszinierte, war die Tatsache, dass sich meine Definitionen der Farbenergie häufig von denen der traditionellen Sanskrit-Chakren unterschieden. Damals konnte ich damit zwar noch nichts anfangen, doch ich setzte meine Studien fort.

Noch bevor ich zwanzig war, war ich vollständig in die esoterische Gemeinschaft integriert und fing an, mir allmählich einen Namen zu machen. Das ist nun schon fast zwanzig Jahre her, und ich bin sehr dankbar dafür, wie gut meine Arbeit und mein Glaubenssystem meinen Schmerz und den anderer umwandeln. Jede Lektion in diesem Buch wurde von zahlreichen Klienten und mir selbst getestet und hat sich als wirksam erwiesen.

Die Macht der Farben zu nutzen kann für jeden sinnvoll sein. Früher sagte ich den Leuten, in welche Farbe ich ihre Gestalt eingehüllt sah. Ich beschrieb die Farbe, die ich sah, wenn sie mir ihren Namen nannten, und achtete dann darauf, wie sich die Farbe änderte, wenn sie über ihre Arbeit oder ihr Liebesleben sprachen. Doch nachdem ich buchstäblich Tausende von Auren um Klienten in aller Welt gesehen hatte, bemerkte ich allmählich eindeutige Muster und Charaktereigenschaften, die mit bestimmten Farben einhergingen und sich wiederholten. Warum war jeder Selbständige in gelbe oder goldene Farbe gehüllt? Und wieso sah ich immer einen bestimmten Blauton, wenn jemand betrogen worden war?

Ich erweiterte meine Studien, indem ich Kurse über Farbtherapie, Meditation und Farbheilung belegte. Ich las unzählige Bücher, weil ich mehr über die Energie der Farben wissen wollte. Dabei stellte ich fest, dass die meisten Techniken, die sich mit den Farben der Chakren oder der Aura beschäftigen, zwar die Eigenschaften jeder Farbe beschreiben, doch keine praktischen Ratschläge geben, wie man die Energie einer jeden Farbe anzapfen oder nutzen kann. Das behielt ich im Hinterkopf, während ich regelmäßig notierte, in welche Farben ich meine Klienten eingehüllt sah, und Vorschläge machte, wie sie gewisse Farben nutzen konnten, wenn sie einen bestimmten Energieschub brauchten. Die Farben, die ich um meine Klienten herum wahrnahm, signalisierten, dass ich ihre Stärken erkennen und auch sehen konnte, mit welchen Farben sich Eigenschaften, die ihnen nicht guttaten, minimieren könnten. Nachdem ich diese neue Sprache jahrelang gelesen hatte, fing ich endlich an, sie zu begreifen. Und so ist *Geheime Kraft der Farben* entstanden.

Farben wurden nicht nur meine Sprache, um für meine Klienten Zugang zu Informationen zu erlangen, sondern sie boten mir auch äußerst nützliche Hinweise, die ich nun mit Ihnen teilen werde, damit Sie sie bei Bedarf anwenden können. Wir werden alle intuitiv geboren. Diese Farben geben Ihnen die Mittel, mit denen Sie in Ihrem eigenen Ermessen wichtige Veränderungen herbeiführen können.

Auch wenn sich der Fokus dieses Buchs auf meine intuitiven Erfahrungen mit Farben richtet, hoffe ich, dass es Sie inspiriert, Ihre eigene angeborene Intuition näher zu erforschen und zu entwickeln. Intuitive Fähigkeiten werden oft eine Gabe genannt, doch diese Beschreibung mag ich nicht sonderlich. Für mich ruft die Vorstellung, jemand hätte eine „Gabe“, das Bild eines Menschen hervor, der anders oder besser als alle anderen ist. Nach meiner Überzeugung sind jedoch wir alle mit Intuition gesegnet. Unglücklicherweise werden viele von uns von frühauf nicht gerade ermutigt, auf unsere Intuition zu vertrauen. Die meisten Menschen werden dazu erzogen, sich in beinahe jeder Hinsicht von außen leiten zu lassen. Unser intuitiver Funke wird jedes Mal, wenn wir die Kontrolle über uns selbst abgeben, schwächer, bis er so trüb ist, dass wir glauben, überhaupt keine Intuition zu haben. Doch sie ist immer da – sie ist ein Teil unserer Lebenskraft, die nur darauf wartet, erweckt zu werden.

Obwohl es von Vorteil ist, sich die Ansichten von Experten zu eigen zu machen, sollten Sie immer auf Ihre eigene Intuition hören, bevor Sie in irgendeiner Angelegenheit eine Entscheidung treffen. Eine starke Intuition ist das Ergebnis der Zeit und Mühe, die nötig ist, um sich sinnvoll mit der Energie anderer zu verbinden. Es mag zwar aufregend sein, wenn ein Hellseher auf unerklärliche Weise den Namen Ihrer Schwester kennt, doch am wichtigsten sind die Einsichten in Ihre Beziehung zu Ihrer Schwester, die er Ihnen ermöglicht. Wenn die von ihm empfangenen Informationen echt klingen, dann nutzen Sie sie in Ihrem Interesse. Wenn nicht, dann lassen Sie sie links liegen und gehen Sie weiter. Wie mein Freund Alan Cohen immer sagt: „Suche dir das Beste heraus und lasse den Rest liegen." Wir alle haben zu denselben Einsichten Zugang; es ist nur eine Frage der stärkeren Wahrnehmung der inneren Stimme.

Unsere intuitiven Fähigkeiten können wie jeder andere Muskel auch gestählt werden. Ich leite Workshops über die Fähigkeit, Auren zu sehen, und buchstäblich keiner meiner Teilnehmer hat je meinen Workshop verlassen, ohne die Farbenergie um einen anderen herum sehen zu können. Jeder, der regelmäßig übt, kann seine persönliche Hochform erreichen.

Nur wenige Leute entwickeln ihre Intuition weiter, da uns von frühauf beigebracht wird, uns von äußeren Quellen Rat zu holen. Wenn wir Intuition als Gabe betrachten, ist sie nichts, worüber wir die Kontrolle hätten. Es ist viel einfacher, sich von der Außenwelt leiten zu lassen, aber in Wahrheit kann das genaueste übersinnliche Reading nur aus Ihrem Inneren kommen.

Ich glaube, wir alle haben diese Begabung. Noch besser – noch wichtiger – sollten wir das Wort *Begabung* durch *Verbundenheit* ersetzen. Der magische Planet Erde, auf dem wir leben, ist von Energie umgeben und in Farbmitteilungen aus dem Universum gehüllt. Ich fände es seltsam, wenn nur ein paar Ausgewählte unter uns diese Energie auf einer tieferen Ebene als alle anderen sehen, hören oder erkennen könnten.

Um als Arzt, Anwalt, Detektiv, Investor oder in jedem anderen Beruf erfolgreich zu sein, müssen wir unsere intuitiven Fähigkeiten anzapfen. Nennen Sie Ihre Intuition ein „Gefühl" oder eine „Ahnung" – für mich bedeutet „hellseherisch zu sein", meine intuitiven Muskeln durch Üben und die Erfahrung mit Tausenden von Klienten gestärkt zu haben. Es ist ungefähr dasselbe wie der Unterschied zwischen jemandem, der zweimal in der Woche Sport treibt, und einem Fitnesstrainer.

Was wäre, wenn Ihre eigene Seele das GPS wäre, mit dem Sie sich bewusst im Universum orten könnten und durch das Sie sich mit der gesamten höheren Weisheit und allem höheren Wissen verbinden könnten? Wenn jeder von uns sein eigenes inneres Leitsystem hat, dann dienen Farben als Adressen auf der Landkarte unseres Lebens. Jede Farbe hilft uns, bestimmte Punkte auf der Karte zu finden, die wir erreichen müssen. Wollen Sie stärkere Führungsqualitäten entwickeln? Dann folgen Sie der Route, die zu Violett führt. Brauchen Sie einen Schub Selbstliebe? Dann schnallen Sie sich an und fahren Sie in Richtung Rosa.

In diesem Buch geht es um viel mehr als nur um darum, die Farbenergie zu verstehen. Letztendlich möchte ich damit Ihre Fähigkeit verbessern, positive Veränderungen unter Verwendung von Farbe als

Katalysator zu erreichen. Was Sie hier in den Händen halten, ist ein Ratgeber, wie Sie die beste, stärkste und strahlendste Version Ihrer Selbst aktivieren können. Wie die gute Hexe Glinda im Film *Der Zauberer von Oz* es ausdrückt, hatten Sie schon immer die Macht – Sie mussten sie nur selbst erlernen.

Unsere gemeinsame Reise beginnt damit, dass ich den Prozess umreiße, durch den ich die Energie einer jeden Farbe anzapfe. Ich nenne dies die Farbaktivierung. Aber das ist nur der Anfang. In jedem Kapitel werden wir eine Farbe näher untersuchen, um zu sehen, wie sich ihre Energie auf Sie und Ihre Umwelt auswirken kann. Wir werden uns mit den historischen, kulturellen, wissenschaftlichen und religiösen Farbassoziationen befassen, um zu sehen, inwiefern sie den von mir gesehenen Eigenschaften entsprechen. Ich werde Ihnen von Klienten berichten, die ihr Leben durch Farben positiv verändert haben, und auch verschiedene Beispiele aus meinem eigenen Leben einfügen. Übrigens möchte ich an dieser Stelle den vielen Klienten danken, die sich mit der Schilderung ihrer Erfahrungen während der Arbeit mit mir einverstanden erklärt haben (manche von ihnen haben mich verständlicherweise gebeten, ihre Namen zu ändern, da jede Geschichte persönlicher Natur ist). Dann werde ich Anleitungen geben, wie Sie durch eine Reihe von Techniken, die von meinen Klienten getestet wurden, Schritt für Schritt Farbe in Ihr Leben bringen können. Ich werde Ihnen zeigen, wie Sie durch Übungen, Affirmationen, visuelle Meditationen, Farbstützen und andere Dinge Farbe in Ihrem Leben aktivieren können. Jede Methode ist ein wirksames und praktisches Mittel, mit dem Sie Ihr Leben bereichern können. Ich freue mich sehr darauf, diese Informationen mit Ihnen teilen zu können!

Lassen Sie uns jetzt aus dem Vollen schöpfen.

Kapitel 1

Der Aktivierungsprozess

Farbaktivierung ist der Prozess, mit dem die Energie, die hinter jeder Farbe steckt, angezapft wird. Wenn wir Farbe aktivieren, überbrücken wir die Lücke zwischen dem bloßen Betrachten ihrer Eigenschaften und dem aktiven Einbringen der Energie in unser Leben und zu unserem Nutzen. Das gleicht einer Kochsendung, die wir uns im Fernsehen ansehen, und dem Gericht, das wir selbst kochen. Auch wenn es unterhaltsam und interessant ist, anderen beim Kochen zuzusehen, sind die Vorbereitung und der Verzehr einer Mahlzeit ein dreidimensionales Erlebnis.

Es gibt keine eisernen Regeln, wie Sie Farbe in Ihrem Leben aktivieren können. Wir alle haben Sinne, die unterschiedlich ausgebildet sind. Wenn Sie andere Methoden zur Aktivierung einer Farbe finden, die für Sie besser funktionieren, dann ist das super! Mein Ziel ist es, Sie zu bestärken – also seien Sie so frei, diese Konzepte zu übernehmen und sie sich zu eigen zu machen.

Obwohl meine Methode eine abgerundete Einführung in die Schritte der Farbaktivierung ist, habe ich noch mehrere fantastische Optionen – es sind Vorschläge meiner Klienten – beigefügt. In den Jahren, in denen ich verschiedene Techniken ausprobiert habe, habe ich diejenigen herausgefiltert, die immer wieder gut funktionieren, und stelle sie Ihnen hier vor. Die Übungen können sich zwar von Farbe zu Farbe unterscheiden, doch die Grundsätze der Farbaktivierung beziehen sich immer auf den Überblick, den Sie unten finden.

Ich rate Ihnen, zuerst alle Übungen auszuprobieren und sich dann diejenigen, die sich für Sie am richtigsten anfühlen, herauszusuchen. Jede Übung enthält Schritte zur Selbstdiagnose, wie Sie auf jede

Farbe reagieren. Auch hier ist es mein Ziel, Ihre Farbintuition zu stärken. Also achten Sie bitte darauf, ob gewisse Prozesse für Sie besser funktionieren als andere.

Bitte beachten Sie: Weiß ist die einzige Farbe in diesem Buch, für die keine Übung angeboten wird. Der Grund, warum ich die Übungen in diesem Kapitel ausgelassen habe, ist, damit Sie sich darauf konzentrieren können, sich mit dem generellen Aktivierungsprozess vertraut zu machen. Im Grunde lernen Sie nun eine neue Sprache der Farben, und ich möchte Ihnen diesen Schritt so einfach wie möglich machen. Sobald Sie es sich zur Gewohnheit gemacht haben, auf diese Weise mit Farben zu arbeiten, werden wir zu komplexeren Übungen übergehen.

ÜBERSICHT

Jedes Kapitel handelt von einer neuen Farbe und der dazugehörigen Farbaktivierung. Ich schlage vor, anfangs ca. sieben Tage für die Arbeit mit jeder einzelnen Farbe aufzubringen, doch letztendlich sollten Sie sich die Zeit nehmen, die sich für Sie richtig anfühlt. Es mag zwar verlockend sein, sofort von einer Farbe zur nächsten zu springen und jeden Tag mit einer anderen Farbe zu arbeiten, doch Sie müssen sich daran gewöhnen, die Veränderungen Ihrer Energie und Ihres Bewusstseins wahrzunehmen. Vergessen Sie nicht: Sie lernen hier im Grunde eine ganz neue Sprache. Wenn Sie sich jeweils auf eine Farbe konzentrieren, gibt Ihnen das die Möglichkeit, die subtilen Eigenschaften der Energie jeder Farbe vollständig zu erkennen.

Die folgenden Kategorien gelten für die Farbaktivierung:

1. **Meditative Aktivierung:** Bei dieser Aktivierung geht es um Meditation und Übungen, um Ihre Absicht zu verdeut-

lichen und die Verbindung Ihrer Seele zur Farbe, mit der Sie gerade arbeiten, zu festigen.

2. **Intuitive Aktivierung**: (auch „Ich sehe“ mit dem intuitiven Auge): Der Begriff „Ich sehe“ bezieht sich auf ein Spiel, mit dem sich Kinder auf langen Autofahrten die Zeit vertreiben. Bei diesem Spiel sagt man zum Beispiel: „Ich sehe etwas Orangefarbenes“, woraufhin sich alle anderen umsehen, um den Gegenstand in dieser Farbe zu entdecken. Die Intuitive Aktivierung funktioniert mit demselben Konzept, sich eine bestimmte Farbe in der Umgebung auszusuchen, doch bei dieser Aktivierung ermöglichen Sie es dem Universum, durch Signale bestimmter Farben Ihr Bewusstsein und eigene Selbstanpassungsaspekte zu wecken. Dabei achten Sie darauf, wann Farben an einem beliebigen Tag wiederholt Ihre Aufmerksamkeit erregen. Wenn Sie gelernt haben, die Zeichen zu erkennen, wird die Intuitive Aktivierung zu einer unterhaltsamen Methode, mit der Sie Botschaften und Anleitungen empfangen können. Das Beste daran ist, dass Sie von Ihrem höheren Selbst Mitteilungen erhalten, die Ihren intuitiven Muskel kräftigen und Ihnen sagen, worauf Sie sich in einem beliebigen Augenblick konzentrieren müssen.

Zusätzlich zu den obigen Aktivierungen enthält jedes Kapitel die folgenden Mittel, die Ihnen helfen, Farbe zu nutzen:

3. **Farbaffirmationen:** Farbaffirmationen sind eine verbale Methode, mit der Sie sich mit der Energie und Absicht, die hinter jeder Farbe stecken, in Einklang bringen.

4. **Aktivierung durch farbige Gegenstände:** Bei dieser Aktivierung wird das wichtige Konzept der Farbstützen an-

gewandt. Farbstützen sind Gegenstände, die Sie absichtlich in Ihrer Umgebung aufbewahren, damit Sie sie im Alltag immer wieder sehen und berühren können. Farbstützen dienen als Gedächtnisstützen, die Ihnen helfen, die Energie dieser Farbe aufzubauen.

5. **Schattenseiten:** Wie die Rückseite einer umgedrehten Tarotkarte hat auch jede Farbe eine gegensätzliche Reihe von Eigenschaften. Wenn eine bestimmte Farbe Sie abstößt, sollten Sie sich die Beschreibung der Schattenseite dieser Farbe ansehen. Sie enthält eine Botschaft, die es wert ist, gehört zu werden.

Jede der aufgelisteten Kategorien wird detailliert erklärt. Machen Sie sich mit den verschiedenen Aktivierungsarten vertraut, während Sie mit *Geheime Kraft der Farben* arbeiten. Ein vernünftiges Ziel ist der Versuch, für die Dauer von sieben Tagen mindestens einmal am Tag eine Farbe zu aktivieren.

Je nach der Energie, die Sie am nötigsten haben, können sich gewisse Farben vertraut anfühlen, während andere womöglich neu und ein wenig unangenehm wirken. Solche Reaktionen sind völlig normal und können auftreten, während Sie weiterhin mit Farben experimentieren. Achten Sie darauf, wie Ihr Körper und Ihre Sinne auf jede Farbe reagieren. Ich notiere meine sich ändernden Erfahrungen mit Farben, mit denen ich arbeite, in einem Tagebuch. Wenn Sie auf Ihre Reaktionen achten, liefert Ihnen das wertvolle Informationen darüber, von welcher Energie Sie im Leben noch mehr (oder weniger) brauchen, um ins Gleichgewicht zu kommen.

Anmerkungen zur Aktivierung

Auch wenn die generellen Aktivierungsschritte immer dieselben sind, enthält jede Farbe individuelle Anmerkungen zur Aktivierung. Diese Anmerkungen beginnen mit einer Frage, die auf Ihre Beziehung zur Energie der Farbe abzielt. Wenn Sie sich diese Frage stellen, hilft Ihnen das, Ihre gegenwärtige Energie in Bezug auf diesen Lebensbereich einzuschätzen. Wir alle verändern und entwickeln uns ständig weiter, und daher rate ich Ihnen, sich diese Fragen immer dann vorzunehmen, wenn Sie eine Selbstdiagnose Ihrer derzeitigen Energie erstellen möchten. Das offenbart Ihnen wertvolle Erkenntnisse über Ihre Beziehung zu dieser Farbe und erleichtert Ihnen, die Lebensbereiche zu identifizieren, in denen Veränderungen notwendig sind.

Zu den positiven Eigenschaften, die Sie mithilfe von Farbe verbessern können, zählt die Fähigkeit, praktische Gedanken zu formen, sich mit Ihrem tiefsten emotionalen Kern zu verbinden, Führungsqualifikationen zu stärken und Kreativität freizusetzen. Es geht nur darum, die Lautstärke derjenigen Energie, die Sie nutzen wollen, aufzudrehen.

Neben den Fragen der Selbstdiagnose bieten die Anmerkungen zusätzliche Gedanken über jede Farbe und erleichtern es Ihnen, über ihre Eigenschaften nachzudenken. Kehren Sie zu diesem Kapitel zurück, wenn Sie mehr Klarheit über irgendeinen Teil des Prozesses benötigen.

Meditative Aktivierung

Womöglich kennen Sie den Spruch: „Wir sind spirituelle Wesen, die eine menschliche Erfahrung machen“, doch nach der ersten Tasse

Kaffee beim Frühstück neige ich dazu, dies zu vergessen. Die Ablenkungen des modernen Alltags sind zahlreich und verlockend. Ich kann einen ganzen Nachmittag mit meinem iPhone vergeuden, wenn ich nicht aufpasse. Ich muss regelmäßig daran erinnert werden, dass ich im Kern aus Energie bestehe.

Die unten aufgeführte visuelle Meditation wende ich selbst an und empfehle sie auch meinen Klienten. Keine Sorge – für seine Wirksamkeit setzt der Prozess nicht voraus, dass Sie täglich eine halbe Stunde lang meditieren. Die Meditative Aktivierung kann so kurz oder lang sein, wie es für Sie passt. Ich dachte früher immer, es sei notwendig, mindestens eine halbe Stunde am Tag im Lotussitz zu verharren, um ein spiritueller Mensch zu sein. Ich weiß zwar nicht, wie es Ihnen geht, aber ich schaffe es einfach nicht, regelmäßig so lange meine Gedanken total abzuschalten.

Ich glaube, sogar der Dalai Lama hört beim Meditieren geistiges Geschnatter. Ich gehe zwar davon aus, dass seine Gedanken sich nicht wie die eines Teenies anhören – so wie es bei mir der Fall ist –, aber man kann nie wissen. Früher dachte ich, dass ich nicht richtig meditierte, wenn ich mich dabei nicht rastlos und unbehaglich fühlte. Aber ich kann Ihnen versichern: Wenn Sie es richtig machen, wird das Meditieren zum Vergnügen.

Wie ich festgestellt habe, versetzte mich die morgendliche Meditation zwar in einen Zustand der Gelassenheit und des inneren Gleichgewichts, doch diese Effekte verflogen tagsüber wieder. Daher fing ich an, kürzere Techniken auszuprobieren, die schnell sind und bei mir wirken.

Ich wollte in der Lage sein, meine Energie tagsüber auf Anhieb ins Gleichgewicht zu bringen und zu klären. Meine Absicht war, das meditative Gegenstück einer angenehmen heißen Dusche zu finden, um in nur wenigen Minuten den Körper zu reinigen und die Seele anzuregen. Das ist für die geistige und körperliche Gesundheit wichtig; es ist ein Ritual, das ich nie hinterfrage. Meine Dusche kann unterschiedlich lang sein. Im Urlaub dusche ich ausgiebiger, doch an Arbeitstagen springe ich meistens nur kurz unter die Dusche. In jedem Fall wird mein Körper wirksam gereinigt.

Ich möchte, dass Sie mit derselben Absicht an diese Aktivierung herangehen, doch hinsichtlich Ihrer Seele ohne den Gedanken, wie viel Zeit Sie dafür aufwenden sollten. Wenn Sie sich 10 Sekunden lang auf den Prozess einlassen können, ist das schon super. Das würde bedeuten, dass Sie 10 Sekunden Stille am Tag erreichen – mehr als die meisten Menschen. Wenn Sie es 30 Minuten lang durchhalten können, ist das umwerfend gut. Tun Sie einfach, was Ihnen möglich ist, und bauen Sie darauf auf.

Grundübung
Meditative Aktivierung

Ich rate Anfängern, mehrere Tage lang mit derselben Farbe zu arbeiten, um sich an den Prozess zu gewöhnen. Aktivieren Sie die Farbe jeden Tag, an dem Sie mit ihr arbeiten, spirituell für 30 Sekunden und so lange, wie Sie dazu brauchen.

Meine Vorgehensweise ist ganz einfach. Vor vielen Jahren lernte ich in Meditationskursen das Grundprinzip *Die Energie folgt dem Gedanken, und der Gedanke leitet die Energie.* Grundsätzlich bewirken die Gedanken, auf die Sie sich konzentrieren, eine Veränderung in Ihrem Bewusstsein und Ihrer Seele. Ich habe diese Vorstellung mit einbezogen, weil sie uns hilft, die Botschaft jeder Farbe wirklich aufzunehmen. Beachten Sie bitte, dass im folgenden Text keine bestimmte Farbe angegeben ist, damit Sie immer zu diesen Schritten zurückkehren und die Farbe, mit der Sie gerade arbeiten, einsetzen können.

1. Nehmen Sie eine bequeme Sitzhaltung ein. Schließen Sie die Augen. Atmen Sie dann ein paarmal tief ein und konzentrieren Sie sich auf einen Punkt, der ca. fünfzehn Zentimeter über Ihrem Kopf liegt. Stellen Sie sich beim Ein- und Ausatmen einen Lichtball in der Größe eines Softballs vor. Der Ball aus Licht sollte immer in der Farbe sein, mit der Sie gerade arbeiten. Es ist empfehlenswert, sich diese leuchtende Energie über dem Körper vorzustellen, um sich zu vergegenwärtigen, dass es in Ihrem Leben noch etwas Größeres als Sie selbst gibt. Außerdem soll der Lichtball über dem Körper schweben, weil Sie durch ihn eine ganz bestimmte Energie aus dem Universum anzapfen und sich durch den Körper ziehen, wobei der Lichtball der Leiter ist.

2. Während der Lichtball vor Ihrem geistigen Auge deutlicher wird, bemerken Sie allmählich, wie er mit jedem Atemzug wächst und pulsiert. Dieses Pulsieren ist Ihr höheres Selbst, das Ihr körperliches Wesen daran erinnert, dass Sie geleitet und beschützt werden. Gott, Liebe, Licht, Allah, Hashem, Buddha, das Universum – wie auch immer Sie es nennen wollen. Ich beziehe mich auf die höhere Macht, die überall um uns herum besteht. Wir sind größer und bedeutender als unser materieller Körper.

3. Stellen Sie sich jetzt vor, dass der Lichtball anfängt, wie eine Wunderkerze Funken zu schlagen. Er lässt sein helles, strahlendes Licht auf Sie herunterregnen. Das Licht wärmt Sie, während es durch Ihren Kopf in die Kehle strömt, in die Schultern strahlt, durch Ihre Arme bis zu den Handflächen fließt und dort wieder austritt. Fühlen

Sie es, während Sie es durch den ganzen Körper erden. Das Licht strömt in Ihren Unterleib und dehnt sich in die Taille und Hüften aus. Dann fließt es durch die Oberschenkel, Beine und Fußknöchel, bis es schließlich durch die Fußsohlen tief in die Erde dringt. (Anmerkung: Wenn Sie auf einem Stuhl sitzen, sollten Sie die Beine nicht kreuzen und die Füße auf den Boden stellen. Dadurch können Sie sich genau vorstellen, wie die Energie durch Ihre Fußsohlen strömt. Manche Menschen sitzen jedoch lieber im Schneidersitz auf einem Meditationskissen. Falls das auf Sie zutrifft, sollten Sie die Visualisierung Ihrer Position anpassen, so dass die Energie aus dem unteren Ende Ihres Rückgrats statt aus den Fußsohlen abfließt.)

Diese simple Aktivierung der Farbenergie löst tief in Ihrer Seele etwas aus. Das Konzept spiegelt sich in vielen Religionen wider, wie beispielsweise unter den gläubigen Juden, die eine Kippa als Erinnerung daran, dass ihr Schöpfer über ihnen wacht, tragen. Der Fokus auf einen Punkt über Ihrem Körper erinnert Sie daran, dass es noch einen höheren Sinn gibt als nur das, was gerade in Ihrem Alltag abläuft.

Bei der spirituellen Aktivierung befindet sich jede Farbe immer ca. fünfzehn Zentimeter über dem Kopf in Form eines leuchtenden Lichtballs. Für viele meiner Klienten, die sich mit Chakrasystemen auskennen, ist das ungewohnt, da sie aus Gewohnheit jede Chakrafarbe mit einem bestimmten Körperteil verbinden. Um Missverständnissen vorzubeugen: Ich habe großen Respekt vor den Chakren des Sanskrit und sämtlichen Formen der Meditation. Meine Techniken dienen nicht dazu, irgendein bestimmtes System zu widerlegen. Ich habe nur festgestellt, dass sie bei mir wirken.

Im Alter von sechzehn Jahren fing ich an, mich ausführlich mit Meditieren zu beschäftigen, und die meisten Techniken, auf die ich traf, schlagen vor, sich auf die Wurzel des Rückgrats zu konzentrieren und in Gedanken nach oben zu wandern, bis man am Ende liebevolle Energie ins Universum hinaufschickt. Aber wie Sie sich sicher vorstellen können, ist das Universum schon randvoll mit liebevoller Energie. Wir, die Menschen hier auf der Erde, sind diejenigen, denen es an Liebe mangelt und die dringend eine Infusion aus liebevoller Energie benötigen. Deswegen fangen wir über dem Kopf an und bewegen uns nach unten.

Bei dieser visuellen Meditation stellen wir uns jede Farbe ungefähr am selben Punkt über dem Kopf vor, damit wir ihre Energie durch den Körper nach unten ziehen können und ihre Eigenschaften gleichmäßig durch unsere Essenz erden können. Der letzte Schritt dabei ist, diese Energie durch die Fußsohlen nach unten zu drücken, um tief in der Erde verwurzelt zu werden. Auf diese Weise können wir durch die Meditation nicht nur unsere Seele nähren, sondern auch die Erde selbst.

Intuitive Aktivierung

Die Intuitive Aktivierung (oder „Ich sehe mit meinem intuitiven Auge") macht Spaß, weil sie uns ermöglicht, mit liebevoller Energie zu spielen und zu sehen, worauf sie unseren Fokus richtet. Nach meiner Überzeugung erhalten wir den ganzen Tag über heilende Botschaften, doch die meisten von uns sind zu beschäftigt oder abgelenkt, um sie wahrzunehmen. Es gibt jedoch eine Methode, wie man solche Botschaften bewusst empfangen kann. Diese Übung zeigt Ihnen, wie Sie sie auf natürliche Weise heraussuchen können. Es gibt zwei verschiedene Methoden, wie man die Intuitive Aktivierung erleben kann:

1. **Beabsichtigt**: Hierbei ist es Ihr Ziel, im Kopf zu behalten, mit welcher Farbe Sie gerade arbeiten, und darauf zu achten, wie oft Sie dieser Farbe an einem durchschnittlichen Tag begegnen, um durch sie einen zusätzlichen Energieschub zu erhalten. Wenn Sie zum Beispiel mit Weiß arbeiten, nehmen Sie sich morgens vor, den ganzen Tag über unterstützende Signale der weißen Energie zu erhalten. Dann setzen Sie sich ins Auto und fahren zur Arbeit. An einer Ampel blicken Sie zufällig zum Auto neben Ihnen und bemerken, dass die Frau auf dem Fahrersitz einen weißen Hut und eine auffällige weiße Sonnenbrille trägt. Diese visuellen Erinnerungen können Sie als Bestätigung Ihrer Absicht, mehr Spiritualität und Klarheit in Ihr Leben zu bringen, betrachten. Dann kommen Sie in Ihrer Firma an, gehen vormittags in die Sitzung und bemerken, dass Ihre Chefin sich eine frische Maniküre geleistet hat und ihre Fingernägel plötzlich weiß lackiert sind. In diesem Augenblick können Sie das entweder als Zufall abtun oder den Extraschub an weißer Energie (Klarheit und Spiritualität) annehmen. Das Universum erinnert Sie daran, dass Sie diese Energie aktiviert haben und jederzeit eine Dosis davon haben können. Ich nenne es häufig bewusste Meditation. Diese kurzen Momente der Farberkennung helfen Ihnen, an einem stressigen Tag Ihr Gleichgewicht wiederzufinden.

2. **Spontan:** Nehmen Sie sich bei dieser Methode dauerhaft vor, für die Botschaften der Energie jeder beliebigen Farbe offen zu bleiben. Sie können Ihre Absicht aufschreiben und die Notiz an einer sichtbaren Stelle aufhängen oder sich morgens vor Tagesbeginn diese Absicht in Erinnerung rufen. Das ermöglicht es dem Universum,

die Farbe besonders zu betonen, deren Energie Sie in jedem beliebigen Augenblick am meisten brauchen. Wenn Sie plötzlich überall Rosa entdecken, dann könnte Ihr höheres Selbst Ihnen damit sagen, dass Sie freundlicher und weniger kritisch mit sich selbst umgehen müssen. Wenn Sie auf diese Weise lernen, mit der Farbe zu arbeiten, werden Sie allmählich Botschaften erhalten, wie Sie optimal für sich und Ihre Seele sorgen können. Unsere Welt ist voller Farben, und Sie werden es sich zur Gewohnheit machen, darauf zu achten, welche Farbtöne Ihnen je nach dem, was Sie gerade brauchen, ins Auge stechen. Wenn Ihre Farbe der Woche auftaucht, dann fotografieren Sie den Gegenstand mit Ihrem Smartphone und schauen Sie zu, wie sich die Zeichen häufen. Wenn Sie Fotos auf dem sozialen Netzwerk Ihrer Wahl einstellen, können Sie den Hashtag #YourLifeInColor verwenden. So kann ich Sie unterstützen, und außerdem ist es eine tolle Methode, mit anderen in Verbindung zu treten, die sich wie Sie mit Farbenergie beschäftigen.

FARBAFFIRMATIONEN

Bei Affirmationen (auch als Spiegelarbeit bekannt) wiederholen wir eine positive Nachricht immer wieder an uns selbst, so dass sie negative Selbstgespräche ersetzt. Diese Methode wurde durch Louise Hays großartiges Buch *Du kannst es! Durch Gedankenkraft die Illusion der Begrenztheit überwinden* berühmt. Ich kaufte mir als Jugendlicher das Buch, und es hat mir geholfen, viele selbst auferlegte Blockaden zu überwinden. Meine Variante der Idee sind Farbaffirmationen, wobei die beabsichtigte Energie der Farbe, mit der Sie arbeiten, wiederholt wird. Die Farbaffirmation, die ich für Gold vorschlage, lautet zum Beispiel: „Ich bin stark und bin in meinem eigenen Licht."

Wenn Sie noch nie Spiegelarbeit ausprobiert haben, fühlt es sich womöglich etwas ungewohnt an, in den Spiegel zu sehen und sich selbst positive Botschaften zu wiederholen. Und dennoch laufen diejenigen unter uns, die unter einem schwachen Selbstwertgefühl leiden, herum und wiederholen ständig negative Geschichten über sich. Farbaffirmationen sind eine wirksame Methode, um negative Gedankenmuster durch positivere und produktivere Botschaften zu ersetzen. Das Beste an ihnen ist, dass sie jedes Mal, wenn Sie diese Farbe in Ihrem Leben sehen, erweitert werden.

Sehen Sie in den Spiegel und wiederholen Sie die Farbaffirmation mehrmals laut. Achten Sie darauf, sich dabei tief in die Augen zu sehen. Ich persönlich glaube nicht, dass Sie eine Affirmation so-und-so oft wiederholen müssen, aber ich empfehle, sie mehrmals am Tag auszusprechen, während Sie mit der jeweiligen Farbe arbeiten. Je öfter Sie die Affirmation wiederholen, umso mehr wird sie sich in Ihr Bewusstsein einprägen.

Aktivierung mit farbigen Gegenständen

Eine Farbstütze kann jeder Gegenstand sein, den wir verwenden, um die Energie einer bestimmten Farbe bewusst zu verstärken. Sie werden sie für jede Farbe im Buch vorfinden. Diese Aktivierung lässt sich äußerst kostengünstig umsetzen und bringt ohne viel Aufwand visuelle Freude. Auch die Tatsache, dass sie es möglich macht, die Farberfahrung mit Objekten, die Sie schon besitzen, persönlich zu gestalten, finde ich toll. Vermutlich haben Sie schon ein grünes Lieblingstop, einen rosa Quarzstein oder einen violetten Frühstücksbecher. Farbstützen sind ein unterhaltsames Mittel, um die Energie der Farbe, die Sie gerade nutzen, im Alltag einzubringen.

1. Suchen Sie sich einen Gegenstand aus, den Sie als Farbstütze verwenden möchten. Dies kann etwas sein, was Sie schon besitzen, oder auch etwas Neues, was Sie sich zu diesem Zweck anschaffen.

2. Übertragen Sie Ihre Absicht auf die Farbstütze mit Ihrer Absicht, indem Sie sie in den Händen halten, die Augen schließen und sich vollkommen auf die Bedeutung, die hinter der Farbe steckt, konzentrieren. Sie können in diesem Augenblick auch die Affirmation aussprechen, die ich für diese Farbe aufgelistet habe. Bei Weiß würden Sie zum Beispiel sagen: „Ich werde vom weißen Licht gereinigt.“

3. Berühren Sie Ihre Farbstütze immer dann, wenn Sie eine Dosis der Energie dieser Farbe bekommen wollen, und rufen Sie sich ihre Energie ins Gedächtnis. Sie können auch die Farbaffirmation (laut oder in Gedanken) wiederholen und tief Luft holen, um noch mehr von der Farbenergie aufzusaugen.

4. In unserer stark vernetzten Welt sind soziale Medien ein unterhaltsamer Weg, um unser Bewusstsein für Energie zu stärken. Machen Sie ein Foto von der Farbstütze, die Sie verwenden, und teilen Sie es mit anderen Nutzern unter dem #GeheimeKraftderFarben. Ich freue mich immer über die einzigartigen Dinge, die andere sich einfallen lassen, um durch Farbe stärker zu werden. Außerdem liebe ich es, mit anderen zu interagieren, und werde Ihnen wahrscheinlich selbst antworten!

Zum Schluss möchte ich meine persönlichen Überzeugungen über Farbstützen klarstellen. Auch wenn ich sie seit Jahren verwende und ihren Nutzen für meine Klienten erlebt habe, glaube ich nicht, dass Farbstützen irgendwelche übersinnlichen Kräfte besitzen. Es ist nur Ihre Absicht, sie mit Farbenergie zu tränken, die ihnen Kräfte verleihen.

Achten Sie auf Ihre Aktivierungen

Wenn ich mit einer Farbe arbeite, mache ich mir gern Notizen, um zu sehen, wie oft ich diese Botschaften erhalte. Wenn Sie das auch ausprobieren wollen, können Sie sich ein Notizbuch anschaffen und die Zeiten aufschreiben, wo die Farbe auftaucht. Vergessen Sie dabei nicht, zu notieren, auf was Sie sich in dem Moment, in dem Sie die Farbe wahrgenommen haben, konzentriert haben und wie Sie sich dabei fühlten. Das liest sich zum Beispiel so:

> 11.45 Uhr: Traf Jen, während ich beim Versuch, das Design meiner Webseite fertigzustellen, eine Pause machte. Ich war über mich selber gefrustet, weil ich mich für nichts entscheiden konnte. Sie trug einen smaragdgrünen Pulli. Das war eine Erinnerung daran, meinen kreativen Entscheidungen zu vertrauen.

Es ist deshalb so wichtig aufzuschreiben, wie Sie sich in dem Augenblick fühlen, weil die Farbe eine Botschaft hinsichtlich der Situation, in der Sie sich gerade befinden, enthalten kann.

Schattenseiten

Während Sie eine Farbe aktivieren, stellen Sie vielleicht fest, dass sich manche sehr angenehm anfühlen, andere womöglich irgendwie unbehaglich. Das ist völlig normal und hat sogar etwas Gutes. Es bedeutet, dass Sie die derzeitige Energie Ihrer Seele herausfordern, ihre Komfortzone zu überschreiten. Wenn Sie schon mal eine Therapie gemacht haben, dann wissen Sie, dass es schmerzhaft oder unangenehm ist, über gewisse Themen zu sprechen, auch wenn dies Ihrer Weiterentwicklung nützt. Dieses Unbehagen nenne ich die Schattenseiten der Farben.

Der Grund, warum Sie eine bestimmte Farbe womöglich total ablehnen, ist wahrscheinlich, weil Sie auf diesem Gebiet an sich arbeiten und die Schattenseite ans Licht bringen müssen. Das Universum ist eigen. Selbst wenn wir einen bestimmten Aspekt vermeiden wollen, taucht er wie ein Verkehrsschild in unserer Aura auf und zeigt auf das, was wir tun müssen.

Betrachten Sie es wie den Anfang eines ganz neuen Fitnessplans. Wenn Sie körperlich nicht mehr in Form sind und Spinning machen, werden Sie sich in den ersten Tagen vermutlich vollkommen erschlagen fühlen. Sie werden wie verrückt schwitzen und womöglich außer Atem geraten. Ihr Körper und Gehirn werden Sie anflehen, mit der Folter aufzuhören. Wäre es nicht viel angenehmer, mit diesem doofen Programm aufzuhören und stattdessen lieber fernzusehen? Natürlich wäre es leichter, das zu tun, denn es ist immer leichter, auf der Stelle zu treten, als sich zu etwas Neuem aufzuraffen. Doch wenn Sie das Spinning nur noch ein paar Tage länger durchhalten, wird sich Ihr Körper daran gewöhnen. Dann kommen Sie in den Genuss der Ausschüttung von Endorphinen, die durch Sport entsteht. Ihre Stimmung hellt sich auf und Sie werden gesünder.

Wenn Sie merken, dass bestimmte Farben bei Ihnen gewisse Emotionen auslösen, rate ich Ihnen, sie weiterhin zu erforschen. Möglicherweise stehen Sie kurz vor einem Durchbruch, der durch diese Farben bewirkt wird.

Kapitel 2

Weiß

EIGENSCHAFTEN: spirituelle Reinigung und Klarheit

SCHATTENSEITE: Das Gefühl, von Verantwortung überwältigt zu werden; die Schwierigkeit, angehäufte Dinge loszulassen

Die Farbe Weiß, die einen Ausbruch der Spiritualität und Klarheit bewirkt, ist der Universalreiniger des Universums. Wir alle haben zu Hause irgendeinen Reiniger, der so gut wie jede Oberfläche sauberkriegt. Er putzt Küche, Bad und Fenster blitzblank und entfernt sogar die Flecken auf unserer Kleidung! Weiß hat ähnliche Eigenschaften, indem es hilft, jeden Aspekt unseres Seins zu neutralisieren und ins Gleichgewicht zu bringen. Weiß leuchtet so hell und in einer so hohen Schwingung, dass es die perfekte Farbe für den Anfang unserer Reise zu den Farben ist.

Ich empfehle meinen Klienten stets, die Arbeit mit Farben mit Weiß zu beginnen. Wie ich festgestellt habe, ist Weiß die Farbe, die sich Anfänger am leichtesten vorstellen können, da Weiß – wie Isaac Newton bei der Anwendung eines Prismas herausfand – in Wirklichkeit aus einer Reihe anderer Farben des sichtbaren Farbspektrums zusammengestellt ist. Daher enthält Weiß ein ausgewogenes Verhältnis der Eigenschaften aller Farben. Wie ich festgestellt habe, findet jeder, der sich auf Weiß konzentriert, ein Element, das sich richtig anfühlt.

Weiß ist für fast alle großen Religionen eine wichtige Farbe und wird häufig als Symbol der Reinheit getragen. Im Christentum werden Säuglinge in einem weißen Taufkleid getauft, und der Papst trägt bei öffentlichen Zeremonien ein weißes Gewand. Jüdische Männer tragen einen feierlichen weißen Leinenkittel als Verkörperung der Reinheit, während Yogis der Kundalini weiße Baumwollkäppchen aufsetzen, um ihre Auren zu erweitern und Achtsamkeit zu praktizieren. Außerhalb der Religionen kleiden sich Ärzte Weiß, um zu betonen, dass sie auf penible Sauberkeit achten und um ein Gefühl ruhiger Kompetenz auszustrahlen. Ich trage beim Schreiben gerne Weiß, weil ich dadurch einen klaren Kopf bekomme und weil die Farbe das Bewusstsein für meine Wahrheit schärft, die ich mit meinen Lesern teile. Weiß ist auch die Farbe, die am häufigsten mit Sauberkeit, Neuanfängen und dem größeren Gesamtwohl in Verbindung gebracht wird.

Weiß ist nützlich, wenn wir unsere Energie rasch klären müssen, zum Beispiel, während wir in einem stressigen Verkehrsstau stecken oder uns um ein weinerliches Baby kümmern müssen. Es hat mich schon während eines Flugs gerettet, als meine Sitznachbarin beschloss, sich die Fingernägel zu lackieren. Wenn Sie lethargisch, schwunglos oder erschöpft sind, kann Weiß hilfreich sein.

Stellen Sie sich vor, Sie wollen ein unordentliches Zimmer in Ihrem Haus aufräumen. Sie betreten den Raum und machen das Licht an. Dieses weiße Licht beleuchtet alles und lässt Sie erkennen, welche Gegenstände Sie behalten müssen und welche Sie entsorgen sollten. Genauso funktioniert es, wenn wir bei uns selbst Weiß anwenden. Das weiße Licht erhellt die Teile unseres Wesens, die unsere Aufmerksamkeit benötigen, wie auch die Aspekte, die wir loslassen können.

Unterschiedliche Kulturen verwenden Weiß als Symbol des Übergangs. In den USA trägt die Braut Weiß als Ausdruck von Reinheit und Neuanfang. Die meisten von uns bekommen beim Anblick der strahlenden Braut automatisch ein Gefühl der Hoffnung für das Leben, das das Brautpaar gemeinsam beginnt. Auch beschreiben Menschen, die ein Nahtoderlebnis hinter sich haben, häufig die Vision, von einem weißen Licht angezogen zu werden. In asiatischen Kulturen wird Weiß oft mit Tod und Trauer in Verbindung gebracht. Ich habe zahlreiche japanische Klienten, denen es aufgrund dieser Bezüge zum Tod widerstrebt, mit Weiß zu arbeiten. Für mich sind Geburt und Tod jedoch nur zwei Seiten derselben Medaille. Jedes Ereignis markiert das Ende eines Kapitels und die Erneuerung oder den Anfang des nächsten Kapitels.

Wenn wir Weiß verwenden, beabsichtigen wir, bei dem, auf das wir uns gerade konzentrieren, neu durchzustarten. Weiß steht für ein neues Kapitel und eine neue Reihe von Vorhaben; es verschafft uns ein Gefühl der Klarheit im Leben.

Weiß war für meine neue Klientin Charmaine, die über meine Webseite einen Termin mit mir ausgemacht hatte, besonders nützlich. Die Arbeit mit neuen Klienten beginnt mit einer telefonischen Einführung, bei der wir über ihre Ziele sprechen und ich mich intuitiv mit ihrer Energie verbinde, um den besten Weg zu finden, wie sie weiterkommen können. Die Farben, die ich um sie herum sehe, verraten mir häufig die Themen, auf die wir uns konzentrieren sollten. Um Punkt eins wähle ich Charmaines Nummer, um die Verbindung für unsere erste Sitzung herzustellen.

„Hallo, sind Sie Dougall?“, fragt eine leise Stimme am anderen Ende der Leitung, die etwas abgehackt klingt.

„Hi, Charmaine, hier ist Dougall. Sind Sie gerade am Handy?“, frage ich.

„Ich – habe – kein – Festnetz“, antwortet sie.

Handys sind mir ein wachsender Dorn im Auge, da Klienten sie manchmal für Sitzungen an den unmöglichsten Orten verwenden. Ich habe schon Klienten erlebt, die mich aus dem Einkaufszentrum, einem Auto voller Fahrgäste, dem Supermarkt oder sogar in der Schlange vor dem Postschalter angerufen haben! Am meisten profitiert man jedoch von einer Session an einem stillen Ort, an dem man sich wirklich auf die Informationen konzentrieren kann, die hereinkommen.

Während Charmaine spricht, merke ich sofort, dass sie nicht nur am Handy ist, sondern auch abgelenkt wird. Im Hintergrund höre ich den Wind rauschen und ein Radio.

„Fahren Sie gerade Auto, Charmaine?"

Sie bricht in Tränen aus. „Ich konnte mir … einfach nicht die Zeit nehmen. Ich muss die Kinder von der Schule abholen, und heute hat alles länger gedauert. Alles steht Kopf und …"

In weniger als drei Minuten hat Charmaine mir ihre derzeitige Situation erklärt. Ich bitte sie, für einen Moment am Straßenrand anzuhalten, damit wir uns besser konzentrieren können. Wie ich festgestellt habe, verraten mir die ersten drei Minuten einer Sitzung – egal, ob es sich um eine Beratung oder ein Reading handelt – ganz viel über das Leben eines Menschen. Hier haben wir eine Klientin, die sich keine halbe Stunde für sich selbst nehmen kann. Sie ist schon emotional aufgeladen, und dabei habe ich mich erst vorgestellt. Der Prozess unserer Zusammenarbeit hat noch nicht einmal begonnen, doch energetisch passiert schon einiges. Das ist der Teil der Energiearbeit, den ich liebe. Unsere Lebensumstände liefern uns häufig die Lernprozesse, die unsere Seele braucht, um sich weiterzuentwickeln, auch wenn wir es nicht wissen.

„Okay, jetzt stehe ich auf dem Parkplatz der Schule. Ich habe noch ca. fünfundzwanzig Minuten, bevor sie herauskommen", sagt Charmaine unter Tränen.

„Super. Warum nehmen wir uns dann nicht einen Augenblick Zeit und bringen unsere Energie gemeinsam ins Gleichgewicht. Schließen Sie die Augen. Holen Sie ein paarmal tief Luft durch die Nase und atmen Sie durch den Mund aus. Und dann möchte ich, dass Sie ganz langsam in Gedanken Ihren Namen aussprechen."

Charmaine bleibt eine volle Minute lang still und bemüht sich, meiner Bitte Folge zu leisten. „Es fühlt sich komisch an, meinen eigenen Namen auszusprechen, so als wäre es irgendwie egoistisch. Ich würde lieber den Namen meines Geistführers sagen."

„Das kann ich verstehen, Charmaine, und normalerweise wäre das ein guter Weg, um sich mit dem höheren Bewusstsein zu verbinden, aber wir wollen darüber sprechen, was in diesem Augenblick geschieht. Das hier ist unsere erste gemeinsame Beratungssitzung, und was ich bisher erfahren habe, ist, dass Sie angefangen haben zu weinen, weil Sie eindeutig viel Stress haben. Sie haben gesagt, Sie hätten keine Zeit für sich selbst und müssten deswegen während unseres Termins im Auto sitzen. Sie haben erwähnt, dass es sich so anfühlt, als würde alles auf dem Kopf stehen, aber als Sie auf dem Parkplatz angekommen sind, haben Sie festgestellt, dass Sie fünfundzwanzig Minuten zu früh da sind. Was sagt Ihnen das?"

Charmaine fängt an zu lachen. „Anscheinend habe ich doch Zeit. Ich habe es nur nicht gemerkt, weil ich immer in Eile bin, um ja pünktlich zu sein."

„Genau. Deswegen möchte ich, dass Sie durchatmen und Ihren Namen rufen. Wenn wir einen Raum für ein Reading, eine Beratung, Therapie oder auch nur für eine Übung betreten, müssen wir als Erstes unsere Energie anpassen und ins Gleichgewicht bringen. Indem wir uns unseren Namen wiederholt sagen, stellen wir eine Verbindung zu unserer eigenen Energie her und nicht zur Energie anderer Menschen um uns herum."

Während der telefonischen Erstberatung frage ich meine neuen Klienten immer nach ihren Zielen. Dann listen sie die Seiten in ihrem Leben auf, die sie ändern wollen, und wir erstellen gemeinsam einen Plan, wie das erreicht werden kann. Charmaine gibt mir einen Überblick über ihre jetzige Situation. Sie blieb die letzten acht Jahre zu Hause und passte auf ihre Kinder auf. Seit Kurzem ist sie von ihrem Mann getrennt und versorgt auch noch ihre alte Mutter, die in der Nähe wohnt.

„Mein wichtigstes Ziel ist, Arbeit zu finden. Ich weiß nicht, was ich mit meinem Leben anfangen soll. Ich werde zwar Unterhalt und eine kleine Abfindung bekommen, aber das reicht nicht für die Art von Leben, die ich mir wünsche. Ich arbeite schon seit Jahren nicht mehr und habe das Gefühl, ich habe der Welt nichts zu bieten."

„Ich habe der Welt nichts zu bieten", wiederhole ich. „Das sind ziemlich harte Worte. Ist das wirklich Ihr Gefühl?"

Charmaine fängt wieder an zu weinen. „Ich weiß es nicht, Dougall. Es klingt schrecklich, wenn Sie es wiederholen, aber ich stecke seit langer Zeit in einer kaputten Ehe fest. Ich wollte unbedingt, dass meine Ehe funktioniert, aber tief in meinem Inneren weiß ich, dass sie mir nicht gutgetan hat. Ich kann mich gar nicht mehr daran erinnern, wer ich eigentlich bin, ohne eine Ehefrau und Mutter zu sein. Das ist zu meiner Identität geworden."

Während Charmaine ihre Situation schildert, wird sie für mich auf Anhieb die perfekte Kandidatin für Weiß. Hier ist eine Frau, die eindeutig fleißig und einfühlsam ist. Sie kommt zu früh, um ihre Kinder von der Schule abzuholen, und ist ihnen eine liebevolle Mutter. Selbst die Worte, die sie verwendet, um ihren baldigen Exmann zu beschreiben, sind freundlich und verständnisvoll. Ihre Energie ist jedoch überhäuft mit den Bedürfnissen anderer, was zu dem Gefühl führt, nicht zu wissen, wer sie wirklich ist. Was sie braucht ist Klarheit.

„Sie sollen mir nur sagen, was ich tun soll“, sagt sie.

Ich kann sie zwar verstehen, doch mein Ziel ist immer, meine Klienten in ihrer eigenen Intuition zu stärken. „Charmaine, als Erstes müssen wir uns wieder mit Ihrer Energie verbinden. Aus dem, was Sie mir bisher berichtet haben, kann ich heraushören, dass Sie extrem überstimuliert wirken. Sie machen gerade eine Scheidung durch. Es gibt mehrere Menschen in Ihrem Leben, um die Sie sich kümmern müssen, und das Wichtigste ist: Sie brauchen einen Job, um für Ihre Familie sorgen zu können. Ist das richtig?“

„Ja, das stimmt.“

„Okay, meine erste Hausaufgabe für Sie ist, mit dem weißen Licht zu arbeiten.“

Ich erkläre Charmaine, dass Weiß die Farbe der Spiritualität und Klarheit ist. Weiß wäre in dieser verwirrenden Zeit perfekt für sie. Charmaine ist so sehr damit beschäftigt, die Bedürfnisse anderer zu erfüllen, dass wir als Erstes den Fokus darauf richten, ihr beizubringen, wie sie täglich etwas Zeit damit verbringen kann, die Verbindung zu sich selbst aufzunehmen. Ich weise sie an, wie sie das weiße Licht aktivieren und durch den Körper erden kann.

„Nachdem wir das weiße Licht geerdet haben, wäre es meiner Meinung nach interessant, wenn Sie die Farbe darum bitten könnten, Sie daran zu erinnern, was Sie der Erde zu bieten haben.“

„Sie meinen, ich soll meinen Geistführer darum bitten?“, fragt Charmaine.

Die Leute lieben Geistführer. Den ganzen Tag über werde ich nach Namen und Aussehen ihrer Geistführer gefragt. Ich finde die Vorstellung, mit einer spirituellen Glamourgruppe zu reisen, zwar auch toll. Sicher macht es Spaß, ein Team im Äther zu haben, das mich unterstützt, mir auf meiner Reise weiterhilft und mich mit der höheren Weisheit verbindet, und auch mir gefällt der Gedanke, von meinen Erzengeln vor schlechten Entscheidungen bewahrt zu werden.

Doch auch wenn es wie ein Widerspruch klingen mag, glaube ich, dass unser Gehirn mitunter Geistführer erfindet, weil wir unbewusst die Kontrolle über uns selbst abgeben wollen. Wir möchten glauben, dass jemand da draußen immer über uns wacht und Dinge Wirklichkeit werden lässt. Und auch wenn ich daran glaube, dass eine höhere Macht uns immer beschützt, existiert die intuitive Energie seit jeher *in uns selbst.*

Damit will ich sagen, dass *Sie* Ihr eigener Geistführer sein können, wenn Sie dafür offen sind. Letztendlich bestehen wir alle aus Energie. Unser Wesen, unsere Seele, unsere Schwingung sind Teil eines viel größeren allgemeinen Rahmens, und meiner Überzeugung nach trifft das auch auf unsere Intuition zu. Wir alle sind von einer unglaublich liebevollen Stimme umgeben, die uns führt. Sie ist nicht in getrennte Wesen unterteilt, die nur außerhalb von uns existieren. Wie eine Pflanze, die vom Sonnenlicht genährt wird, können wir diese Führungskraft aufnehmen, wann immer wir es wollen.

Doch zurück zu Charmaine.

„Nein, nicht Ihr Geistführer“, antworte ich ihr. „Sie werden die Energie – oder in diesem Fall die Farbe, auf die wir uns konzentrieren wollen – um Weisheit bitten.“

„Das ist alles? Mehr brauche ich nicht zu tun?“

„Ja, das ist alles.“

„Wissen Sie, ich befasse mich schon seit Jahren mit solchen Dingen. Sie können mir ruhig noch mehr Hausaufgaben geben oder sie ein bisschen schwerer machen."

„Aber genau darum geht es doch, Charmaine. Sie haben sich viel damit befasst, und das ist beeindruckend. Aber an diesem Punkt in Ihrem Leben werden Sie mit Informationen zugeschüttet. Der einfache Prozess der Aktivierung von Energie und der Bitte um Informationen ist vielleicht genau das, was Sie brauchen, um wieder fit zu werden."

Ich rate Charmaine, jedes Mal in der nächsten Woche, wenn sie die Farbe Weiß sieht, innezuhalten und sich zu fragen: *Was habe ich der Erde zu bieten?*

Als wir uns eine Woche später erneut sprechen, berichtet mir Charmaine von einer tiefgründigen Entdeckung, die sie gemacht hat.

„Dougall, es war hochinteressant. Ich habe jeden Tag ungefähr zwei Minuten lang die Meditation gemacht und mich dann wieder anderen Dingen zugewandt. Ich hatte ja keine Ahnung, von wie viel Weiß ich umgeben bin! Als ich in unserer Straße um die Ecke bog, blühte der ganze Nachbargarten mit lauter weißen Rosen. Ich holte im Auto tief Luft und stellte mir die Frage, die Sie mir aufgetragen hatten: *Was habe ich der Erde zu bieten?* Anfangs fühlte ich mich nur friedlich und so, als hätte ich alle Zeit der Welt, um alles zu erledigen. Dann, gegen Ende der Woche, machte ich eine ziemlich intensive Erfahrung. Mein Sohn musste für die Schule eine dringende Buchbesprechung fertigstellen und flehte mich an, für ihn Druckerpapier zu holen. Also raste ich ins Schreibwarengeschäft; ich fühlte mich überwältigt und war ein bisschen panisch. Ich betrat das Geschäft und fand den Gang mit dem Papier, wo ich mir alle möglichen Schachteln ansah und von der Riesenauswahl irritiert war. Hundert Gramm, blütenweiß, getöntes Weiß – Dutzende Papiersorten –, und schlagartig wurde mir bewusst, dass ich alleine auf einem Gang stand und von weißem Druckerpapier umgeben war. Sogar das Wort *weiß* stand überall. Ich holte tief Luft, und der Papiergeruch löste etwas in mir aus! Ich kann es nur schwer erklären, aber ich hatte ein Flashback. Ich stand plötzlich wieder im Lehrerzimmer der Schule, an der ich früher unterrichtet habe. Der Geruch von Papier, das Gefühl von Papier in meiner Hand machten mich früher glücklich. Ich habe unheimlich gern unterrichtet. Ich bekam eine Gänsehaut, als ich nur daran dachte. Natürlich habe ich der Welt etwas zu bieten. Natürlich habe ich einen Grund, mir wieder eine Arbeit zu suchen. Schließlich bin ich Lehrerin."

Charmaine und ich verbrachten die nächsten dreißig Minuten damit, über diese Erkenntnis zu sprechen. An dieser Stelle möchte ich etwas erklären. Im Schreibwarengeschäft war nichts Magisches passiert. Charmaine war nur damit beschäftigt, ihre Ehe zu beenden und sich so vorbildlich um ihre Familie zu kümmern, dass sie darüber ganz vergessen hatte, mit sich selbst in Verbindung zu treten. Das Universum weiß jedoch immer, was wir brauchen, und es schickte ihr zahlreiche Erinnerungen in Form von stressigen Situationen. Das gab ihrem Geist die Chance, sich wieder auf die Dinge, die sie wirklich glücklich machen, zu konzentrieren und über sie nachzudenken. Am Ende nahm Charmaine erst einen Teilzeitjob als Aushilfslehrerin an und fand dann eine Stelle als Grundschullehrerin der ersten Klasse an der Schule ihrer Kinder.

Was Charmaine letztendlich brauchte, war die Erlaubnis, sich auf sich selbst zu konzentrieren. Dadurch, dass sie einen kleinen Meditationsprozess durchlief und sich tagsüber immer wieder ihre Absicht in Erinnerung brachte, bekam sie die Antwort auf ihre Frage. In diesem Moment wurde sie zu ihrem eigenen Guru.

Wie ich ernsthaft glaube, tragen wir alle tief in uns selbst die Antworten auf jedes Problem, das sich auftut. Beim Konzept der Arbeit mit Farbe geht es darum, den Bezug zu Ihrer inneren Brillanz und Weisheit wiederzufinden.

AKTIVIERUNG VON WEISS

BIN ICH MIR MEINER ENERGIE BEWUSST?

(Zur Beachtung: Obwohl das Buch eine Reihe von Übungen für alle anderen Farben enthält, ist Weiß die einzige Farbe ohne Übungsvorschläge. Der Grund, warum ich in diesem Kapitel die Übungen weggelassen habe, ist, damit Sie sich darauf konzentrieren können, sich mit den Grundlagen des Aktivierungsprozesses vertraut zu machen. Sobald die Arbeit mit Farben für Sie zur Gewohnheit geworden ist, werden wir uns komplexeren Übungen zuwenden. Gehen Sie für weiterführende Anleitungen bitte zum Aktivierungsprozess in Kapitel 1 zurück. Die in Kapitel 1 beschriebenen Schritte dienen als Muster für jede Farbe.)

Bei der Farbe Weiß richten wir den Fokus hauptsächlich darauf, unsere Gedanken zu vereinen, unser Gefühlsfeld zu klären und unsere Energie zu optimieren. Wenn wir die Farbe Weiß aktivieren, klären wir das Bewusstsein und rufen uns in Erinnerung, dass wir im Kern spirituelle Wesen sind. Wir können uns leicht im Multitasking des Lebens verlieren. Unsere Arbeit, unsere familiären Pflichten, unsere Rolle gegenüber unseren Freunden, unsere Rechnungen und Erwartungen und unsere Gesundheit können unsere gesamten Emotionen beanspruchen. Alles im Leben wirbelt ständig in unserer Seele und Aura herum. Bevor wir uns in einen spirituellen Zustand versetzen, müssen wir daher unsere Energie organisieren und klären.

Aus persönlicher und beruflicher Erfahrung kann ich sagen, dass Sie mit der Farbe Weiß in keiner Situation einen Fehler machen.

Meditative Aktivierung

Wie ich anmerken möchte, glaube ich nicht, dass irgendjemand „schmutzige“ oder „unsaubere“ Energie hat, auch wenn ich erkläre, dass Weiß zur energetischen Reinigung genutzt werden kann. Manchmal erzählen Klienten mir, ihre Aura sei verstopft, verzerrt oder zerrissen. Obwohl ich verstehen kann, dass problematische Lebenserfahrungen uns mitunter das Gefühl vermitteln, beschädigt worden zu sein, sehe ich es aus einem anderen Blickwinkel.

Betrachten Sie Ihre Seele als den Desktop Ihres Computers. Wenn Sie ähnlich ticken wie ich, bewahren Sie alle möglichen Dateien auf dem Desktop auf, damit sie leicht zu finden sind. Ich habe Fotos von meinen Lieben, die ich in den sozialen Medien posten und mit anderen teilen möchte, auf dem Desktop. Auf meinem Desktop befinden sich Dokumente für Bücher, Blogs und sogar für Tagebucheinträge, die ich noch einmal lesen will. Allmählich wird mein Desktop ziemlich voll. Je mehr Dateien „offen und aktiv“ sind, umso langsamer arbeitet mein PC. Ich selbst bin so ziemlich das Gegenteil von einem Computerfachmann – wenn mein PC zu langsam wird, rufe ich meinen Mann David zu Hilfe.

Dann schaut sich David meinen Computer an und stellt sofort fest, dass mein Desktop voller Dateien ist. „Wie kannst du dich in dieser Unordnung noch konzentrieren?“

Langsam und bedächtig speichert er jede Datei im richtigen Ordner und löscht alles, was nicht länger gebraucht wird. Er tippt noch ein wenig auf meiner Tastatur herum – und plötzlich ist mein Desktop aufgeräumt. Gleich darauf fängt der PC an, schneller zu arbeiten, so als könnte er sich nun wirklich konzentrieren, statt sich mit der Unordnung befassen zu müssen.

Dies ist die perfekte Darstellung, wie wir weiße Energie spirituell aktivieren können. Wie ein Computer sind wir alle brillante Schöpfungen, die unzählige Funktionen erfüllen und eine Vielfalt an Informationen enthalten. Doch statt Dokumente und Dateien zu speichern, sind wir emotional von Informationen über unsere Vergangenheit und Gegenwart geprägt. Wir enthalten glückliche Augenblicke mit geliebten Menschen und Lebenserfahrungen, auf die wir stolz sind, aber wir enthalten auch schmerzhafte oder stressige Erinnerungen an Dinge, die auf unserer persönlichen Reise geschehen sind.

In jedem beliebigen Augenblick kann eine Reihe dieser Lebenselemente im Vordergrund oder auch nur im Hintergrund unseres Bewusstseins aktiv sein. Wenn zu viele dieser Energieprogramme gleichzeitig arbeiten, bremst uns das. Dann werden wir geistesabwesend, überwältigt oder vernebelt. Vielleicht fällt es Ihnen schwer, sich an etwas zu erinnern, oder Sie haben womöglich das Gefühl, der Tag hätte nicht genug Stunden. Raten Sie mal, woran das liegt: Es ist an der Zeit, Ihren spirituellen Desktop zu bereinigen.

Hier kommt Weiß ins Spiel. Die Meditative Aktivierung von Weiß ist wie eine Energiedusche, die Ihre Energie auf einen neutraleren Raum richtet. Wenn Sie sich an diesen Vorgang gewöhnen, hilft er Ihnen, rasch zur ehrlichsten und ausgewogensten Version Ihrer Selbst – bevor Ihre Energie von anderen Menschen oder Situationen abgelenkt wurde – zurückzufinden. Weiß vereint Ihre Absichten, so dass Sie alle ablenkenden Elemente in Ihrem Leben wegräumen und sich wieder auf Ihren Kern konzentrieren können. Die Meditative Aktivierung von Weiß fühlt sich wie ein befreiendes, reinigendes Bad in Lichtenergie an.

Intuitive Aktivierung

Weiß hat eine wundervolle reinigende Energie und eignet sich hervorragend für den Aufbruch auf unsere gemeinsame Reise. Stellen Sie sich Weiß als einen Neustart dieses neuen Farbprozesses vor. Sie werden mit einem Teil Ihrer Seele verbunden, der zwar schon immer da war, doch den Sie nun noch intensivieren.

Die weisse Affirmation

ICH WERDE VON DER SPIRITUALITÄT UND KLARHEIT DER FARBE WEISS GEREINIGT.

Aktivierung mit farbigen Gegenständen

Da Weiß für die generelle energetische Reinigung genutzt wird, verwende ich gerne Farbstützen, die ich in mein Baderitual einbinden kann. Ich liebe eine angenehm reinigende Dusche – warum sie also nicht mit ein paar weißen Farbstützen kombinieren? Aus diesem Grund sind die meisten meiner Badaccessoires weiß. Vergessen Sie nicht, dass Sie mehr als nur eine Farbstütze verwenden können. Sie sollten nicht das Gefühl haben, sich für nur eine Farbstütze entscheiden zu müssen. Im Gegenteil: Mehrere Farbstützen bieten Ihnen mehr Gelegenheiten, an die Energie, die Sie anzapfen, erinnert zu werden.

Weiße Farbstützen, die Sie in Ihren Tag integrieren könnten, sind beispielsweise:

- **Weiße Handtücher.** Sie gehören zu meinen absoluten Favoriten. Beim Abtrocknen stelle ich mir gerne vor, dass das Handtuch sämtliche Reste von Energie, die für mich nicht nützlich ist, aufsaugt.
- **Ein weißer Bademantel.** Nach der Dusche oder dem Bad stelle ich mir vor, in schneeweiße Energie eingehüllt zu werden, während ich in den Bademantel schlüpfe.
- **Weiße Tafelkerzen.** Sie symbolisieren nicht nur klärende weiße Energie, sondern das Kerzenanzünden an sich ist ein weiteres Element des Rituals, das ich sehr genieße.

Die Schattenseite von Weiss

Wenn Sie die Reise antreten und die hohe Frequenz von Weiß aktivieren, werden Sie womöglich daran erinnert, wie vollgestopft Ihr Leben bisher war. Ein Ungleichgewicht von Weiß tritt häufig auf, wenn Sie Ihre eigenen Bedürfnisse vernachlässigt haben oder keinerlei Spiritualität praktiziert haben. Möglicherweise sind Sie aufgrund Ihrer Lebensumstände in Negativität oder hemmenden Gedanken steckengeblieben. Wenn ja, wird das bei der Arbeit mit Weiß deutlich hervortreten.

Die Schattenseite von Weiß kann sich als ein Extra-Anhängsel an Unordnung manifestieren oder Ihr Gefühl, überwältigt zu werden, noch verstärken. Betrachten Sie die Schattenseite von Weiß als Erinnerung an Ihre Routine der Selbstpflege und daran, wie gut oder schlecht Sie diese betreiben. Eine andere Methode, wie Sie weiße Energie vorsorglich ausgleichen können, ist, sich die Zeit zu nehmen, etwas nur für sich zu tun. Das kann zum Beispiel eine Massage oder ein stiller Spaziergang im Park sein.

Weiß gehört zu den Farben, die sich leichter erforschen lassen – selbst seine Schattenseite. Vergessen Sie nicht: Wir sind dabei, das Licht hereinzulassen, also bringen Sie es zum Strahlen!

Kapitel 3

Gold

EIGENSCHAFTEN: Zielsetzung und höhere Gedanken

SCHATTENSEITE: Egoismus, Unnahbarkeit

Gold, die Farbe der Unabhängigkeit und Intelligenz, fördert Ausdauer und Motivation. Goldenes Licht wird verwendet, um sich Prioritäten und Ziele zu setzen. Es unterstützt die Umwandlung sämtlicher negativer Gedankenmuster und hilft, sie durch positives, produktives Denken zu ersetzen. Goldenes Licht umhüllt Unternehmer, Erfinder, Selbstständige und Menschen, die gern für sich bleiben.

Goldenes Licht stimuliert Selbstvertrauen, Unabhängigkeit und Motivation. Gold ist die passende Farbe für Selbstständige und Leute, die ganz einfach unabhängiger sein wollen.

In der Geschichte, den Religionen und der Kunst finden sich zahlreiche Bezüge zur königlichen Energie der Farbe Gold. Im Hinduismus ist Gold das Symbol für Wissen, Lernen, Meditation und geistige Weiterentwicklung. Es wird häufig mit Zuverlässigkeit und Weisheit in Verbindung gebracht, wie beispielsweise in Redewendungen wie *goldene Worte* oder *die goldenen Jahre.* In der Bibel beschenken die Heiligen Drei Könige Jesus bei seiner Geburt mit Gold, das für seine königliche Herkunft steht. Im alten Ägypten war Ra der Sonnengott, der oft der Anführer aller Götter genannt wird. In der Geschichte der Menschheit verwendeten viele Zivilisationen

Gold als Zahlungsmittel, was vor Tausenden von Jahren in Kleinasien begann. Ich sehe oft die Farbe Gold um Klienten herum, welche die Ernährer ihrer Familien sind.

Vor Kurzem wurde ich eingeladen, bei einer inspirierenden Veranstaltung, an der meine gute Freundin Ramey Warren und ihre Kollegin Nicole Richie mitwirkten, einen Vortrag zu halten. Es war die perfekte Gelegenheit, positive Energie in einer gemischten Zuschauermenge zu verbreiten, vor der auch Rednerinnen wie beispielsweise Marianne Williamson auftraten. Die Produzenten der Oprah Winfrey Network fanden die Idee toll und wollten die Veranstaltung als Medienpartner filmen. David und ich wurden ganz aufgeregt, als wir von dieser großen Chance hörten. Mein Mann bot den Veranstaltern an, eine Webseite für sie zu erstellen, und nahm sich vor, ihnen zu helfen, wo immer er konnte.

David ist seit ca. acht Jahren mein Manager. Wir sind nicht nur ein Paar, sondern auch dynamische Kollegen, die einander aktiv unterstützen. Auch wenn er eine treibende Kraft in meiner Arbeit ist, zieht er es meistens vor, in den Hintergrund zu treten. Daher heimse ich häufig den Großteil des Ruhms ein, während er für meinen Assistenten gehalten wird. Als wir uns gemeinsam weiterentwickelten, wollte David mehr eigenständigen Erfolg und aktivierte als Unterstützung Gold.

Eines Tages hatte er eine Besprechung für die Planung des großen Events, und ich räumte das Frühstücksgeschirr ab, damit er sich für seinen Termin fertigmachen konnte. Wir haben zu Hause das stillschweigende Übereinkommen, dass, wenn einer von uns einen wichtigen Arbeitstag vor sich hat, der andere an diesem Tag die Hausarbeit übernimmt, indem er das Frühstück macht, aufräumt und ähnliche Aufgaben erledigt.

„Ich bin total nervös, Doogy“, sagt David beim Frühstück.

„Echt? Du wirst das toll machen! Es gibt nichts, worüber du dir Sorgen zu machen brauchst."

„Ich will meine Sache gut machen. Heute Nacht bin ich aufgewacht und habe mir das Gehirn zermartert, welche Farbe ich vor der Besprechung aktivieren soll. In Gedanken bin ich von einer Farbe zur anderen gesprungen. Violett für Führung? Vielleicht wäre Rot am besten, um im Herzen zentriert zu sein? Oder Orange für Ausgewogenheit? Welche Farbe wäre deiner Meinung nach für mich heute die beste?"

„Mit Sicherheit Gold. Gold hilft dir, dich unabhängig und selbstbewusst zu fühlen. Bei der Besprechung geht es doch darum, festzulegen, welche Ziele für die Veranstaltung Priorität haben. Wenn du heute früh Gold aktivierst, wirst du deine Gedanken ordnen und mit der selbstbewussten Energie, die ‚Ich kann das!' sagt, in die Besprechung gehen."

„Dann also Gold", sagt er.

„Ich hab aber nichts Goldenes anzuziehen!", verkündet er ein paar Minuten später vor dem Kleiderschrank.

„Das will ich auch hoffen! Wir wollen schließlich nicht, dass du wie eine goldene Oscar-Figur in die Besprechung gehst. Und du musst auch nicht unbedingt die Farbe tragen, um ihre Energie anzuzapfen. Visualisiere die Farbe jetzt, da du sie aktiviert hast, einfach und hol dir von ihr eine Dosis Selbstvertrauen."

David meditierte an diesem Morgen mit Gold und trug die antike goldene Armbanduhr seines Großvaters als Farbstütze. Wie er mir berichtete, fand er es toll, die Uhr immer dann zu berühren, wenn er an diesem Vormittag eine Dosis starker goldener Energie brauchte. Die Besprechung wurde ein Riesenerfolg, und es machte mich stolz zu sehen, dass David einen starken Anteil daran hatte.

Das ist nur ein Beispiel dafür, welche Rolle Farben in Ihrem Leben spielen können. Wie David bietet sich vielleicht auch Ihnen eine berufliche Chance, die Sie verunsichert. In diesem Fall sollten Sie Gold aktivieren, da es Ihre unternehmerische Seite weckt. Je mehr Sie die goldene Energie der Unabhängigkeit anzapfen, desto mehr wird sie sich in Ihrem Wesen festigen und bei Bedarf zur Verfügung stehen. Gold gilt in den Heilkünsten traditionell als eine männliche Energie, während Silber als weibliche Energie angesehen wird. Meiner Meinung nach sind das jedoch nur Klischees, die nicht wirklich widerspiegeln, wie diese Energien in den meisten von uns wirken. Ich glaube, wir alle sind von Natur aus mit einer männlichen und einer weiblichen Seite gesegnet. Wir alle besitzen die Fähigkeit, uns jede der beiden Energien zugänglich zu machen, auch wenn sich das in unserer Kultur wie ein Kampf anfühlen mag.

Unsere Gesellschaft hält Männer eher für unabhängig, selbstbewusst und befähigt, in ihre männliche Rolle zu schlüpfen. Andererseits wird von Frauen erwartet, einfühlsamer, mitfühlender und generell gefühlsbetont zu sein. Seien Sie sicher: Das ist eine Illusion. Sie haben unbeschränkten Zugang zu den besten Aspekten der männlichen *und* der weiblichen Energie.

Diese Vorstellung fiel mir schon immer leicht, da für Schwule die Geschlechterrollen weniger zum Tragen kommen. Wie jeder, der anders ist, weiß, kann Anderssein die Verurteilung der anderen mit sich bringen. Aber es ist auch ein Segen, da es einen lehrt, dass die Meinungen der anderen nicht wirklich wichtig sind. Infolgedessen fällt es mir leicht, meine silberne weibliche Seite – wie zum Beispiel meine emotionale Einfühlsamkeit, Kreativität oder jede andere klischeebesetzte weibliche Eigenschaft – zu erforschen. Doch es gefällt mir auch, die durchsetzungsfähige goldene Energie zu nutzen und „männliche“ berufliche Eigenschaften zu verkörpern, wenn ich sie brauche.

Sie können dasselbe tun, wann immer Ihnen danach ist. Nehmen Sie sich die Energie, die Ihnen in jedem beliebigen Augenblick am meisten dient, und vergessen Sie die Geschlechterrollen. Wenn unsere männliche und unsere weibliche Seite im Gleichgewicht sind, sind auch die anderen Elemente unseres Lebens ausgewogen. Gemeinsam werden wir die männlichen und weiblichen Aspekte unserer Seele näher untersuchen, was uns die Mittel gibt, unsere Energie wirksam auszugleichen.

Gold steht für unsere „männliche" Seite, die sich auf die Vorstellung stützt, eine selbstständige Tätigkeit auszuüben, uns selbst zu motivieren und mehr „Kopfmensch" als „Gefühlsmensch" zu sein. Wenn ich jemanden in die goldene Energie gehüllt sehe, ist diese Person meist tief in ihrem Verstand verankert. Ihr Gehirn dient ihr in vielerlei positiver Hinsicht.

Gold hilft uns, unabhängig zu sein, uns Dinge vorzunehmen und – was das Wichtigste ist – auf unsere Ideen zu vertrauen. Selbst wenn Sie sich nicht mit Ihrer „unternehmerischen" Seite verbunden fühlen, gibt es keinen Grund, die goldene Energie zu vermeiden. Im Gegenteil – umso mehr Sinn macht es, mit ihr zu experimentieren! Vielleicht wecken Sie dadurch eine starke Seite, die bisher in Ihnen schlummerte und nur darauf wartet, zum Leben erweckt zu werden.

Aktivierung von Gold

HABE ICH GENUG ENERGIE?

Für mich ist Gold seit jeher eine warme, tröstende Farbe, die mich an die Sonne erinnert. Durch die unabhängige Energie, die Gold abgibt, fühle ich mich sehr inspiriert, doch wir alle haben eine unterschiedliche Beziehung zu Farben und möglicherweise geht es Ihnen anders als mir.

Sie können Gold immer dann aktivieren, wenn Sie eine Dosis Unabhängigkeit brauchen oder sich ein Ziel setzen müssen. Wenn Sie beim Einstellungsgespräch punkten oder einen befriedigenderen Beruf ausüben wollen, dann nutzen Sie Gold, um alle Überzeugungen, die Sie am Überfluss des Lebens hindern, zu überwinden.

Eine Anmerkung über Gold: Viele meiner Klienten interessieren sich für eine Tätigkeit als Coach, Heiler oder ähnliche Berufe in der Selbsthilfe. Wenn Sie dazugehören, dann gratuliere ich! Ich kann Sie in Ihrem Wunsch, anderen zu helfen – so wie ich von den Heilkünsten angezogen wurde – nur ermutigen. Viele einfühlsame Menschen glauben jedoch zu Unrecht, Spiritualität und Geschäftssinn würden nicht zusammenpassen, so als wäre es weniger authentisch, wenn sie für ihre Arbeit bezahlt werden. Diese einschränkende Überzeugung ist schade, da sie Sie davon abhält, aus Ihrer Leidenschaft und Begabung einen zukunftsfähigen Beruf zu machen. Falls ein Teil von Ihnen das Gefühl hat, keine Bezahlung für Ihre Heilarbeit verdient zu haben, ist das ein klassisches Anzeichen dafür, dass Sie von der Arbeit mit der goldenen Energie profitieren würden. Wie ich Ihnen versichern kann, wird Ihr Leben erfüllter und effektiver, wenn Sie Ihre spirituelle *und* Ihre unternehmerische Stärke zum Ausdruck bringen.

Andererseits kann ich als Ausübender eines Heilberufs den Wunsch verstehen, Menschen helfen zu wollen, die sich meine Dienste womöglich nicht leisten können. Aus diesem Grund arbeite ich immer mit einer begrenzten Anzahl an Klienten ohne Bezahlung. Wie ich gemerkt habe, hilft mir das auch, Blockaden gegen den Überfluss aufzulösen. Ich empfehle Ihnen, mit ein paar Klienten im Monat umsonst zu arbeiten, während Sie Gold aktivieren, um die gewünschte Tätigkeit leichter umzusetzen.

Meditative Aktivierung

Das Visualisieren von Gold beim Meditieren stärkt unsere eigene Denkkraft und die Art, wie wir uns geben. Wenn ich Gold aktiviere, stelle ich mir diese Energie gern in Form einer goldenen Sonne vor, die über meinem Kopf schwebt und meine Gedanken und Wünsche wahr werden lässt. Wenn ich mich in einem geschäftlichen Meeting befinde, zapfe ich Gold an, um seine Energie an die Oberfläche meines Bewusstseins zu ziehen. Ich nutze Gold, wenn ich mich selbstbewusst, fähig und wie ein Meister meines eigenen Schicksals fühlen will.

Gold ist eine äußerst intellektuelle Farbe, und manchmal fängt mein Kopf an zu kribbeln, wenn ich es mir vorstelle und spüre, wie meine höheren Gedanken und unabhängige Energie verstärkt werden. Möglicherweise fliegen Ihnen die Gedanken dann schneller zu, was bei der Anwendung von Gold vollkommen normal ist. Es kann sich auch so anfühlen, als würden Sie sich nach „innen wenden", während Ihre geistige Schwingung stärker wird. Verwechseln Sie dies nicht mit Ablenkung! Es ist nur Ihr Verstand, der auf eine Infusion Gold reagiert und proportional aufsteigt. Durch Gold aktivieren Sie die Kraft Ihrer Gedanken, Ihre innere Stärke und Weisheit. Diese Farbe unterstützt Sie dabei, sich alle möglichen neuen Ideen durch den Kopf gehen zu lassen. Gold lässt Sie die stärkste, intelligenteste und ambitionierteste Seite Ihres Wesens erwecken.

Übung: Meditative Aktivierung
Dokumentieren Sie Ihre Stärke

Der Sinn dieser Übung ist es, Ihre Gedanken auf eine wirksamere und zielstrebigere Weise neu zu ordnen. Wir alle kennen es, wenn unsere Gedanken abschweifen. An einem durchschnittlichen Tag werden manche Ihrer Gedanken positiv und andere negativ und belastend sein. Auch wenn Sie sich dessen vielleicht nicht bewusst sind, können beharrliche negative Gedanken im Kopf den Ausgang des Tages – und Ihr ganzes Leben – beeinflussen. Deshalb sollten Sie Ihr Bewusstsein auf eine positive, stärkende Einstellung richten.

1. Nehmen Sie ein Tagebuch oder Notizbuch zur Hand, bevor Sie Gold spirituell durch Meditation aktivieren, und schreiben Sie eines Ihrer Ziele auf. Es sollte etwas sein, das sich erreichen lässt, wenn Sie die notwendigen Schritte unternehmen. Sie könnten beispielsweise notieren: „Ich möchte eine neue Sprache lernen." Ihr Ziel kann so groß oder klein sein, wie Sie wollen. Bewahren Sie das Tagebuch oder Notizbuch griffbereit auf.

2. Denken Sie während der Visualisierung an eine Eigenschaft, die Sie haben und die für das gesetzte Ziel nützlich ist. Sie könnten zum Beispiel denken: Ich habe ein sehr gutes Gedächtnis und vergesse nur selten Namen. Das würde mir beim Erlernen einer neuen Sprache nützen.

3. Schreiben Sie Ihre positive Eigenschaft unter Ihr Ziel ins Tagebuch. Notieren Sie dann einen Schritt, den Sie heute unternehmen können, um diese Eigenschaft für das Erreichen Ihres Ziels zu nutzen.

4. Teilen Sie Ihr Ziel und die positive Eigenschaft einem Freund oder einer Freundin mit. Die Energie von Gold ist äußerst unabhängig; daher sollten Sie Ihre Verbindung zu Ihren Freunden und Verwandten aufrechterhalten, während Sie diese Energie nutzen. Wenn Sie Ihre Erfahrung mit anderen teilen, hilft Ihnen das auch, auf Ihr Ziel hinzuarbeiten.

Intuitive Aktivierung

In der heutigen Welt bekommt man leicht das Gefühl, sich zu viel aufgebürdet zu haben und davon überwältigt zu werden. Man kann daher auch leicht seine Ziele und die damit verbundenen Handlungsschritte aus den Augen verlieren. Achten Sie bei jeder Aktivierung als eine Art Gedächtnisstütze darauf, wo sich in Ihrem täglichen Leben die goldene Energie manifestiert. Jedes Mal, wenn Sie die Farbe im Alltag sehen, wird sie diese Gedächtnisstütze aktivieren, was Ihnen helfen wird, wieder mehr Kontrolle über Ihr Leben zu bekommen. Auch wenn das der Übung bedarf, werden Sie anfangen, regelmäßig wahrzunehmen, wo das Universum die Energie in Form eines Zeichens widerspiegelt.

Wenn Sie die Farbe Gold aktivieren, fällt sie Ihnen vielleicht „zufällig" in einem Laden, bei Bekannten oder sogar in einem vorbeifahrenden Auto auf. Jedes Mal, wenn Sie die Farbe Gold bewusst sehen, bekräftigen Sie dadurch die Absicht, Ihre Unabhängigkeit und höhere Denkweise zu stärken. Das Universum erinnert Sie nicht nur an Ihre Stärke, sondern verstärkt auch Ihr Vorhaben.

Übung: Intuitive Aktivierung
Gedanken mit Worten verschmelzen

Wie schon erwähnt, bin ich ein großer Fan von Spiegelarbeit. Manchmal sind unsere negativen Überzeugungen nichts weiter als Muster, die in unserer Denkweise entstanden sind. Eine goldene Affirmation ist eine wirksame Methode, um Ihren Verstand neu zu trainieren, und durch diese Übung machen Sie es sich zur Gewohnheit, sich diese Botschaft regelmäßig zu wiederholen.

Wiederholen Sie jedes Mal, wenn Sie tagsüber die Farbe Gold wahrnehmen, Ihre Affirmation still in Gedanken. Sie können die unten aufgeführte Affirmation verwenden, doch auch diese ist sehr effektiv: *Goldenes Licht zieht mein Potenzial in die Realität.*

Ich wünsche Ihnen viel Spaß damit! Zu meinen Lieblingstechniken zur Verbesserung meines Gefühls der persönlichen Stärke gehört es, mich immer an sie zu erinnern, wenn ich die Farbe Gold sehe. Das ist eine einfache Methode, mit der Sie regelmäßig Ihre eigene Größe wahrnehmen können.

DIE GOLDENE AFFIRMATION

ICH BIN STARK UND STEHE
IN MEINEM EIGENEN LICHT.

AKTIVIERUNG MIT FARBIGEN GEGENSTÄNDEN

Die goldene Energie ist in ihrer Schwingung einzigartig, da sie eher physisch als ätherisch ist, das heißt, sie inspiriert aktives Handeln. Doch da sie im Gedanken und geistigen Körper verwurzelt ist, hilft sie uns gleichzeitig, in Einklang mit unserem höchsten schwingenden Denken zu kommen. Wenn wir Gold nutzen, um unsere Energie für ein bestimmtes Ziel zu sammeln, werden wir körperlich *und* geistig effektiv.

Als goldene Farbstützen verwende ich gern Gegenstände, die sich in Aktivitäten integrieren lassen, bei denen ich nachdenken kann. Das sind zum Beispiel Aufwärmübungen, Spaziergänge oder Jogging.

Geeignete goldene Farbstützen im Alltag sind beispielsweise:

- **Ein goldener Ring oder anderer Goldschmuck.** Schmuck ist eine einfache Methode, mit der sich goldene Energie nutzen lässt. Wenn Sie Goldschmuck besitzen, ist dies ein guter Zeitpunkt, ihn zu tragen. Bewundern oder streicheln Sie Ihren Schmuck tagsüber immer wieder; dadurch reaktivieren Sie seine starke Energie.
- **Make-up.** Mit goldenem Make-up zu spielen ist eine ausgezeichnete Methode, um mit dieser Energie zu arbeiten, da Sie es jedes Mal sehen, wenn Sie in den Spiegel schauen. Legen Sie es mit der Absicht auf, goldene Energie anzuzapfen.
- **Ein goldener Schlüsselanhänger.** Ein Schlüsselanhänger eignet sich perfekt dazu, sich immer an Ihre Farbe zu erinnern, weil Sie Ihr Schlüsselbund in der Jackentasche oder Handtasche überallhin mitnehmen.

Übung: Aktivierung mit farbigen Gegenständen Handlungsschritte

Ein Handlungsschritt ist eine konkrete Aktivität, die uns hilft, unserem Ziel näherzukommen. Obwohl ich von der Macht positiver Gedanken zutiefst überzeugt bin, glaube ich auch, dass der Umsetzungsprozess zum Stillstand kommt, wenn wir solche Gedanken nicht mit realen Schritten paaren. Gold ist der perfekte Katalysator, mit dem sich unsere Ideen in der Realität umsetzen lassen. Einen Traum Wirklichkeit werden zu lassen bedarf mehr als nur eine Kerze anzuzünden, gen Osten zu blicken und sich die Umsetzung vorzustellen. Glauben Sie mir, ich weiß, wovon ich rede, denn ich habe diese Methode ausprobiert und sie hat nicht funktioniert!

Wie ich nach einer Weile merkte, beschleunigt das Universum den Prozess der Manifestation, wenn es sieht, dass wir konkrete Schritte unternehmen, um unser Ziel zu erreichen. Ich war auf unzähligen Esoterikmessen tätig, bevor ich meine Praxis zu dem machen konnte, was sie heute ist. Lassen Sie sich nicht von Ihrem Ego davon abhalten, Chancen zu ergreifen, die Sie der Umsetzung Ihres Lebenssinns näherbringen. Es mag so aussehen, als würden Sie nur Schritt für Schritt gehen, doch in Wahrheit werden Sie vom Universum, das sich unter Ihren Füßen bewegt, beschleunigt.

Ich glaube, das ist eine der größten Herausforderungen im Leben. Wir müssen lernen, unsere beschränkenden Gedanken zu überwinden, und unser großes Potenzial annehmen. Das Umsetzen von Zielen ist wie das Backen eines perfekten Kuchens. Sie brauchen die richtigen Mengen an Zutaten, damit er aufgeht. Und goldenes Licht ist dasselbe, als würden Sie dem Teig Backpulver hinzufügen, damit er besser aufgehen kann.

1. Denken Sie an etwas, was Sie in Ihrem Leben erreichen, erschaffen oder bekommen wollen. Halten Sie in Gedanken diese Vorstellung ins goldene Licht, während Sie daran denken, und halten Sie sie dann schriftlich auf Papier fest. Es reicht nicht, es sich nur in Gedanken vorzunehmen. Sie müssen es als ersten Schritt, mit dem die Idee in unserer Welt geerdet wird, real aufschreiben. Bewahren Sie den Zettel an einem Ort auf, an dem Sie ihn regelmäßig sehen können. Sie können ihn sich auch an den Kühlschrank oder den Spiegel im Badezimmer kleben. Erzählen Sie ruhig Ihren Lieben von Ihrem Wunsch oder Ziel.

2. Wählen Sie für diese Übung eine goldene Farbstütze aus. Sie können die Farbstützen so oft Sie wollen austauschen, aber sorgen Sie dafür, immer etwas für die Aktivierung zur Hand zu haben.

3. Unternehmen Sie in den nächsten sieben Tagen Schritte zur Erreichung dieses Ziels. Es ist eine gute Idee, mit einem einfachen Schritt anzufangen, wie zum Beispiel, sich neue Geschäftskarten zu besorgen, den Domainnamen für eine Webseite anzumelden oder sich mit einem neuen Kurs weiterzubilden. Es geht darum, ein Ziel zu formulieren und aktiv zu werden, um es zu erreichen. Jedes Ziel, das Sie im Hinterkopf haben, wird durch die Farbe Gold mit positiver Energie aufgeladen, und wenn Sie Handlungsschritte unternehmen, zeigt das dem Universum, dass Sie jetzt zur Erfüllung Ihres Ziels bereit sind. Vergessen sie nicht: Jede kleinste Anstrengung, die Sie unternehmen, erfreut das Universum. Kleine Babyschritte summieren sich!

Die Schattenseite von Gold

Die Schattenseite von Gold ist, dass ihre unabhängige Energie bei übermäßiger Anwendung zu Einsamkeit führen kann. Viele Leute, die von Natur aus dazu neigen, goldene Energie zu nutzen, haben Probleme, auf der Gefühlsebene mit anderen Verbundenheit herzustellen. Das ist der Grund, warum extrem erfolgreiche Unternehmer oft unglücklich sind. Dieselbe Energie, die sie antreibt und ihnen Selbstvertrauen gibt, kann zu sozialer Isolierung führen – sogar von ihren Ehepartnern oder Menschen, die ihnen nahestehen. Einerseits macht goldene Energie angstfrei, so dass Großartiges geschehen kann. Andererseits können wir kalt, angeberisch und ich-gesteuert wirken, wenn wir uns in der Schattenseite der Farbe Gold befinden.

Wie Sie feststellen werden, findet in Ihrem Gehirn bei der Farbe Gold viel Brainstorming statt. Das ist die Gelegenheit, die Energie dieser Farbe anzuzapfen und Dinge erledigt zu bekommen. Möglicherweise werden Sie jedoch auch mehr allein sein wollen. Achten Sie deshalb darauf, sich nicht von Ihren Lieben zu entfremden.

Sie können sich die Aktivierung der goldenen Energie wie das Schnorcheln im Meer vorstellen. Ihr Schnorchel lässt Sie auf den Grund sehen und sich von dem vielfältigen Meeresleben inspirieren. Doch wenn Sie alle Inspirationen aufgenommen haben, dann heben Sie den Kopf, nehmen Sie sich die Schwimmbrille ab und steigen Sie wieder ins Boot, um Ihren Freunden voller Begeisterung von all dem, was Sie gesehen haben, zu erzählen. Sonst werden Sie zwar von der ganzen Pracht umgeben sein, doch ganz allein und von anderen abgeschnitten sein.

Kapitel 4

Silber

EIGENSCHAFTEN: Die weibliche Seite Gottes; Weisheit und Zuhause

SCHATTENSEITE: Mangelndes Mitgefühl; unausgewogene Energie im Heim

So wie der Mond enthält auch Silber göttliche weibliche Energie. Silber und der Mond werden im öffentlichen Bewusstsein häufig eng miteinander verknüpft, wie Sie gleich sehen werden. Wie das Yin zur Yang-Energie des Goldes stärkt Silber äußerst wirksam ein Gefühl der Sicherheit im Leben und vor allem in Ihren eigenen vier Wänden. Die weibliche Farbe Silber hat eine sehr stabile Energie, die Sicherheit gibt. Wie eine Bärenmutter ihre Jungen beschützt, so beschützt Silber auf natürliche Weise Ihre Familie und Ihr häusliches Umfeld.

Silber wird seit jeher mit weiblicher Stärke und dem Mond verbunden. Tatsächlich werden weltweit in der Mythologie zahlreiche Mondgöttinnen für ihre Stärke verehrt. In uralten Kulturen wird der Mond – und damit auch Silber – mit der göttlichen weiblichen Energie in Bezug gebracht. Die hawaiianische Göttin Hina, die afrikanische Göttin Gleti und die südamerikanische Göttin Chia sind nur ein paar Beispiele für starke weibliche silberne Kriegerinnen. Artemis, die zu den verehrtesten Göttinnen der griechischen Antike gehört, wurde durch einen silbernen Halbmond symbolisiert. Sie war die Beschützerin der Natur, der Tiere und jungen Mädchen wie auch der gebärenden Frauen. In der Mythologie des alten Roms war Luna die himmlische Verkörperung des Mondes und wurde als die weibliche Komponente Gottes angesehen. Viele Mondgöttinnen auf der ganzen Welt werden außerdem mit Schutz und höherer Weisheit in Verbindung gebracht. Glücklicherweise können wir diese Eigenschaften durch einen Schub silberner Energie jederzeit nutzen.

In der Wissenschaft ist Silber (chemisches Zeichen: Ag) eines der kostbarsten natürlichen Metalle, doch es besitzt auch Eigenschaften, die meines Erachtens der silbernen Energie ähneln. Das Edelmetall Silber ist stark und zugleich formbar; es formt sich, um sich jeder Situation anpassen zu können. Silberne Energie bietet uns wirksamen Schutz sowie die Sicherheit und Unterstützung, nach der wir uns mitunter sehnen. Das Edelmetall Silber weist die höchste thermische Leitfähigkeit aller Metalle auf. Das bedeutet, dass es mehr Hitze als alle anderen natürlichen Metalle aushalten kann. Seine Energie hilft Ihnen, Ihre Kraft und innere Weisheit so lange zu bündeln, bis sein strahlendes Licht alles in Ihrem Leben erhellt.

Silber besitzt die natürliche Eigenschaft der Reflexion, und wenn Sie sehen, wie Sie sich in der Stärke des Silbers spiegeln, dann werden Sie auf die Stufe seiner Weisheit angehoben. Das ist meine Erfahrung mit dem weiblichen silbernen Licht: Je mehr Sie es nutzen und beachten, umso heller wird diese schimmernde Energie in Ihrem Leben leuchten.

Es finden sich auch symbolische Assoziationen zwischen Silber und der heiligen Energie des Heims. Zu meinen Lieblingsbezügen zählt die Silberhochzeit, die im 25. Jahr der Ehe gefeiert wird. Bei diesem Jubiläum ist es Tradition für die Eheleute, Geschenke aus Silber als Zeichen ihrer Liebe und Treue auszutauschen. Interessanterweise begann die gesamte Tradition der Jubiläen mit Silber und lässt sich auf das Römische Reich zurückdatieren: Ehemänner schenkten ihren Frauen am 25. Hochzeitstag einen silbernen Kranz. Auch wenn es mittlerweile (in den USA) üblich ist, sich zu jedem Hochzeitstag gegenseitig zu beschenken, sind der silberne (für 25 Jahre Ehe) und der goldene (für 50 Jahre) weltweit die am meisten gefeierten Hochzeitstage.

Der Gedanke, der hinter der Silberhochzeit steht, ist, dass Silber kostbar und langlebig ist. Ein silbernes Geschenk symbolisiert also die langfristige Investition in ein gemeinsames Leben. In Anlehnung daran feiern die Monarchen vieler Länder nach fünfundzwanzig Jahren auf dem Thron das silberne Jubiläum. Silber ist die Energie, die die Stabilität und Sicherheit des jetzigen Punkts in Ihrem Leben am vollkommensten markiert.

Ihr Zuhause ist eine Spiegelung Ihres Bewusstseins. Das sage ich den Leuten oft und bin fest davon überzeugt. Auch dieser Gedanke ist eng mit Ihrer Beziehung zur silbernen Energie verknüpft. Damit meine ich, dass sich die Art und Weise, wie Sie mit Ihrem Lebensraum umgehen, in direktem Bezug zu Ihren Gefühlen über Ihr Leben generell steht. Wir wollen Ihre Beziehung zu Silber näher untersuchen und uns ansehen, wie sie die Energie in Ihrem Zuhause beeinflusst.

Stellen Sie sich vor, dass in diesem Augenblick eine neue Bekannte Sie unerwartet anruft. Sie ist gerade in Ihrer Nachbarschaft und würde gern auf einen Sprung bei Ihnen vorbeischauen. Wie geht es Ihnen dabei? Vielleicht reagieren Sie freudig und begeistert auf die Gelegenheit, Ihre neue Freundin zu sehen. Möglicherweise laden Sie sie sofort ein, herzukommen, und fühlen bei ihrer Ankunft eine liebevolle Ausdehnung Ihrer Energie. Womöglich sagen Sie ihr, Sie bräuchten ein paar Minuten Zeit, und räumen schnell auf. Vielleicht ist Ihr Zuhause nicht sauber oder es liegen Dinge herum, die sie nicht sehen soll. Möglicherweise fällt es Ihnen leichter, das Treffen ganz zu vermeiden, und Sie sagen Ihrer Bekannten, Sie hätten gerade keine Zeit. Was Sie sich hier näher ansehen sollten, ist das Gefühl und die Energie, die hinter Ihrer Antwort stecken. Sind Sie *stolz* darauf, Ihr Zuhause anderen zu präsentieren, oder geht es Ihnen anders? Genau dieses Gefühl wird von Ihrem Bewusstsein absorbiert.

Wie Sie auf jemanden reagieren, der Ihren Raum betritt, verrät eine Menge über Ihre Beziehung zur silbernen Energie. Natürlich ist es absolut verständlich, wenn Sie in diesem Moment etwas verunsichert sind. Wahrscheinlich herrscht in Ihrer Wohnung ein bisschen Unordnung, weil Sie schließlich keine Gäste erwartet haben. Es geht mir jedoch mehr um Ihre *generelle* Einstellung dazu, andere in Ihren persönlichen Raum zu lassen. Wenn Ihnen diese Vorstellung unbehaglich ist, dann wird die Arbeit mit Silber es Ihnen ermöglichen, die Energie, in die Ihr Zuhause gehüllt ist, zu schützen und gleichzeitig zu öffnen.

Ehrlich gesagt tat ich mich früher mit der Energie von Silber schwer. In jüngeren Jahren war ich oft unsicher und zögerlich, wenn sich unverhofft Gäste ankündigten. Obwohl meine Wohnung auf den ersten Blick recht ordentlich wirkte, neigte ich dazu, die Sachen aus dem Weg zu räumen, indem ich sie einfach in Schubladen stopfte. Wie ich glaubte, war mein Bedürfnis nach Ordnung zum Teil meiner Sensibilität gegenüber der Energie eines Raums geschuldet – vielleicht war es auch der Stier in mir, der eine gewisse Ordnung im Haus wollte. Doch wenn man in meiner Wohnung eine Schublade oder Schranktür aufmachte, quoll alles Mögliche heraus. Als David und ich uns kennenlernten, kam er in New York zu mir nach Hause, öffnete die Tür der Tiefkühltruhe und fragte: „Hm, was macht denn die ungeöffnete Post hier drin?“

Im Rückblick glaube ich, die unausgewogene silberne Energie in meinem Zuhause kam daher, weil sich meine Eltern in meiner Jugend scheiden ließen. Wegen ihrer gescheiterten Ehe war eine Trennung für sie zwar sinnvoll, doch dadurch wurde mir mein stabiles

Elternhaus in einer prägenden Phase weggenommen. Schließlich zog ich im Alter von 17 Jahren von zu Hause aus. Ich erzählte meinen Eltern, ich würde mich nach Freiheit sehnen, doch in Wahrheit sehnte ich mich nach dem geborgenen Zuhause, das ich verloren hatte. Ich hatte diesen Verlust noch nicht ganz verarbeitet.

Vermutlich ist das der Grund, weshalb ich später alles wahllos in Schubladen stopfte, so wie ich auch den Schmerz über den Verlust der elterlichen Einheit wegsperrte. Die Schattenseite der Farbe Silber zeigte sich in meinem Leben. Damals war ein sauberes und aufgeräumtes Heim eines der wenigen Dinge, über die ich Kontrolle hatte, doch in Wahrheit wusste ich nur, wie ich die Ordnung nach außen hin bewahren konnte.

Auch meine Erfahrungen mit meiner Mutter in jener Zeit trugen zu meiner schwierigen Beziehung zur weiblichen silbernen Energie bei. Ich liebe meine Mutter, doch sie hat seit jeher Probleme mit Grenzen. Als ich achtzehn oder neunzehn war, verliebte sie sich in einen Alkoholiker. Das war eine schwere Zeit für mich, da die Scheidung meiner Eltern meiner Familie schon genug zu schaffen machte. Ich lebte mit meiner Mutter in New York, als sie eine ehrenamtliche Tätigkeit in einem Obdachlosenheim aufnahm. Dort lernte sie Jorge kennen und verliebte sich in ihn. Ich konnte nicht verstehen, was sie an jemandem mit einer so zerstörerischen Sucht fand, und letztendlich hatte ich das Gefühl, als würde sie ihn mir an einem extrem verwundbaren Zeitpunkt in meinem Leben vorziehen. Im Rückblick denke ich, sie wollte sich einfach nur gebraucht und geliebt fühlen.

Damals erlebten wir eine Art Rollentausch, und ich zweifelte so lautstark an ihrer Wahl eines Liebespartners, wie jeder Vater und jede Mutter es getan hätte. Ich glaube, für Scheidungskinder ist es manchmal ein ziemlich komisches Gefühl zu sehen, wie ihre Eltern mit anderen Menschen ausgehen und sich in sie verlieben. Noch problematischer ist es, wenn sie sich einen neuen Partner aussuchen, der ihnen offensichtlich nicht guttut.

Ich hatte gehofft, dass meine Mutter und ich uns nach der Scheidung meiner Eltern wieder eine Art Zuhause schaffen könnten. Ich sehnte mich immer noch nach der beschützenden silbernen göttlichen Energie, die wir uns alle von unserer Mutter wünschen. Ich hatte das starke Verlangen nach Unterstützung und Fürsorge, doch meine Mutter konnte mir das nicht geben. Es war nicht Absicht, sondern den damaligen Umständen geschuldet, da sie sich voll und ganz um ihren neuen Partner kümmerte und für mich nicht da war.

Wenn einer Ihrer Lieben gegen eine Sucht ankämpft, dann wissen Sie, wie sehr sich das auf Ihr Leben auswirken kann. Wenn der geliebte Mensch ganz von seiner Krankheit in Anspruch genommen wird, hat sein Zuhause eine chaotische, unberechenbare, extrem unausgewogene silberne Energie. Ich wollte zwar mit meiner Mutter zusammenleben, aber ich fühlte mich zu Hause nicht mehr sicher, wenn Jorge da war.

Sie lebten sporadisch zusammen, je nachdem, wie trocken er gerade war. Wenn ich von der Schule nach Hause kam, wusste ich nie, ob ich auf den nüchternen Jorge oder seine volltrunkene, unbeherrschte Variante treffen würde. Der Schmerz, beide so zusammen zu erleben, war zu viel für mich, und daher zog ich aus. Ich ging aus New York weg und zog nach Dallas, um in der Nähe meiner Schwester zu sein.

Nach meinem Auszug aktivierte ich zum ersten Mal im Leben Silber, um zu sehen, ob ich dadurch die Beziehung zu meiner Mutter verbessern könnte. Vor einem Besuch bei meiner Mutter beschloss ich, mich auf die Aspekte der Sicherheit und Grenzen zu konzentrieren, die Silber innewohnen, und mir selber eine Unterkunft zu suchen. Dadurch, dass ich Silber mittlerweile regelmäßig aktivierte, kam ich auf die Idee, in einer Frühstückspension zu übernachten, statt in der Wohnung meiner Mutter und ihres Partners. Für einen Jugendlichen in meinem Alter war das zwar ein gewagter Schritt, doch ich hatte meine Unabhängigkeit schon gefunden und wollte mich schützen. Mein Entschluss verletzte meine Mutter, und so bemühte ich mich, ihr so höflich wie möglich zu erklären, dass ich mich einfach nicht wohlfühlte, wenn Jorge da war.

Als ich in der Frühstückspension eincheckte, nahm mich die Besitzerin in Empfang. Sie hieß Jan und war eine sehr liebenswürdige Frau Anfang sechzig. Jan servierte mir in einer geblümten Porzellantasse Kamillentee und einen Teller Butterplätzchen und sagte mir, ich würde sie an ihren Sohn erinnern. Mir kam sie wie die buchstäbliche Verkörperung der silbernen Energie vor. Als ich mit dem Tee fertig war, führte sie mich über die ausladende Treppe ihres Hauses, das Ende des neunzehnten Jahrhunderts erbaut worden war, nach oben.

„Es ist zwar eine sehr sichere Wohngegend, aber wir schließen abends um zehn Uhr die Türen ab, damit sich alle sicher und geborgen fühlen. Hier ist der Schlüssel zur Haustür, falls Sie später zurückkommen. Frühstück gibt es um neun. Hoffentlich mögen Sie Eier und Pfannkuchen. Sagen Sie einfach Bescheid, wenn Sie noch irgendwas brauchen.“

Nachdem sie leise die Tür hinter sich zugezogen hatte, sah ich mich mit gemischten Gefühlen in meinem Zimmer um. Ein Teil von mir wünschte sich, dies wäre das Haus meiner Mutter, doch das vorherrschende Gefühl, das ich in diesem gemütlichen Zimmer empfand, war ein Gefühl der Sicherheit. Ich setzte mich auf das antike Himmelbett und spürte die weiche Patchworkdecke. Auf dem Nachttisch befand sich eine Glaskaraffe, die mit Wasser gefüllt war und auf einem runden Silbertablett stand. Gegenüber vom Bett war ein offener Kamin, und auf dem Kaminsims standen vier Familienfotos in

Silberrahmen. Alles im Raum strahlte Liebe und Absicht aus. Ich hatte vor der Reise die Farbe Silber visualisiert und stellte nun fest, dass die silbernen Gegenstände mich an ihre Energie erinnerten. Dies war eine meiner frühesten Erfahrungen mit der spontanen Allgemeinen Aktivierung.

Während ich mich im Zimmer umsah, merkte ich, dass es die Verkörperung dessen war, wonach ich mich sehnte. Das silberne Licht half mir, die Erwartungen, die ich meiner Mutter gegenüber hatte, loszulassen und mir bewusst zu werden, dass ich diese Energie auch aus anderen Quellen bekommen konnte. Das ermöglichte es mir, sie bedingungslos zu lieben und mir meiner eigenen Bedürfnisse und Grenzen bewusst zu werden. Ich hatte mich auf Silber konzentriert und gehofft, dass das irgendwie meine Mutter ändern würde. Doch stattdessen änderte *ich* mich dadurch. Die Aktivierung der Farbe Silber machte es mir auch möglich, einen ehrlichen Blick auf die Unausgewogenheit zu werfen, die in meinem Zuhause herrschte.

Die silberne Energie erleichtert es uns zu erkennen, dass es bei unserem Zuhause darum geht, uns geborgen, sicher, beschützt und – was am allerwichtigsten ist – willkommen zu fühlen. Es geht darum, unseren geheiligten Raum zu ehren, ohne Perfektion zu erreichen. Diese Lektion musste auch ich lernen (siehe die folgende Schattenseite). Im besten Fall hilft Silber uns, durch unser Zuhause ein Gefühl der Gemeinschaft und Unterstützung zu erreichen.

Abschließend ist hier ein Gedankenanstoß über Silber: Wenn ich über die „weibliche" Energie spreche, dann hat das rein gar nichts mit Ihrem Geschlecht zu tun, sondern es hat *alles* damit zu tun, wer Sie als einzigartiges Wesen auf unserem Planeten sind. Jeder von uns hat männliche und weibliche Eigenschaften. Silber wie auch Gold hilft uns, das Gleichgewicht zwischen unserer männlichen und unserer weiblichen Energie zu finden. Lassen Sie sich von den Geschlechterrollen nicht davon abhalten, beide Farben gleichermaßen zu erforschen. Ich hoffe für Sie, dass Sie durch die Arbeit mit Silber *und* Gold die besten Aspekte beider Energien in Ihrem Inneren optimieren können.

AKTIVIERUNG VON SILBER

WIE AUSGEGLICHEN IST MEIN LEBEN ZU HAUSE?

Wie viel Energie fließt in Ihr Zuhause – und wie viel fließt hinaus? Wenn Sie Silber aktivieren, wird dadurch das Energiegleichgewicht Ihres Zuhauses beleuchtet. Vernachlässigen Sie die Räume, in denen Sie leben? Oder achten Sie zwanghaft auf Ordnung und Sauberkeit? Halten Sie sich nur selten zu Hause auf und schaffen Sie sich woanders glückliche Erinnerungen, weil Sie nicht gern allein sind? Oder verbringen Sie *zu* viel Zeit zu Hause, isolieren Sie sich in Ihrem sicheren Raum und lassen keine anderen Menschen hinein? Wenn Sie der geborene Gastgeber sind, hilft Silber Ihnen, diese Energie auf gesunde Weise auszuweiten. Wenn Sie andererseits Ihr Zuhause nur zögerlich mit anderen teilen, dann macht Silber es Ihnen leichter, seine Energie zu erkennen.

Die silberne Göttin Energie lässt uns die Wichtigkeit der Gemeinschaft und des Zuhauses begreifen. Gewöhnlich sehe ich diese beiden Dinge voneinander getrennt. Silber hat mich jedoch gelehrt, wie wichtig es ist, dass sie im Gleichgewicht sind und nebeneinander existieren. Wie wir mit unserem Heim umgehen und andere in unserem Zuhause empfangen, steht außerdem in direktem Bezug zum Gesetz der Anziehungskraft. Die empfangende Energie von Silber hat mir geholfen, einige meiner wichtigsten und schönsten Freundschaften zu entwickeln.

Nach unserer Hochzeit in New York packten David und ich unsere Koffer und zogen nach Los Angeles. Wir liebten zwar die heilige silberne Energie, die wir in unserer Wohnung in New York kultiviert hatten, doch nun wollten wir mehr Platz zum Wohnen. Unsere Arbeit brachte uns zwei oder drei Mal im Jahr nach Los Angeles, und dorthin zu ziehen gab uns die tolle Chance, in einem Haus statt in einer Wohnung zu leben. Für dasselbe Geld, das wir für unsere knapp 60 Quadratmeter große Wohnung in New York City bezahlt hatten, konnten wir in Los Angeles ein Haus mieten, das uns wie ein Palast vorkam.

„Es sind 81 Schritte von der Küche zum Bad! Zählt das als Fitnessübung?"

„Wie bitte? Ich kann dich nicht hören!", rief David im Scherz aus der Küche.

Wir genossen zwar unser neues Leben, doch wir hatten noch keine Soulgruppe in der neuen Stadt gefunden. In New York waren wir mit einem kleinen Kreis von Seelengefährten befreundet und wollten auf dieselbe Art in Los Angeles Wurzeln schlagen. Also beschlossen wir, dass die Annahme jeder Art von geselliger Einladung ein Teil der öffnenden silbernen Energie in unserem neuen Zuhause sein würde. Im Ernst: Wenn uns jemand in der Schlange vor der Supermarktkasse auf einen Kaffee zu sich nach Hause eingeladen hätte, hätten wir ja gesagt.

Meiner Überzeugung nach will das Universum erst sehen, dass wir uns bemühen, bevor es unserem Wunsch nachgibt. Daher wusste ich, dass ich eine Anstrengung machen müsste, um einen neuen Freundeskreis zu etablieren. Ich unterstützte die weibliche silberne Energie, indem ich alle Leute in L. A. anrief, die ich während der Arbeit kennengelernt hatte, um zu sehen, ob wir uns mit ihnen anfreunden konnten.

Während der Aktivierung von Silber nahm ich mir vor, eine sichere und stabile Gemeinschaft in unserer neuen Stadt aufzubauen. Mir war klar, dass ich noch mehr silberne Energie erzeugen wollte, und so stellte ich mir beim Auspacken der Umzugskisten vor, wie wir lachend mit guten Freunden am Tisch saßen. Ein paar Tage später ging ich die in meinem Telefon gespeicherten Nummern durch und stolperte über den Namen Marilyn Kentz. Schlagartig fiel mir wieder ein, wer das war. Marilyn war eine flüchtige Bekanntschaft, die ich vor einigen Jahren durch Freunde kennengelernt hatte. Ich kannte sie zwar nicht gut, wusste aber, dass sie in Los Angeles lebte und immer freundlich zu mir gewesen war. Also schickte ich ihr eine E-Mail und schrieb, dass wir gerade nach L. A. gezogen waren und uns gern mit ihr zum Lunch treffen würden. Innerhalb von zehn Minuten klingelte mein Telefon.

„Hallo?“

„Dougall, hier ist Marilyn Kentz. Ich habe gerade deine E-Mail bekommen, und ich glaube, ihr wohnt gleich um die Ecke von mir!“

In den nächsten zehn Minuten unterhielten Marilyn und ich uns darüber, wie witzig es war, dass wir so nahe voneinander wohnten. Ich war quer durchs ganze Land gezogen und hatte keine Ahnung gehabt, dass wir Nachbarn sein würden. Ich erklärte ihr, dass David und ich gerade geheiratet hatten und jetzt ein Abenteuer erlebten, indem wir nach Los Angeles gezogen waren.

„Ihr habt gerade geheiratet? Dann ist es entschieden: Ihr kommt heute Abend zum Essen zu mir! Ich stelle schon mal den Sekt kalt. Erinnerst du dich noch an Ramey?“

„Klar kann ich mich noch an Ramey erinnern.“ Ramey war eine gemeinsame Freundin, die mich mit Marilyn bekanntgemacht hatte.

„Sie wohnt gegenüber von mir und ich werde sie jetzt gleich anrufen.“

Ich legte auf und sagte David, dass wir in einer Stunde zu einer Dinnerparty gehen würden. Ich kann nicht beschreiben, wie aufregend und wichtig das für mich war. Ich konnte gar nicht glauben, dass Marilyn spontan so großzügig und gastfreundlich war. Wir waren zwar Bekannte, doch ich hatte sie noch nie zu mir nach Hause eingeladen und war auch noch nie bei ihr gewesen. Und trotzdem lud sie uns nur eine Viertelstunde nach einer kurzen E-Mail zu sich nach Hause ein und wollte mit uns feiern.

Als wir an diesem Abend im Freien saßen, die kühle Brise von Los Angeles genossen und ihre Zitronenbäume bewunderten, wusste ich, dass sich die Aktivierung der silbernen Energie in unserem neuen Zuhause absolut bezahlt gemacht hatte. Mittlerweile gehören Marilyn und Ramey zu unseren engsten Freunden; sie haben uns geholfen, eine Familie und Gemeinschaft in Los Angeles aufzubauen. Bis heute ist ein Besuch von Marilyn und das Erlebnis, sie an unserem Esstisch sitzen und lachen zu sehen, eine der fröhlichsten Ausdrucksweisen der silbernen Energie in unserem Leben. Marilyn ist auch das perfekte Beispiel für gesunde silberne Energie. Sie schützt ihre Freunde und heißt dennoch neue Bekannte willkommen. Sie zeigt auf großartige Weise, wie man sein Heim als Mittel zur Förderung einer stabilen Gemeinschaft aus guten Freunden nutzen kann.

Meditative Aktivierung

Untersuchen Sie in Gedanken Ihr jetziges Zuhause und versuchen Sie herauszufinden, wie viel von Ihnen es wirklich widerspiegelt. Fühlt es sich einigermaßen liebevoll gepflegt an? Schauen Sie sich in den Räumen um und sehen Sie, ob persönliche Fotos oder Kunst an den Wänden hängen, die Ihnen Freude machen. Im Idealfall haben Sie Ihr Zuhause mit hübschen Dingen dekoriert, die von Ihrer einzigartigen, persönlichen Energie geprägt sind. Für Fremde sollte es danach aussehen, dass Sie sich um Ihr Heim liebevoll kümmern. Ihr Bad sollte einigermaßen sauber sein, und hoffentlich wechseln Sie regelmäßig die Bettwäsche. Sie können sicher sein, eine gesunde Beziehung zu Silber zu haben, wenn Ihr Zuhause so aussieht, dass es Ihnen nicht peinlich sein muss, es anderen zu zeigen.

Damit will ich nicht sagen, dass Ihr Heim für eine gesunde Beziehung zu Silber ständig blitzblank sauber und perfekt aufgeräumt sein muss. Manchmal lege ich mich lieber mit einem guten Buch aufs Sofa, statt Wäsche zusammenzulegen oder den Geschirrspüler auszuräumen. Ich will damit nur sagen, dass die Art und Weise, wie Sie normalerweise mit Ihrer Wohnung umgehen, Ihre Einstellung zu Silber und generell zu Ihrem Leben widerspiegelt. Wenn Sie nicht das Gefühl haben, dass Ihr Zuhause ein Rückzugsort ist, den Sie mit Respekt behandeln, dann ist Ihre Beziehung zur silbernen Energie möglicherweise nicht optimal oder unausgewogen. Wenn Sie Ihre Wohnung vernachlässigen, besteht die Gefahr, dass auch andere Elemente Ihres Lebens vernachlässigt werden. Die Kehrseite der Medaille ist: Wenn Sie (wie ich es früher war) so perfektionistisch sind, dass Sie Gäste vermeiden, deutet das darauf hin, dass Sie daran arbeiten sollten, entspannter zu werden, um diese Unausgewogenheit an silberner Energie auszugleichen.

Wenn Sie wie ich eher introvertiert sind, scheuen Sie womöglich vor dem Gedanken, als Gastgeber zu fungieren, zurück. Doch Sie müssen Ihre Freunde wenigstens manchmal einladen, um eine ausgewogene Beziehung zu Silber zu bekommen. Idealerweise können wir unseren geheiligten Raum schützen und trotzdem unsere Freunde vollständig in unseren Stamm aufnehmen.

Ganz wichtig für gesunde silberne Energie ist, dass Ihre Gruppe aus Seelengefährten zu Ihnen kommt und Ihnen hilft, die liebevolle Energie der „Gemütlichkeit“ zu kultivieren. Falls Ihnen diese Vorstellung Unbehagen bereitet, könnten Sie auch nur einen Freund oder eine Freundin einladen. Wenn Ihnen der Gedanke jedoch leichtfällt, dann schöpfen Sie ruhig aus dem Vollen. Laden Sie eine neue Mischung von Gästen ein. Überlegen Sie, ob es nicht jemanden gibt, der gerne noch mehr Bekannte hätte, und laden Sie die Person ein, um Ihre anderen Freunde kennenzulernen. Das ist ein toller Weg, wie Sie die Energie der silbernen Göttin durch sich hindurchfließen lassen können. Wenn Sie gerne kochen, dann kochen Sie für andere. Falls Sie keinen Spaß am Kochen haben oder es Sie zu sehr stresst, dann laden Sie trotzdem Freunde ein und lassen Sie sich das Essen von einem Lieferservice ins Haus bringen. Es geht hier mehr um die Energie, andere in Ihren Raum hineinzulassen, als darum, sie selbst zu bekochen. Wenn Sie in Ihrem Zuhause mehr Sicherheit und Liebe spüren, zeigt Ihnen das, dass Sie Silber richtig aktiviert haben.

Übung: Meditative Aktivierung
Kreieren Sie heilige Energie

Da Ihre Wohnung einen so großen Teil an ausgewogener silberner Energie ausmacht, ist es wichtig, zu Hause ein Gefühl der Liebe zu schaffen. Die folgende Übung ist eine meiner bevorzugten Übungen, da ich es liebe, unser Zuhause warm und gemütlich zu machen.

Ihr Ziel für diese Übung ist, die Meditative Aktivierung mitten in eine „heimelige" Aktivität zu legen: in etwas Entspannendes, das für Sie wirklich Zuhause symbolisiert. Die Reihe der möglichen Aktivitäten ist schier endlos, doch hier sind ein paar Beispiele:

- Zünden Sie Kerzen an, dimmen Sie die Lampen und hören Sie Ihre Lieblingsmusik.
- Nehmen Sie ein entspannendes Bad.
- Bereiten Sie eine gesunde Mahlzeit vor.

Versuchen Sie, sich Silber vorzustellen, während Sie die Aktivität genießen, um so ein heimeliges Gefühl aufzubauen. Stellen Sie sich geschmolzenes, schon fast flüssiges Silber vor, während Sie es spirituell aktivieren. Wie mir meine Klienten manchmal berichten, fühlt sich geschmolzenes Silber wie eine glänzende Schicht auf ihrer Haut an. Es sollte im Geist langsamer als andere Farben durch Ihren Körper fließen. Für mich hat das mit der beschützenden Eigenschaft von Silber, das das Wohnumfeld ausgleicht, zu tun. Wie ein guter Freund, der Sie lange und herzlich umarmt, liebt und umarmt Silber Ihr innerstes Wesen. Versuchen Sie, sich für die Aktivierung von Silber besonders viel Zeit zu nehmen. Diese göttliche Energie ist unheimlich beschützend und wirkt äußerst tiefgründig.

Intuitive Aktivierung

Wie wir schon gesehen haben, wird Silber häufig mit dem Mond und göttlicher Energie in Verbindung gebracht, während die Sonne als Symbol für goldene, männliche Energie verwendet wird. Die Sonne ist hell und intensiv und kann mitunter ein bisschen zu stark sein. Aber noch keiner hat je gesagt, der Mond sei zu grell oder er hätte sich von zu viel Mond einen Mondbrand geholt. Die subtile Macht der Göttin und der silbernen Energie sind dasselbe. Sie sind immer da; sie führen uns, auch wenn wir es gar nicht merken. Nehmen Sie sich etwas Zeit und schauen Sie hinauf in den Mond – um diesen Teil von sich zu aktivieren und bewusst wahrzunehmen. Wenn Sie im Leben Silber sehen, dann sind Sie mit Ihrer eigenen Fürsorge verbunden. Dies weckt in Ihnen ein Gefühl des Beschütztseins und des geheiligten Raums.

Auch wenn zur Allgemeinen Aktivierung Dinge gehören, die wir draußen sehen, bezieht sich Silber hauptsächlich auf unser Zuhause. Sie können zwar auch Silber aktivieren, um Ihre zwischenmenschlichen Beziehungen zu beeinflussen, doch diese bestimmte Aktivierung bietet Ihnen die Gelegenheit, Ihr Zuhause und Ihren Privatbereich näher zu untersuchen.

ÜBUNG: INTUITIVE AKTIVIERUNG
INVESTIEREN SIE IN IHR HÄUSLICHES UMFELD

Wir Menschen neigen dazu, die Hausarbeit auf später zu verschieben. Wenn wir uns um unser Haus kümmern und auf unseren persönlichen Raum achten, stärkt das unsere Selbstliebe und die Energie, die wir auf die Welt projizieren. Überlegen Sie sich, wie Sie kleine Verschönerungen an Ihrem Heim erreichen könnten. Sie könnten zum Beispiel eine Wand streichen, neue Vorhänge oder neue Handtücher kaufen. Wenn Sie sehr knapp bei Kasse sind, könnten Sie auch einfach nur den vollgestopften Schrank im Flur ausmisten. Suchen Sie sich ein einfaches Projekt aus und bringen Sie es zu Ende. Vergessen Sie nicht: Es handelt sich hierbei um eine Art von Meditation, einen Weg, wie Sie Ihren Privatbereich mit Liebe, dem silbernen Schutz und Würde anreichern können.

Gehen Sie durch Ihre Wohnung und nehmen Sie sie unter die Lupe. Achten Sie auf Details, um die Sie sich kümmern müssen. Welche Kleinigkeiten gibt es, die Sie auf einen Regentag verschoben haben? Letzten Monat holten wir uns beispielsweise einen Elektriker ins Haus, um ein paar kleinere Dinge auszubessern. Im Bad musste die Abdeckung des Lichtschalters ausgetauscht werden. Im Flur wollten wir eine neue Lampe aufhängen. Außerdem baten wir ihn, auf der Terrasse ein paar Lichtspots zu installieren, und er strich eine Wand in unserem Arbeitszimmer farbig. Für unter 200 Dollar kümmerten wir uns um unsere heiligen Räume, und das Gefühl, als die Arbeiten erledigt waren, war euphorisch. Es waren zwar nur Kleinigkeiten, die verschönert werden mussten, aber ich war genauso begeistert, als hätten wir einen Swimmingpool im Garten einbauen lassen. Ich spürte, dass unser Zuhause gewürdigt wurde, und an diesem Tag floss die silberne Energie ungehindert. Ich möchte Sie dazu ermutigen, eine eigene Liste zu erstellen und das Gleiche zu tun.

Lassen Sie sich von Silber, wann immer und wo immer Sie es auch bemerken, an eines der Dinge auf Ihrer Liste erinnern, die Sie noch diese Woche erledigen können. Lassen Sie sich von der silbernen Aktivierung motivieren, Liebe und Pflege in Ihr Zuhause zu stecken.

Die silberne Affirmation

ICH WERDE VON DER LIEBEVOLLEN UMARMUNG DER FARBE SILBER BESCHÜTZT.

Aktivierung mit farbigen Gegenständen

Eine meiner Lieblingsmethoden zur Aktivierung von Silber ist, den Tisch zu decken, vor allem, wenn wir Gäste erwarten. Da der Besuch von Freunden es mir möglich macht, liebevolle silberne Energie zu geben und zu empfangen, suche ich gern bewusst ein festliches Tischtuch aus und bringe silberne Energie am Esstisch ein. Mit silbernen Serviettenringen, silbernen Suppenkellen und silbernen Kerzenhaltern kann ich die silberne Intention in einen Raum einfließen lassen. Manchmal pflücke ich auch Zitronen aus unserem Garten und lege sie wegen ihrer hübschen Form, ihrer Farbe und ihres Dufts in eine Silberschale. Ich decke den Tisch schon lange vorher, da allein sein Anblick mich glücklich macht. Meine Absicht während der Vorbereitungen auf meine Gäste ist es, eine einladende, entspannte, liebevolle Atmosphäre zu schaffen, damit sie sich wie zu Hause fühlen.

Silberne Farbstützen, die Sie in den Alltag einbringen können, sind zum Beispiel:

- **Silberne Bilderrahmen.** Damit können Sie Ihre Lieben vorzeigen und dadurch die liebevolle Energie stärken.
- **Silbertablett oder -teller.** Zu meinen Lieblingsfarbstützen gehört ein silbernes Tablett mit Kerzenhaltern aus Glas oder Kristallglas. Das Tablett glänzt so stark, dass man sich darin spiegelt. Bei den Spiegelungen, die durch das leuchtende Kerzenlicht entstehen, geht mir das Herz auf.
- **Silberschmuck.** Ein silberner Armreif oder Ring eignet sich wunderbar dazu, beschützende silberne Energie im Alltag anzuzapfen.

ÜBUNG: AKTIVIERUNG MIT FARBIGEN GEGENSTÄNDEN WÜRDIGEN SIE IHR ZUHAUSE

Da silberne Energie mit Wohnraum verbunden ist, sind die von mir vorgeschlagenen Farbstützen hauptsächlich Einrichtungsgegenstände. In meiner Familie wurden Silbersachen immer für „besondere Anlässe" aufgehoben. Aber die Zeit für besondere Anlässe ist *jetzt* – also holen Sie das kostbare Silber heraus! In Anbetracht dessen halte ich es für sinnvoll, wenn Sie sich in Ihrer Wohnung eine geheiligte silberne Nische einrichten – einen Ort, an dem Sie Silber aktivieren können, um Ihr Zuhause auf diese Weise zu würdigen.

Suchen Sie sich eine Ecke aus, in der Sie sich mit der silbernen Energie verbinden können. Das kann ein Yoga- oder Fitnessplatz, eine Meditationsnische oder ein sonstiger Raum sein. Stellen oder legen Sie einen silbernen Gegenstand an diesen Platz, so dass Sie ihn aktivieren können, um Sie an Ihre weibliche, häusliche Seite zu erinnern.

Die Schattenseite von Silber

Die Schattenseite von Silber ist größtenteils die Vernachlässigung Ihres Zuhauses oder das Zulassen chaotischer Energie. Sie kann sich auch darin zeigen, dass Sie Ihr Heim zwanghaft sauber halten oder zu stark abschirmen. Wenn Sie zur Schattenseite von Silber neigen, fühlt sich Ihr Lebensraum ungepflegt, leblos oder unorganisiert und unordentlich an. Krankhafte Sammler und Messies sind gewöhnlich extreme Beispiele von unausgewogener silberner Energie. Wenn in unseren privaten Räumen ein Ungleichgewicht herrscht, fällt es uns schwer, Energie zu geben und anzunehmen. Dann ist die Wahrscheinlichkeit hoch, dass Sie sich zu sehr abschirmen und so den silbernen Energiefluss abblocken. Lassen Sie sich vom silbernen Licht dabei unterstützen, Ihre Energie und Ihren Lebensraum zu reinigen.

Kapitel 5

Blau

EIGENSCHAFTEN: Wahrheit und Weisheit

SCHATTENSEITE: Vermeidung; Angst oder Täuschung

Mit der Farbe Blau zu arbeiten ist so, als würde man einen Schluck aus einem Glas voll energetischem Wahrheitstrunk nehmen. Blau verleiht uns die Entschlossenheit, unsere Meinung auf authentische und sinnvolle Weise zu äußern. Es hilft uns, von möglicher Selbsttäuschung Abstand zu nehmen, wenn es darum geht, andere so zu sehen, wie sie wirklich sind, statt so, wie wir sie gerne hätten. Blau ist (zusammen mit Rot und Gelb) eine der drei Primärfarben, aus denen sich fast alle anderen Farben des Farbspektrums herstellen lassen. Für mich ist das ein befriedigendes Symbol, da es den Eigenschaften entspricht, die ich in Blau sehe. Ebenso wie Blau als Grundlage vorhanden sein muss, um eine Vielzahl von anderen Farben zu mischen, ist der Wille, die Wahrheit in jede Situation mit einzubeziehen, eine primäre Zutat, um die Lektionen zu lernen, die Blau für uns bereithält.

Im alten Ägypten wurde die Farbe Blau mit Göttlichkeit in Verbindung gebracht. Der ägyptische Gott Amun soll sich die Haut blau gefärbt haben, um unsichtbar am blauen Himmel fliegen und sehen zu können, was die Menschen wirklich trieben. Der hinduistische Gott Vishnu, der in Kunstwerken strahlend blau dargestellt wird, galt als Bewahrer der Welt und besaß die Macht, alles über alle Lebewesen gleichzeitig zu wissen.

In vielen Teilen der Welt gilt Blau außerdem als die Farbe, die uns vor dem Bösen beschützt. Die Menschen in Griechenland und der Türkei tragen ein blaues *nazar* – ein Amulett in Form eines Auges, das das Auge Gottes darstellt – als Schutz vor dem „bösen Auge“ derjenigen, die uns Schlechtes wünschen. Im Nahen Osten hängt in vielen Häusern ein *hamsa* – ein handförmiges Amulett mit einem blauen Auge in der Mitte –, um ihre Bewohner vor dem Neid anderer zu schützen. Das ist wichtig, da Neid und Eifersucht häufig ein Mittel des Verstands sind, um uns von einer inneren Wahrheit abzulenken.

Blau wird oft mit Vertrauenswürdigkeit in Verbindung gebracht, was der Grund für die blauen Uniformen der Polizeibehörden in vielen Ländern sein könnte. In diesem Zusammenhang wird Blau als ein Symbol für Entgegenkommen verwendet. Blau ist die Farbe des Himmels und des Meers. Daher gehört Blau natürlich zu den vorherrschenden Farben, die wir sehen, wenn wir nach draußen gehen oder uns in der Nähe eines Gewässers aufhalten. Ich halte das für bedeutungsvoll, da die Farbe der Wahrheit und Weisheit buchstäblich die Erde in natürlichem Überfluss bedeckt.

Meiner Überzeugung nach sollen wir gewisse grundsätzliche Wahrheiten lernen, wenn wir auf die Erde kommen. Dankbarkeit, Stärke, Mitgefühl und Kompromisse sind nur ein paar der Lektionen des Lebens, die uns erteilt werden. Wir haben jedoch die Kontrolle über die alltäglichen Entscheidungen, die unseren individuellen Weg hin zu diesen Wahrheiten bestimmen. Aus diesem Grund gibt es den freien Willen. Wir müssen unsere eigenen Entscheidungen treffen (und Fehler machen), um uns weiterentwickeln zu können.

Unabhängig davon, welchen Lebensplan und welche Lebensziele wir haben, führt uns jede unserer Entscheidungen dahin, unsere eigene Reihe persönlicher Wahrheiten zu lernen. Meines Erachtens ist das der Grund, warum wir an bestimmten Punkten im Leben

Schmerz oder Verlust erleiden. Diese Augenblicke helfen uns, das Element der Wahrheit zu erkennen, und bieten uns Einsichten, die wir für unsere Weiterentwicklung brauchen. Die Ehrlichkeit der Farbe Blau lüftet den Schleier von unserem Bewusstsein und deckt die Wahrheiten des Universums auf.

Ich habe eine ganz besondere Beziehung zur Farbe Blau, da sie mich dazu gebracht hat, mich zu outen und meiner Familie zu sagen, dass ich schwul bin. Mit fünfzehn fing ich an, Farbenergie näher zu erforschen, und als ich bei Blau angekommen war, wurde ich von dem Verlangen erfasst, in allen Lebensbereichen ehrlich zu sein. Blau half mir, mir darüber bewusst zu werden, dass ich kein wirklich authentisches Leben führen könnte, ohne die Wahrheit über meine Sexualität zu akzeptieren. Ich wuchs in einer konservativen Kleinstadt auf und zögerte aus Angst vor der Ablehnung meiner Familie und Gemeinde wie die meisten schwulen Jugendlichen, zu meiner Wahrheit zu stehen. Auf der Schattenseite von Blau zu leben hatte mehrere negative Auswirkungen auf mein Leben.

Ich gab anderen zwar schon professionelle Readings, seit ich achtzehn war, und machte meine Sache auch ganz gut, doch dieses Geheimnis hinderte mich daran, für meine Klienten tiefere Erkenntnisse zu erlangen. Wenn wir unserer persönlichen Wahrheit aus dem Weg gehen, verursacht das Schamgefühle, die zu zahlreichen anderen Problemen führen können. Das Vermeiden der Wahrheit beeinträchtigte nicht nur meine Readings, sondern ließ mich auch eine Esssucht entwickeln, um die Leere zu füllen, die es verursachte.

Wir alle suchen im Leben nach Antworten, um zu verstehen, warum uns manche Situationen bereichern und andere fordern. Beinahe jeder erlebt einen Augenblick, in dem er mit einem persönlichen Problem hadert und sich fragt: „Warum passiert ausgerechnet mir das?“ Auch wenn ich heute weiß, dass es ein Segen ist, war die Tatsache, schwul zu sein, in meiner Jugend ein Problem. Ein paar meiner Mitschüler machten sich über Homosexuelle lustig, und das machte mir Angst. Mir war klar, dass nicht jeder mit meiner verwundbaren Wahrheit würde umgehen können, vor allem, wenn sie nicht mit seinem Glauben vereinbar war. Manchmal braucht man auch etwas Zeit, um zu begreifen, dass die Urteile anderer mehr über sie als über einen selbst aussagen, vor allem, wenn sie etwas über sich nicht wahrhaben wollen.

Ich suchte weiter nach Antworten, und dazu gehörte auch die Aktivierung von blauem Licht. Ich fand Heilkristalle damals faszinierend und trug wochenlang oder sogar monatelang ein kleines Säckchen voller Halbedelsteine mit mir herum, das ich mir um den Hals gehängt hatte. Vielen von uns bieten Heilsteine auf ihrer spirituellen Reise die Möglichkeit, sich der Kraft der Aktivierung bewusst zu werden. Als ich im Alter von neunzehn beschloss, mich zu outen, sagte ich es zuerst meiner Familie und meinen Freunden. Um ehrlich zu sein: Einigen der Menschen, die mir nahestehen, widerstrebte es, dass ich offen zu meiner Homosexualität stand. Nicht alle konnten die Wahrheit akzeptieren, und manche hatten ein echtes Problem damit. Die Ablehnung anderer war jedoch nicht wirklich mein Problem. Stattdessen überwog die Tiefe, Kraft und Liebe, die mir meine engste Gruppe von Seelengefährten gab, bei Weitem jede Ablehnung, die ich je erlebt habe.

Sobald ich den Menschen, die mir nahestanden, diese Wahrheit eröffnet hatte, veränderte sich vieles in meinem Leben zum Positiven. Meine Beziehung zu meiner Familie wurde viel enger. Die Leere, die ich innerlich gespürt hatte, wurde durch Liebe ausgefüllt, und ich nahm noch im selben Jahr um die vierzig Kilo ab. Es war buchstäblich, als wäre eine schwere Last von meinen Schultern abgefallen. Die neue Freiheit klärte auch meine intuitiven Fähigkeiten, da es uns viel leichter fällt, die Wahrheit anderer zu sehen, wenn wir unsere eigene erkannt haben. Blau gab mir die Freiheit, von einer authentischen Quelle der liebevollen Lenkung aus zu handeln. Es war, als hätte sich die Welt mir endlich eröffnet. Auch wenn mein persönlicher Lebensweg und meine Erfahrung vielleicht anders sind als Ihre, können wir alle von einem Schub ehrlicher blauer Energie im Leben profitieren.

Als intuitiver Lebensberater darf ich regelmäßig einen Blick auf die Lebensreisen anderer in aller Welt werfen, und ich verwende für diesen Prozess die Farbe Blau. Das tue ich, indem ich in die Energie desjenigen, mit dem ich arbeite, eintrete. Wenn ich zum Beispiel um die Hilfestellung bei einer Lebensentscheidung gebeten werde, prüfe ich als Erstes, wie aufrichtig sich diese Entscheidung in der Energie der Person anfühlt. Wenn sie im Interesse meines Klienten ist, dehnt sich die Energie aus und fühlt sich gut an. Wenn nicht, fühlt sie sich einfach falsch an und zieht sich zusammen. Blau stärkt meine Fähigkeit, die Wahrheit auszusprechen, ganz egal, was der Klient gerne hören würde.

Eines der Dinge, die ich an meiner Arbeit am meisten schätze, ist, wie viel ich bei dem Prozess von meinen Klienten lernen kann. Ich glaube, jede Seele auf diesem Planeten hat ihre eigene Weisheit, ihre eigene einzigartige Sichtweise und ihre eigenen Hürden, die ihr bei der Erkenntnis dieser Wahrheit im Weg stehen. Ein Teil der Herausforderung ist es, zu verstehen, warum wir hier sind und welche Blockaden wir überwinden müssen. Blau erinnert uns daran, uns von den vielen Problemen, mit denen wir fertig werden müssen, nicht herunterziehen zu lassen. Das ist der Sinn und Zweck unserer Reise durchs Leben! In jeder Situation gibt es ein Element der Wahrheit, das akzeptiert werden muss, bevor wir uns weiterentwickeln oder auf irgendeine Weise ändern können, und das fällt uns nicht immer leicht. Blau gibt uns die Kraft, uns auf unsere innere Weisheit und Wahrheit einzustellen, selbst wenn diese Wahrheit wehtut.

Meine Klientin Erika wandte blaue Energie an, um ihr bei einer starken Phobie zu helfen. Sie hatte eine Phobie vor öffentlichen Räumen. Ihre Angst wurde so stark, dass Erika nur noch einmal im Monat die Wohnung verließ, um einkaufen zu gehen. Und durch die Möglichkeit, Lebensmittel online zu bestellen und sich ins Haus liefern zu lassen, wurde sogar ihr monatlicher Gang zum Supermarkt gefährdet. Erikas Mutter, die auch eine Klientin von mir war, hatte ihrer Tochter zum Geburtstag ein Beratungspaket geschenkt. Also fingen wir an, telefonisch zusammenzuarbeiten, und ich riet Erika, Blau als Mittel anzuwenden, mit dem sie ermutigt wurde, sich ihrer Situation zu stellen.

Zusätzlich zur Aktivierung von Blau schlug ich ihr vor, eine „Worst-Case-Szenario"-Übung (siehe unten in den Anmerkungen zur Meditativen Aktivierung) auszuprobieren. Erika wollte ihre Angst vor öffentlichen Räumen überwinden, aber sie hatte das Gefühl, keine Kontrolle über ihre Phobie zu haben. Vom Intellekt her wusste sie zwar, dass ihr nichts Schlimmes zustoßen würde, wenn sie hinausging. Doch das Muster, in ihrer sicheren Wohnung zu verharren, verstärkte ihre irrationale Angst nur noch. Gemeinsam entschieden wir, dass die beste Vorgehensweise sein würde, ihre Freunde um Hilfe zu bitten.

Als Teil der Übung rief Erika ihre ältere Schwester Julie an, die ihr sehr nahestand. Ihre Schwester schlug vor, sich in einem Café zu treffen, wenn auch nur für fünf Minuten. Erika lehnte diesen Vorschlag sofort ab, da er ihr zu weit ging. Daraufhin schlug Julie vor, sich einmal in der Woche in Erikas Wohnung zu treffen. Nachdem sie dies einen Monat lang erfolgreich durchgezogen hatten, stimmte Erika der Idee zu, fünf Minuten lang auf einer Parkbank vor ihrem Wohnhaus zu sitzen. Das fiel ihr zwar nicht leicht, doch alle paar Wochen probierten die beiden etwas Neues aus.

Die Aktivierung der Farbe Blau half Erika auch, ihrer Schwester und mir endlich zu gestehen, dass sie die verschriebenen Medikamente gegen ihre Phobie nicht länger einnahm. Obwohl sie gewirkt hatten, fand Erika, die Einnahme von Medikamenten wäre der Beweis dafür, dass sie versagt hatte, dieses Problem alleine zu lösen. Daher hatte sie beschlossen, die Medikamente auszusetzen. Auch wenn Medikamente meiner Meinung nach das letzte Mittel sein sollten, halte ich sie für einen sinnvollen Teil einer Ganzkörpermethode, um gesund zu werden. Viel zu viele Leute, die unter Depressionen leiden, glauben, sie müssten selbst mit der Krankheit fertigwerden. Schließlich hinterfragen wir auch nicht die Notwendigkeit von Insulin oder Herzmedikamenten – warum also gehen wir mit Depressionen so anders um? Uns um unsere geistige Gesundheit zu kümmern ist etwas, auf das wir stolz sein können, da es zeigt, dass wir uns selbst wichtig sind.

Nach ein paar Monaten fühlte sich Erika stark genug, mit einer alten Freundin essen zu gehen. Es ist zwar ein andauernder Prozess, doch mittlerweile achtet sie darauf, als Teil ihrer Selbstfürsorge mindestens einmal am Tag das Haus zu verlassen. Damit möchte ich nicht sagen, Blau sei eine Art Wunderpille. Erika hat die Schritte selbst gemacht. Doch die Aktivierung von Blau diente als nützliches Mittel, um ihr zu zeigen, wann die Zeit gekommen ist, andere um Hilfe zu bitten.

AKTIVIERUNG VON BLAU

BIN ICH WIRKLICH EHRLICH ZU MIR?

Blau würde ich als eine Farbe bezeichnen, die manchen Menschen als „stachelig“ vorkommt, wenn sie sie aktivieren wollen. Wenn ich meine Klienten vorwarne, dass ich gleich etwas Stacheliges sage, dann bedeutet das, dass ihnen das, was sie gleich hören werden, möglicherweise nicht behagt. Doch die Information soll ihnen helfen, die Lektion einer Situation zu lernen, um weiterzukommen. Da Blau die Farbe der Wahrheit und Weisheit ist, öffnet sie Ihnen die Augen in Hinsicht auf Lebensbereiche, um die Sie sich kümmern müssen. Das kann unangenehme Gefühle hochkommen lassen, wenn Sie die Wahrheit nicht akzeptieren wollen, doch hier kommt die Weisheit ins Spiel. Die Anwendung von Blau gibt Ihnen den Mut, die Dinge klar zu sehen, und die Weisheit, die Illusion loszulassen, hinter der sich die Wahrheit verbirgt. Ich möchte Sie dazu ermutigen, damit zu experimentieren und zu sehen, was sich Ihnen offenbart.

Oft stecken wir so tief in der Routine des Alltags, dass wir darüber vergessen, ehrlich zu uns zu sein und wirklich das Leben zu führen, das wir uns wünschen. Das kann in jedem Lebensbereich passieren, doch es wird nirgendwo deutlicher als in unseren Beziehungen. Die meisten von uns verbringen ihr ganzes Leben damit, sich eine Seelengruppe zu suchen, in der sie sich sicher fühlen. Doch wenn wir das Glück haben, Seelengefährten gefunden zu haben, vergessen wir manchmal, authentisch zu sein. Niemand beabsichtigt das, aber wenn wir nicht aufpassen, fangen wir Stück für Stück an, uns zurückzuhalten und unsere wahren Gefühle nicht zu äußern. Meist ist das, weil wir nicht missverstanden werden wollen und möglichen Konflikten aus dem Weg gehen. Doch es gibt auch noch einen anderen Grund. Wahre Ehrlichkeit macht uns verwundbar, und manchmal ist es einfacher, die Flasche mit der blauen Energie am Ende eines langen Tages zuzustöpseln.

Unzählige Probleme ließen sich lösen, wenn wir unser Schutzschild abnehmen würden und zuließen, dass die Wahrheit auf uns zurückreflektiert würde. Vielleicht fühlt sich Ihr Partner unsicher, vernachlässigt oder missverstanden und hat das Bedürfnis, das auszusprechen. Meistens hält die Schattenseite von Blau uns jedoch davon ab, diese Wahrheit zu hören, und stattdessen gehen wir in die Defensive. Statt die Wahrheit hinter der Botschaft anzunehmen, verstehen wir sie als Kritik. Wenn Sie je ein schwieriges, doch ehrliches Gespräch mit einem Ihnen nahestehenden Menschen geführt haben, das in gegenseitigem Verständnis und der Lösung des Problems endete, dann kennen Sie das Gefühl von blauer Energie.

Blau hat die Macht, echte Veränderungen in Ihrem Leben zu bewirken. Lassen Sie sich von der Farbe Blau zeigen, dass Sie stark genug sind, um schwierige Wahrheiten anzunehmen und zu überwinden.

Meditative Aktivierung

Angst ist eine völlig natürliche Eigenschaft des menschlichen Wesens. Ihr Sinn ist es, uns vor Schaden zu bewahren (uns zum Beispiel davon abzuhalten, eine heiße Herdplatte anzufassen oder die Straße zu überqueren, ohne vorher nach links und rechts zu schauen). Unkontrollierte Angst kann uns jedoch davon abhalten, unsere Komfortzone zu verlassen und unseren Leidenschaften nachzugehen. Die Meditative Aktivierung ist eine wirksame Methode, um uns aus den Fängen der Angst zu befreien und sie in Aufrichtigkeit und Erfüllung umzuwandeln.

Übung: Meditative Aktivierung Das Worst-Case-Szenario

Diese Übung dient dazu, eine Angst zu durchleuchten, die Sie davon abhält, Ihr Leben zu genießen. Angst braucht keine ausgewachsene Phobie zu sein. Es lohnt sich, jede Art von irrationalem Zögern, das Sie daran hindert weiterzukommen, näher zu untersuchen. Angst kann weiterbestehen, selbst nachdem Sie sie zur Kenntnis genommen haben; daher sind womöglich weitere Schritte notwendig, um sich darauf zu konditionieren, sie zu überwinden.

1. Nehmen Sie nach der spirituellen Aktivierung von Blau durch Meditation ein Blatt Papier zur Hand und fragen Sie sich Folgendes: Was ist das Schlimmste, was passieren könnte, wenn ich das tue, wovor ich Angst habe? Schreiben Sie nun alles auf, was Ihnen dazu einfällt, ganz egal, wie irrational die Angst auch sein mag. Die Antwort kann Ihnen entweder sofort in den Sinn kommen oder eine Weile auf sich warten lassen. Nehmen Sie sich in jedem Fall vor, das blaue Licht als Mittel für Ihre ehrliche Akzeptanz der Wahrheit anzuwenden.

2. Bitten Sie mindestens ein Mitglied Ihrer Seelengruppe um Hilfe und Unterstützung. Erzählen Sie ihm von Ihrer Angst und sehen Sie, ob es irgendwelche Ideen hat, die Ihnen weiterhelfen könnten.

3. Skizzieren Sie mindestens einen Schritt für jeden Tag, den Sie unternehmen können, um die Angst anzunehmen und zu überwinden. Bitten Sie Ihre Lieben um Hilfe, indem sie Sie bei der Konfrontation mit der Angst begleiten. Ihr Nachhaken wird Sie dazu bringen, Ihren Plan durchzuführen.

Es ist wichtig, nicht zu vergessen, dass jeder auf seine eigene Weise Angst hat. Selbst die erfolgreichsten Leute, die Sie bewundern, wurden schon irgendwann mit einem Risiko konfrontiert, das ihnen wirklich Angst machte. Doch mutige Menschen nehmen ihre Angst zur Kenntnis und gehen dann das Risiko trotzdem ein. Viele Leute glauben, seine eigene Wahrheit zu leben würden große Veränderungen im Lebensstil erforderlich machen. Doch meiner Meinung nach ist es besser, kleine Schritte zu machen, die eine dauerhafte Veränderung bewirken, als von der Vorstellung einer einschneidenden Veränderung überwältigt zu werden und gar nichts zu unternehmen.

Hier sind ein paar Beispiele, wie man sich häufigen Ängsten stellen kann:

- Alleine essen oder ins Kino gehen.
- Sein Profil in einer Internet-Partnerbörse einstellen. Das bedeutet, ein aktuelles Foto hochzuladen und sich ehrlich zu bemühen, eine positive Selbstbeschreibung zu erstellen.
- Einen neuen Fitnessplan umsetzen.
- Die Angst, vor vielen Leuten eine Rede zu halten, überwinden. Das könnte zum Beispiel eine Ansprache auf einer Hochzeit sein.

Sobald Sie sich entschieden haben, sich einer Angst zu stellen, ist es ganz wichtig, Ihr Vorhaben einem Ihnen nahestehenden Menschen mitzuteilen. Bitten Sie ihn um Hilfe und lassen Sie sich von ihm unterstützen. Versuchen Sie, Ihre Schamgefühle loszulassen, da diese Art von Hilfe zur Weiterentwicklung der Zweck ist, den das Universum für Ihre Seelengruppe bestimmt hat. Und sprechen Sie schließlich mit Ihrer Freundesgruppe oder einem Ihrer Lieben über die Gefühle oder die Veränderung in der Energie, die Sie gespürt haben, als Sie sich Ihrer Angst gestellt haben. Der Sinn der Farbe Blau ist es, sich mutig Ihrer Wahrheit zu stellen – und ich weiß, dass Sie das schaffen werden!

Intuitive Aktivierung

Blau ist eine der Farben, die am leichtesten intuitiv aktiviert werden können. Alles, was Sie tun müssen, um an die ehrliche Farbe Blau erinnert zu werden, ist, den Himmel zu betrachten. Erinnern Sie sich jedes Mal, wenn Sie Blau sehen und wahrnehmen, daran, was diese Farbe für Ihre Energie bedeutet, und stellen Sie sich folgende Frage: Bin ich ehrlich zu mir? Vermeide ich es, in irgendeiner Situation die Realität zu sehen? Anstelle einer Aktivierungsübung möchte ich nun ein tiefsinniges Beispiel bringen, wie eine Klientin durch die Farbe Blau eine starke Veränderung erlebte.

Ich war damals geschäftlich in New York City, als Linda wegen eines intuitiven Readings zu mir kam. Die meisten neuen Klienten sind anfangs ein wenig nervös, da sie nicht sicher sind, was sie erwartet. Manche befürchten, dass ich ihre Gedanken lesen werde. Seien Sie unbesorgt – ich bin kein Gedankenleser. Was ich mir ansehe, sind die allgemeinen Elemente Ihres Lebens, die in Ihrer Aura umherschwirren.

Linda war Mitte dreißig und hatte schulterlanges, lockiges braunes Haar. Sie setzte sich auf das gepolsterte Sofa mit dem Blick auf den Central Park im Rücken und lächelte nervös. Sobald ich mich auf sie fokussierte, hatte ich vor meinem geistigen Auge nichts als eine Bibliothek aus lauter blauen Büchern. Am Anfang eines intuitiven Readings habe ich meistens symbolische Bilder vor Augen. Diese Wahrnehmungen nenne ich „kosmische Scharaden“.

Durch kosmische Scharaden präsentiert das Universum mir Informationen über meinen Klienten, indem es mir Bilder schickt, die einen Bezug zu meinem eigenen Leben haben. Wenn ich mit einem Klienten arbeite und plötzlich meinen Vater sehe, der Immobilienmakler ist, frage ich den Klienten, ob er auch mit Immobilien zu tun hat. In Lindas Fall sah ich eine Bibliothek, was mir den starken Wunsch nach Wissen zeigt. Ein anderer Intuitiver sieht womöglich etwas anderes, was für ihn Wissen symbolisiert; möglicherweise kommt ihm seine Partnerin in den Sinn, wenn sie ein extrem ehrlicher Mensch ist. Es hängt immer davon ab, welches Bild das Universum für geeignet hält, um die Botschaft herüberzubringen.

Als ich mich auf Lindas Energie konzentrierte, breitete sich die blaue Bibliothek immer mehr vor meinem geistigen Auge aus. Der Mond schien durch die Fenster und tauchte die Bücher in alle möglichen Blautöne. Für mich stellt eine Bibliothek und die Bücher darin nicht nur Wissen dar, sondern auch das tiefe Bedürfnis nach Antworten. In vielen Fällen sehnt sich ein Mensch nach der Wahrheit, weil er das Gefühl hat, von jemandem getäuscht zu werden. Einige meiner Kollegen haben schon gerätselt, ob diese Vision nicht meine Version der Akasha-Aufzeichnungen des jeweiligen Betroffenen ist.

„Linda, wir haben noch nicht einmal angefangen, und trotzdem nehme ich die Präsenz von blauer Energie um Sie herum deutlich wahr. Blau ist die Farbe der Wahrheit und Weisheit. Sie lehrt uns auch über Angst und Vermeiden. Ein Teil dessen, worüber wir heute reden werden, sind die Lebensbereiche, in denen Sie nicht Ihre eigene Wahrheit leben. Es sieht so aus, als würden Ängste Sie womöglich davon abhalten, in bestimmten Bereichen Ihr wahres Wesen zu zeigen."

Linda sah mich groß an; dann fing sie an zu lachen. „Sie kommen gleich auf den Punkt, nicht wahr?"

Wir mussten beide lachen. Dann machte ich weiter.

Wenn ich in der Aura eines Klienten Blau sehe, ist es meist ein unglaublich satter Farbton, der immer wieder anders ist. So wie die Farben des Ozeans gibt es viele Töne und Schattierungen von Blau, je nachdem, wohin man schaut. Ein sattes Blau hüllt den Raum ein. Gewöhnlich zeigt es sich um eine Person herum, die jeden Lebensaspekt erforschen, studieren und verstehen will. Menschen mit blauer Energie sind Wahrheitssucher. Und dennoch stelle ich oft fest, dass es ihnen schwerfällt, ihre eigene Wahrheit zu akzeptieren, wenn sich eine starke Präsenz von sehr *dunklem* Blau in ihrer Aura befindet. Sie können aus verschiedenen Gründen Leuten in ihren Kreisen gegenüber misstrauisch sein.

„Linda, Sie scheinen zurzeit große Probleme mit dem Vertrauen zu haben. Es sieht so aus, als würden Sie die Absichten aller anderen Leute hinterfragen und als würden Sie ihre Worte auf die Goldwaage legen. Was ist der Grund dafür?“

Linda errötete. „Ich bin schon mal betrogen worden.“

„Aber es sieht so aus, als würde es jetzt passieren.“

„Na ja, ich bin gerade mit jemandem zusammen.“

Bei einem intuitiven Reading geben mir die kosmischen Scharaden das Gefühl, als würde das Universum um meinen jeweiligen Klienten herumspringen und versuchen, mich dazu zu bringen, seine derzeitige Lebenssituation zu erraten. Es ist beinahe so, als würde mir das Universum die Botschaft, die ich überbringen soll, vorspielen. Bei Linda war es die Bibliothek voller blauer Bücher, die mir einen Einblick in ihr Leben gab. Ich merkte nur, dass es ihr schwerfiel, anderen zu vertrauen, und dass sie auf der Suche nach Wahrheit war, aber warum das so war, wusste ich nicht. Ich wartete daher auf ein weiteres Bild.

„Wie heißt Ihr Freund denn?“, fragte ich.

„Jim.“

In dem Moment, in dem sie seinen Namen aussprach, tauchte vor meinem geistigen Auge ein ausbrechender Vulkan auf. Der Vulkan ist ein weiterer Hinweis des Universums, der mir verriet, dass ihre Beziehung extrem leidenschaftlich und nicht ungefährlich war. Sie genoss zwar die feurige Chemie zwischen sich und Jim, doch irgendwann würde die Leidenschaft erlöschen, und dann könnte Linda verletzt werden.

„Linda, ich kann viel Leidenschaft zwischen Ihnen und Jim erkennen. Aber ehrlich gesagt fühlt sie sich nicht sicher an."

Linda hatte Jim in der Investmentbank kennengelernt, in der beide arbeiteten, und war seit über einem Jahr mit ihm zusammen. Sie liebte ihn zwar sehr, doch es gab ein Problem: Er war verheiratet.

„Ich sage das gar nicht gern, Linda, aber ich kann nicht erkennen, dass er für Sie seine Frau verlassen wird."

„Ach, Sie klingen genauso wie meine Freunde. Aber er hat sich schon von seiner Frau getrennt und hat vor, sich von ihr scheiden zu lassen."

Es mag zwar simpel und nichtssagend klingen, wenn ich sage, dass ihr neuer Freund ein Gefühl der Unsicherheit in mir auslöste, doch für Intuitive bedeutet es viel. Wenn ich mich auf einen Klienten einstelle, „probiere" ich buchstäblich seine Energie „an", um zu sehen, wie sich sein Lebensweg für mich anfühlt. Wenn er mich nach einer bestimmten Lebenssituation fragt, prüfe ich, welche Gefühle seine Energie in mir auslösen, bevor ich darauf antworte.

In der Energie eines Klienten kann ich alles Mögliche sehen oder auch nicht sehen. Bei einer neuen Liebe sehe ich manchmal ein Feuerwerk am nächtlichen Himmel. Ein Feuerwerk symbolisiert Leidenschaft, doch die Feuerwerkskörper explodieren in der Ferne, so dass man sich gefahrlos an ihnen erfreuen kann. Auch ein Vulkanausbruch ist zwar ein Spektakel, doch er spuckt brennende Lava, die alles zerstört, was ihr im Weg steht. Auch wenn ein solches Bild ein Symbol für Leidenschaft ist, ist es doch ein Hinweis auf die kurzen Anfangsphasen einer Beziehung. Für mich fühlt sich echte und dauerhafte Liebe sinnlich und zugleich sicher an, wie wenn man sich vor dem offenen Kamin in eine warme Kaschmirdecke kuschelt und dem Schneetreiben draußen vor dem Fenster zuschaut. Am anderen Ende des Spektrums empfinde ich Angst, Kälte oder Stress, wenn ein Klient sich in einer schwierigen Beziehung abstrampelt. Dann sehe ich mich möglicherweise aus einem Haus ausgeschlossen und ohne Schirm im eiskalten Regen stehen. Bei Linda und Jim spürte ich zwar starke Hitze, doch die Energie floss nicht gleichmäßig zwischen ihnen. Und vor allem fühlte ich mich nicht sicher.

„Also, Linda, was empfinden Sie für Jim?“

„Ich liebe ihn. Ich wünschte nur, er würde sich scheiden lassen, damit wir richtig zusammen sein können.“

„Ist es für Sie in Ordnung, so wie es jetzt ist?“

„Nein. Ich will heiraten und eines Tages Kinder haben.“

„Haben Sie ihm ein Ultimatum gestellt, wie lange Sie auf ihn noch warten werden, bis er sich scheiden lässt?“

„Nicht wirklich.“

Sie verbrachte den nächsten Teil ihrer Sitzung damit, über ihre Hoffnungen für eine gemeinsame Zukunft mit Jim zu reden. Während Linda weitersprach, wurde nur allzu deutlich, dass Jim es gar nicht eilig hatte, sie zu heiraten. Es war, als würde ich zusehen, wie der Vulkan ein ganzes Dorf zerstörte. Jim und seine Frau besaßen noch eine gemeinsame Wohnung auf der Upper West Side, und er übernachtete mehrmals in der Woche dort bei ihr. Ich glaube, Linda kannte die Wahrheit auf einer Ebene, war aber nicht bereit, sich diese einzugestehen. Es war das perfekte Beispiel für die Schattenseite von Blau. Lindas Energie war mit der Schattenseite von Blau angefüllt, weil sie sich einer Wahrheit in ihrem Leben nicht stellen wollte. Sie brauchte zwar Ehrlichkeit in der Beziehung, hatte jedoch Angst vor der ehrlichen Antwort. Mein Bauchgefühl sagte mir, dass sie sich einen verheirateten Mann ausgesucht hatte, weil sie unbewusst Angst davor hatte, erneut betrogen zu werden. Es war leichter, mit jemandem zusammen zu sein, der von Anfang an unerreichbar war.

„Linda, um in einer Beziehung Vertrauen und Gefühlstiefe aufzubauen, müssen wir uns dem Partner öffnen. Sie blockieren die natürliche Weiterentwicklung der Beziehung, weil Sie Ihre Wahrheit Jim gegenüber nicht zum Ausdruck bringen. Es ist gut möglich, dass er seine Frau für Sie verlassen wird, aber Sie halten das im Grunde für unmöglich."

Sie runzelte die Stirn und wirkte irritiert. „Ich verstehe nicht, was Sie meinen."

„Wenn ein anderer Mann Sie heute um eine Verabredung bitten würde, was würden Sie ihm dann sagen?"

„Dann würde ich ihm sagen, dass ich schon einen Freund habe."

„Genau. Jim besetzt den Raum Ihres Lebenspartners, obwohl er diese Rolle in Ihrem Leben gar nicht übernehmen kann. Es mag zwar hart klingen, aber ich glaube, Sie blocken unbewusst die blaue Energie ab. Tun Sie mir einen Gefallen. Schließen Sie die Augen und stellen Sie sich vor, Sie wären vom leuchtenden blauen Licht der Wahrheit umgeben. Atmen Sie ein paar Mal tief durch die Nase ein und durch den Mund aus. Die Wahrheit ist so, wie sie ist, und wir können nur gewinnen, wenn wir sie annehmen. Außer uns ist niemand hier. Wenn Sie so weit sind, werde ich Ihnen eine Frage stellen, die Sie bitte ehrlich beantworten. Zögern Sie dabei nicht und filtern Sie auch nichts heraus."

Linda atmete tief aus und nickte. „Okay."

„Wenn er sich scheiden lassen will – warum hat er das dann noch nicht getan?"

„Weil es für ihn leichter ist, es nicht zu tun. So hat er das Beste aus beiden Welten."

„Und warum haben Sie ihm kein Ultimatum gesetzt?“

Sie machte die Augen wieder auf, und Tränen stiegen in darin hoch. „Ich will nicht allein sein.“

Das war unser Aha-Erlebnis, das durch blaue Energie hervorgerufen wurde. Viele von uns fürchten sich davor, ihre eigene Wahrheit auszusprechen. Wir haben Angst, verletzt zu werden, und daher schaffen wir Szenarien, durch die wir es vermeiden können. In Lindas Fall sagte ihr Verstand ihr zwar, dass sie schweigen und Kompromisse eingehen müsste, um nicht allein zu sein. Doch in Wahrheit hatte sie sich Jim ausgesucht, um sich davor zu beschützen, noch einmal betrogen zu werden.

„Linda, Sie verdienen das, was Sie sich wirklich wünschen. Jim ist nicht ganz fair zu Ihnen. Er besetzt zwar den Platz Ihres Partners, aber er kann derzeit nicht wirklich an Ihrer Seite sein. Ich glaube, es geht hier darum, ein Risiko einzugehen und Ihre eigene Wahrheit auszusprechen. Und wenn man das tut, entsteht ein Gefühl der Verwundbarkeit, was natürlich Angst macht.“

Unsere Zukunft ist niemals in Stein gemeißelt – nur die Lektionen, die wir lernen sollen, sind es. Wenn ich mich auf einen Klienten einstelle, beabsichtige ich, ihm durch seine derzeitige Lektion hindurchzuhelfen, damit er weiterkommt. Linda musste lernen, wieder zu vertrauen. Sie wollte mit Jim zusammenbleiben, und daher riet ich ihr, ihm eine Chance zu geben, der Mann zu sein, den sie wollte. Sie musste ihren Standpunkt vertreten, damit die Beziehung ihren Verlauf nehmen könnte – zum Guten oder zum Schlechten. Doch sie hatte die Kontrolle, wie die Sache ausgehen würde. Ich wollte nur, dass sie sich stark genug fühlte, um die Wahrheit über ihre Beziehung zu sehen, wie auch immer sie aussah.

„Linda, ich habe das Gefühl, Sie arbeiten daran, Ihren Seelengefährten zu finden. Der einzige Weg, wie wir herausfinden können, ob

Jim Ihr Seelengefährte ist, ist, indem Sie ihm die Chance geben, sich zu beweisen. Sie müssen ihm Ihre Wahrheit zum Ausdruck bringen und ihm sagen, was Sie brauchen, damit Ihre Beziehung funktionieren kann.“

Als Linda mich an diesem Tag wieder verließ, war sie über das Reading nicht besonders glücklich, und ich kann ihr dafür keinen Vorwurf machen. Ich sagte ihr nicht, was sie hören wollte. Aber meine Aufgabe ist es, die Menschen über die Arbeit zu beraten, die sie machen müssen, um weiterzukommen, und nicht unbedingt, ihnen ein gutes Gefühl zu vermitteln. Zum Abschied riet ich Linda, blaues Licht regelmäßig zu aktivieren, weil ich glaubte, es würde ihr bei der Lösung ihres Problems helfen.

Ungefähr acht Monate später schickte Linda mir eine E-Mail. Sie war über das Reading tatsächlich nicht glücklich gewesen, doch das, was ich über die Farbe Blau gesagt hatte, hatte Eindruck auf sie gemacht. Jedes Mal, wenn sie hinauf in den Himmel blickte, wurde sie an unsere Sitzung und meine Worte darüber, dass sie sich der Wahrheit stellen musste, erinnert. Eines Tages machte etwas in ihr „Klick“. Sie setzte Jim ein Ultimatum mit einem festen Datum, bis zu dem er sich entscheiden musste. Das Datum verstrich – und er gab zu, dass er sich nicht von seiner Frau scheiden lassen würde. Obwohl die Trennung wehtat, war Linda zufrieden mit ihrer Entscheidung. Sie hatte eine Therapie angefangen und gestand sich endlich ein, dass sie unbewusst von unerreichbaren Partnern angezogen wurde, um nicht mehr verletzt zu werden. Linda schloss ihre E-Mail mit den Worten, dass sie schon kurz darauf einen netten neuen Partner gefunden hatte, mit dem sie seit einem Monat zusammen war. Und dieser Mann war wirklich ungebunden.

Ich vermute, Lindas Erfahrung klingt vielen von uns nur allzu vertraut. Aus Angst vor Verletzung zögern wir, unsere Wahrheit auszusprechen. Doch die leuchtend blaue Wahrheit wartet auf der anderen

Seite dieses Schmerzes. Was ich an der blauen Energie so liebe, ist, dass sie das Potenzial hat, uns vorwärtszubringen. In einer vollkommenen Welt hätte Jim Linda leidenschaftlich umarmt, nachdem sie ihre Wahrheit zum Ausdruck gebracht hatte. Er hätte sich endlich von seiner Frau scheiden lassen, Linda geheiratet, und sie würden glücklich und zufrieden bis in alle Ewigkeit leben. Doch Jims Zweck war, Linda die Lektion des Vertrauens zu lehren und nicht, ihr Seelengefährte zu sein. Auch wenn die Aktivierung der Farbe Blau ihr für kurze Zeit Schmerzen bereitete, trug die Wahrheit sie weiter zu einem Mann, der wirklich für die tiefe, feste und leidenschaftliche Beziehung, nach der sie sich sehnte, zur Verfügung stand.

Die blaue Affirmation

ICH BIN STARK GENUG,
DIE WAHRHEIT ZU ERKENNEN.

Aktivierung mit farbigen Gegenständen

Bei Live-Auftritten trage ich häufig Blau, da die Farbe mich an mein Vorhaben erinnert, ein Leiter der aufrichtigen Führung zu sein. Blau gehört zu den Farben, die ich in Sitzungen am liebsten aktiviere. Ich habe in meinem Praxiszimmer mehrere blaue Sofakissen als visuelle Erinnerung daran, meinen Klienten nur die Wahrheit zu sagen. Ich mache die Menschen zwar gerne glücklich, doch meine Aufgabe ist es, ihnen aufrichtige Führung zu bieten. Die blaue Energie gibt mir die Kraft, genau das zu tun.

Hier sind einige blaue Farbstützen, die Sie in Ihren Alltag integrieren könnten:

- **Blaubeeren.** Ja, man kann auch Lebensmittel zur Aktivierung verwenden! Die Vielfalt an natürlichen Obst- und Gemüsesorten ist eine Supermethode, wie Ihr Körper die Kraft der Farben buchstäblich tanken kann.
- **Blaue Quarzkristalle.** Diese wunderschönen Kristalle sind perfekte Farbstützen als Hilfestellung zur Wahrheitsfindung in jeder beliebigen Situation.
- **Ein blaues Oberteil.** Eine klassische und simple Möglichkeit, wie Sie Blau einbringen können, ist durch Kleidung, wie beispielsweise ein Hemd oder eine Bluse.

Übung: Aktivierung mit farbigen Gegenständen Bringen Sie Ihre Wahrheit zum Ausdruck

Diese Übung hilft Ihnen, die Stärke zu haben, um die Wahrheit einer Situation sehen zu können. Suchen Sie sich zuerst einen stillen Ort, an dem Sie mindestens 15 Minuten lang nicht gestört werden. Das Ziel ist es, die Dinge in Ruhe so zu sehen, wie sie wirklich sind. Während Sie Blau visualisieren, werden Sie über eine Reihe von Fragen meditieren.

1. Wählen Sie für diese Übung eine Farbstütze aus.
2. Schreiben Sie die folgende Frage auf, wenn Ihre Farbstütze in Ihrer Nähe ist: *In welchen Bereichen lebe ich nicht meine Wahrheit?*
3. Legen Sie den Stift hin, halten Sie Ihre Farbstütze in den Händen und schließen Sie die Augen. Wenn Sie wollen, können Sie einen Küchenwecker auf fünf Minuten stel-

len. (Meiner Erfahrung nach hilft das, die Gedanken für ein paar Momente abzuschalten.) Berühren Sie weiterhin die Farbstütze, während Sie sich der Frage deutlich bewusst sind, und atmen Sie bewusst, langsam und tief ein und aus. Stellen Sie sich bei jedem Atemzug vor, den Sie nehmen, wie die blaue Energie der Farbstütze durch die Hände in den Körper strömt und ihn ausfüllt. Diese blaue Energie erleichtert es Ihrem höheren Selbst, ehrliche und aufrichtige Antworten auf Ihre Fragen zu erhalten. Wonach Sie hierbei suchen, ist ein ehrliches Feedback von Ihrem höheren Selbst über die Aspekte, in denen Sie *nicht* Ihre Wahrheit leben.

4. Berühren Sie weiterhin die Farbstütze, während Sie bereit sind, die Antwort zu bekommen, die Ihr höheres Selbst Ihnen geben will. Machen Sie sich keine Sorgen, dass die Antwort schmerzhaft oder schwer zu ertragen sein könnte; versuchen Sie nur zuzuhören, ohne sie zu beurteilen. Sie müssen niemandem irgendwas beweisen.

5. Öffnen Sie die Augen, wenn Sie bereit dazu sind oder wenn der Küchenwecker klingelt, und notieren Sie die Antwort, die Ihnen in den Sinn kommt. Versuchen Sie, sie nicht zu beurteilen, sondern schreiben Sie nur die Gedanken auf, die Ihnen zufliegen. Sie können ein paar Zeilen oder sogar mehrere Seiten lang sein, je nachdem, was Ihnen in den Sinn kommt.

6. Überlegen Sie sich mindestens einen aktiven Schritt, den Sie unternehmen können, um Ihre Wahrheit umzusetzen. Machen Sie sich keine Sorgen, wenn Ihnen der Schritt im Augenblick kaum machbar scheint. Angst neigt dazu, Ausreden zu erfinden, damit wir uns nicht ändern müssen, aber das ist nicht der Sinn der Sache. Das Wichtigste

ist, sich die Wahrheit darüber, was getan werden muss, *einzugestehen*. Indem Sie Blau aktivieren, bringt Ihr höheres Selbst Sie der Antwort näher.

Es gibt viele Wege, wie wir unsere Wahrheit ignorieren können. In diesem Fall leuchtet die Kraft der Farbe Blau für Sie und gibt Ihnen den Mut, Sie selbst zu sein.

Die Schattenseite von Blau

Wenn Blau für Wahrheit und Weisheit steht, dann ist die Schattenseite von Blau die Angst vor dieser Wahrheit. Ein Ungleichgewicht der Farbe Blau manifestiert sich meistens als Weigerung, die Realität einer Situation zu akzeptieren, doch es kann sich auch in Form einer Täuschung (bei der man entweder getäuscht wird oder andere täuscht) zeigen. Das unbehagliche Gefühl, dass jemand uns belügt, oder das schlechte Gewissen, das uns plagt, wenn wir jemanden belügen, ist ein klassisches Anzeichen für eine Unausgewogenheit von Blau. Wie auch immer die Situation aussehen mag – die Schattenseite von Blau bedeutet einen mühsamen Kampf, wenn es darum geht, der Wahrheit einer Situation ins Auge zu sehen. Die Aktivierung von Blau bringt die Wahrheit zutage, doch wenn dieser Bereich unausgewogen ist, wird sie auch beleuchten, inwiefern Angst in unserem Leben eine Rolle spielt. Das ist der Grund, weshalb Blau sich „stachelig" anfühlen kann, wenn es aktiviert wird, obwohl es uns die Kraft schenkt, unseren Käfig der Selbstverleugnung aufzuschließen und in die beglückende Freiheit der Wahrheit hinaufzufliegen.

Viele von uns verschwenden kostbare Zeit darauf, schwer zu akzeptierende Aspekte unserer selbst zu ignorieren oder vor ihnen wegzulaufen. Auch wenn ich den Wunsch, einer schwierigen Wahrheit aus dem Weg zu gehen, gut verstehen kann, hält uns das davon ab, ihre Lektion zu lernen und unsere Angst zu überwinden. Die Ironie der Schattenseite von Blau ist, dass niemand die Wahrheit ewig verdrängen kann. Kurzfristig gesehen mag das Ausharren in einer ungesunden Beziehung oder das Verleugnen einer Sucht leichter sein, doch es verstärkt das Ungleichgewicht von Blau nur, bis das ganze Leben durch seinen riesigen Schatten immer mehr verkümmert. Wenn wir weiterhin an der Schattenseite von Blau festhalten, kann diese Unausgewogenheit sich sogar in Gesundheitsproblemen verfestigen. An irgendeinem Punkt werden wir gezwungen, die Lektion zur Kenntnis zu nehmen.

Der ganze Lebenssinn besteht darin, eine Reihe von Lektionen zu lernen, damit wir uns weiterentwickeln können, und die Farbe Blau beleuchtet diese Lektionen. Die Menschen wollen von Natur aus Schmerzen vermeiden, doch jeder von uns wird irgendwann mit einer Situation konfrontiert, die so schmerzhaft ist, dass man sich ihr stellen *muss*. Wie ich Ihnen versichern kann, wartet auf der anderen Seite dieser Wahrheit eine herrliche, strahlend blaue Freiheit.

Wir leben in einer Zeit ungekannter Möglichkeiten, unsere eigene Wahrheit zu finden und zum Ausdruck zu bringen (in unterschiedlichem Maße, je nachdem, wo auf der Welt man lebt). Das gilt insbesondere für die Entwicklungen in der Technologie. Das Internet bietet einen unbeschränkten Zugang zu Informationen, und wie wir wissen, verkörpert Wahrheit blaue Energie. Wir brauchen uns nicht auf andere zu verlassen, um mehr über irgendein Thema zu lernen. Wir haben die Freiheit, so informiert zu werden, wie wir wollen.

Die sozialen Medien sind zur Plattform für jeden geworden, der Zugang zum Internet hat und seine Gedanken und Gefühle über ein beliebiges Thema mit anderen teilen will. Früher bekamen nur Promis und Politiker die Gelegenheit, sich frei der Welt mitzuteilen. Heute können wir unsere Wahrheit zum Ausdruck bringen und weit über unsere Gemeinde hinaus die Unterstützung von Gleichgesinnten bekommen. Darüber hinaus haben nun auch entmachtete Minderheiten und Leute, die unter sozialer Ungerechtigkeit jeder Form leiden, eine mächtige Stimme und eine starke Gemeinschaft. Wenn Sie Blau aktivieren, Ihre Wahrheit zum Ausdruck bringen und die sofortige Wirkung dieser Wahrheit erleben wollen, dann sind die sozialen Medien wahrlich ein modernes Wunder.

Aber wie ehrlich sind wir wirklich? Heutzutage ist es üblich, den Kontakt zu Freunden zu halten, indem wir ein aktuelles Foto von uns in verschiedenen sozialen Medien posten. Diese Angewohnheit ist so weitverbreitet, dass Klassentreffen praktisch für überflüssig erklärt werden, weil wir buchstäblich mit allen Leuten, die wir je gekannt haben, in Kontakt treten können. Und wie bei einem Klassentreffen ist es selbstverständlich, dass wir unseren Altersgenossen die bestmögliche Version von uns präsentieren wollen.

Viele Menschen unternehmen alle möglichen Anstrengungen, damit ihr Leben online so perfekt wirkt wie nur möglich ist. Bevor wir ein Foto von uns posten, ziehen wir uns vielleicht um, legen Make-up auf, frisieren uns, machen ein schmeichelndes Licht an und machen so viele Fotos aus vorteilhaften Winkeln, bis wir eines haben, das genau richtig aussieht. Dann retuschieren wir mit einer App sämtliche Makel heraus und sorgen dafür, dass unsere Haut strahlt. Das Ergebnis wirkt so, als hätte ein professioneller Fotograf uns für eine Zeitschrift fotografiert! Auch wenn nichts daran falsch ist, so gut wie möglich auszusehen, nährt Übertreibung die Schattenseite von Blau, indem sie unrealistische Erwartungen fördert. Es ist nicht ganz die Wahrheit, sondern vielmehr eine geschönte Annäherung an sie.

Natürlich wollen wir alle der Welt die Idealversion unseres Lebens zeigen. Doch wenn wir nicht aufpassen, könnten wir am Ende unsere Wahrheit hinter einem schmeichelnden Filter verstecken. Es mag harmlos sein, sich haufenweise Bilder von Models und Popstars, die sich auf Yachten räkeln, anzusehen, doch häufig fühlen wir uns schlecht, wenn wir unser Leben mit ihrem scheinbar glamourösen Lebensstil vergleichen. Was sich hinter dem makellosen Make-up-Selfie dieser Reality-Fernsehstars verbirgt, sind die Essstörungen, die chronischen Depressionen, die Gewalt in der Beziehung oder was auch immer sie verbergen wollen. Das ist das zweischneidige Schwert der sozialen Medien. Die Wahrheit und Lügen sind zwei Seiten derselben blauen Münze.

Die folgende Botschaft habe ich schon sehr oft beim Meditieren erhalten, und meine Hoffnung ist, dass Sie ihre Wahrheit verinnerlichen: Sie sind, genau so, wie Sie sind, vollkommen.

Jede Herausforderung, die sich Ihnen gerade bietet, ist nur eine Lektion des Universums, die Sie lernen sollen. Sie werden diese Lektionen früher oder später sowieso lernen; die blaue Energie beschleunigt nur diesen Prozess. Blau lehrt uns, unter die Oberfläche zu schauen, das Unkraut der Selbstverleugnung umzugraben. Wenn wir das tun, nährt die Wahrheit unseren spirituellen Garten und bringt die Blumen der Weisheit zum Erblühen.

Kapitel 6

Smaragdgrün

EIGENSCHAFTEN: Kommunikation und Kreativität

SCHATTENSEITE: Blockierter Selbstausdruck

Smaragdgrün unterstützt uns beim Öffnen unserer Kreativität und Kommunikation. Auch wenn es viele Grüntöne gibt, lassen meiner Überzeugung nach die dunkleren Töne, wie beispielsweise Smaragdgrün, Ihre Kreativität am meisten fließen. Auf der Kommunikationsebene hilft Smaragdgrün Ihnen, Missverständnisse in Beziehungen zu klären, und lässt Sie die perfekten Worte dafür finden.

Kulturell wird Grün häufig mit der Freiheit, weiterzukommen und zu gedeihen, in Verbindung gebracht. Eine grüne Ampel wird international als das Zeichen für „weiterfahren" erkannt, während eine Greencard den dauerhaften Aufenthalt in den USA garantiert. Ein grüner Daumen steht für die Gabe, Pflanzen zum Wachsen zu bringen. Das entspricht meiner Sicht der Kreativität, nämlich, dass wir im Grunde mit den Händen kreieren. In der Wissenschaft gilt Grün als eine entspannende Farbe fürs Auge, und wie Studien belegen, kann eine smaragdgrüne Umgebung auch Müdigkeit verringern.[1]

Smaragdgrün hilft uns, Zugang zu unserer kreativen oder künstlerischen Seite zu bekommen. In meiner Praxis sehe ich gewöhnlich Sänger, öffentliche Redner und Schriftsteller oder Kunsthandwerker in Smaragdgrün gehüllt. Die äußerst schöpferische Dichterin Maya

Angelou und der Popkünstler Andy Warhol sind perfekte Beispiele für kreative smaragdgrüne Energie.

Wenn Sie Grün anwenden, ist es wichtig, diese starke Energie auf den Künstler in sich zu lenken. Diese Farbe stimuliert das Verlangen, von der Seele aus zu kreieren, und dieser Prozess ist erst dann vollständig, wenn wir einen greifbaren Ausdruck unserer Kreativität haben. Für viele von uns bedeutet das einfach nur, aus uns herauszugehen und den Künstler in uns Kreatives erschaffen zu lassen. Ganz egal, was wir uns einreden: Wir alle haben eine kreative Seite. Und nur weil Sie Ihre Kunst vielleicht nicht zu Ihrem Beruf gemacht haben, bedeutet das noch lange nicht, dass Sie keine Kreativität zum Ausdruck bringen können. Wenn es Ihnen je Spaß gemacht hat, Gedichte zu schreiben, Bilder zu malen, zu tanzen, zu fotografieren oder auch nur ein schickes Outfit zum Tragen zusammenzustellen, dann sind Sie mit einer inneren Quelle dunkelgrüner Energie verbunden. Smaragdgrün macht es Ihnen leichter, diesen inneren Ausdruck der Kreativität nach außen zu befördern.

Der schöpferische Effekt der Farbe Grün zeigt sich in einer Vielzahl von wissenschaftlichen Beweisen. Stephanie Lichtenfeld[2], die als Psychologin an der Universität München tätig ist, führte eine Reihe von Experimenten durch, um die psychologischen Wirkungen der Farbe Grün zu testen. Bei einem Experiment hatten 69 Teilnehmer zwei Minuten Zeit, um sich so viele Verwendungen für eine Blechdose wie möglich einfallen zu lassen. Vor Beginn der Aufgabe schaute die Hälfte der Studenten auf einen grünen Computerbildschirm, während die andere Hälfte einen weißen Bildschirm betrachtete. Das Ziel war es, zu sehen, wie stark sich die Anwendung von Farbe auf den Ideenreichtum auswirkt. Nachdem der Test abgeschlossen war, schnitten die Teilnehmer, die vorher Grün gesehen hatten, ca. 20 Prozent besser ab. Wie sich daraus lernen lässt, bezieht sich Kreativität nicht nur auf traditionelle Hobbys wie beispielsweise das Malen. Sie können Grün auch nutzen, um Möglichkeiten und Lösungen zu stimulieren, die Ihnen ansonsten nicht so leicht einfallen würden.

In einem anderen Experiment sollten 35 deutsche Studenten eine geometrische Form betrachten und dann in zweieinhalb Minuten so viele geometrische Formen zeichnen wie möglich. Wie bei der vorherigen Untersuchung wurde auch in diesem Experiment getestet, wie sich die Farbe Grün auf den Ideenreichtum auswirkt. In diesem Fall wandten die Teilnehmer jedoch das visuelle Medium des Zeichnens an, statt sich Ideen einfallen zu lassen. Vor Beginn der Übung betrachtete die Hälfte der Teilnehmer ein grünes Bild, während die andere Hälfte ein graues Bild anschaute. Wie sich zeigte, waren die Studenten, die Grün betrachtet hatten, kreativer; sie zeichneten mehr geometrische Formen als die, die sich Grau angesehen hatten.

Ein weiteres Experiment der Reihe wurde mit Oberschülern durchgeführt. Doch in diesem Fall wurde den Schülern vor Beginn der Übung Grün, Blau oder Rot gezeigt. Das Ziel war es, herauszufinden, ob jede Farbe die Kreativität beflügeln kann oder ob nur bestimmte Farben diese Eigenschaft besitzen. Die Schüler, die der Farbe Grün ausgesetzt worden waren, zeigten höhere Kreativitätslevels als diejenigen, denen Rot oder Blau gezeigt worden war. Was mich an dieser Art von Ergebnissen so begeistert, ist, dass sie die Vielfalt der Verwendungsmöglichkeiten von Grün zeigen. Kreativität ist eine Eigenschaft, die sich visuell, konzeptuell, in Form von Klängen und auf vielen anderen Gebieten nutzen lässt. Wenn Sie mit der Farbe Grün arbeiten – und wenn auch nur für kurze Zeit –, gibt Ihnen das einen kostbaren schöpferischen Schub, den Sie auf jedem Gebiet nutzen können!

Manchmal werde ich gefragt, wie man dafür sorgen kann, dass ein Farbton auch genau der richtige (in diesem Fall Smaragdgrün) ist. Möglicherweise befürchten Sie, den falschen *Farbton* zu verwenden, der bei Ihnen dann nicht wirkt. Auch wenn ich den Wunsch nach Genauigkeit völlig verstehe, kann ich Sie beruhigen. Um es klarzustellen: Sie brauchen nicht den genauen Smaragdgrünton zu sehen, um Ihre Kreativität zu beflügeln. Wenn ich Smaragdgrün um Menschen herum sehe, meine ich damit jede Schattierung von mittleren bis zu dunklen Grüntönen. Vergessen Sie nicht: Dies ist keine exakte Wissenschaft. Solange Sie sich der Farbe annähern (d. h. jedes dunklere Grün), befinden Sie sich auf dem richtigen Weg.

Das Folgende ist ein weiteres Experiment, das die Vorstellung untermauert, dass man keinen genauen Grünton braucht, um aus der Farbe Nutzen zu gewinnen. In einer britischen Studie wurden 108 Schüler in drei Gruppen unterteilt und auf die kreative Wirkung der Farbe Grün getestet. Die erste Schülergruppe verwendete grünes Papier für einen Kreativitätstest. Die zweite Gruppe wurde in einem Klassenzimmer voller Grünpflanzen und mit Fenstern, die ins Grüne blickten, getestet. Die dritte Gruppe führte den Test in einem Klassenzimmer aus, in dem kein Grün vorhanden war. Wie das Ergebnis zeigte, waren beide Gruppen, die der Farbe Grün ausgesetzt waren, visuell kreativer als die Schüler, die kein Grün zu sehen bekamen. Doch der faszinierendste Aspekt dieser Studie war, dass die Schüler, die grünes Papier anwendeten, *genauso* kreativ waren wie die Schüler, die von echten Pflanzen umgeben waren und ins Grüne blicken konnten.[3]

Das grüne Papier in diesem Experiment hatte zwar nicht genau den gleichen Grünton wie die Pflanzen und die Natur, doch es wirkte sich genauso auf die Schüler aus. Natürlich wäre es (aus verschiedenen Gründen) ideal, hinaus in die Natur zu gehen und die grüne Energie aufzusaugen, indem man die Pflanzen und die Natur ungefiltert betrachten kann. Aber Sie können immer noch von der Farbe Grün profitieren, selbst wenn Sie im Alltag keinen Zugang zu einer natürlichen Umgebung haben. Der Anblick grüner Farbe *in jeder*

Form gibt Ihnen einen Schub ihrer kreativen Energie. Für einen sofortigen Kreativitätsschub sollten Sie einen grünen Hintergrund Ihres Computerbildschirms wählen. Das tue ich, wenn ich schreibe oder am Computer eine andere kreative Arbeit anfange.

Ein weiterer positiver Effekt von Smaragdgrün ist, dass es Stress verringert und entspannt. Auch wenn man für Kreativität nicht unbedingt entspannt sein muss, habe ich festgestellt, dass ich meine Kreativität viel besser zum Ausdruck bringen kann, wenn ich locker und entspannt bin. Eine Stressstudie des Medizinischen Zentrums der VU University in Amsterdam bestätigt meine Theorie. Ungefähr vier Dutzend Studenten machten am Computer einen Mathematiktest; gleichzeitig wurden ihre elektrischen Herzaktivitäten anhand von Sensoren gemessen. Während des Tests, dessen Schwierigkeitsgrad sich steigerte, wurde den Studenten am Computer ein Vergleich ihrer Lösungen mit den Testergebnissen weitaus besserer Studenten gezeigt. Sei es, weil ich in Mathe noch nie gut war – aber dieser Test klingt für mich wie ein Albtraum! Auf alle Fälle erhielten alle Studenten unabhängig von ihren tatsächlichen Lösungsergebnissen schlechte Noten.

Und warum fielen alle Studenten durch? Die Studie maß die Wirkung von Grün auf den Stressgrad der Studenten, und in einer schweren Prüfung durchzurasseln ist eine wirksame Methode, sie zu stressen! Der Test wurde ausgewählt, weil es sich erwiesen hatte, dass er die Stresslevels von Studenten erhöht. Der einzige Unterschied zwischen den beiden Teilnehmergruppen war, dass die Hälfte vor und nach dem Test grüne Bilder zu sehen bekam, während die andere Gruppe Bilder betrachtete, die kein Grün enthielten. Und wer hätte es gedacht? Die Studenten, die die grünen Bilder ansahen, wiesen nach dem stressigen Test einen deutlich niedrigeren Puls auf. Laut Magdalena van den Berg, die die Studie leitete, „können ein paar Minuten, in denen man grüne Bilder betrachtet, helfen, sich von Stress zu erholen“.[4]

Pablo Picasso soll einmal gesagt haben: „Jedes Kind ist ein Künstler. Das Problem ist nur, ein Künstler zu bleiben, wenn man erwachsen wird.“ Ich liebe dieses Zitat und glaube, es drückt deutlich die Herausforderung für uns alle aus: nämlich, unsere Kreativität im ganzen Leben zu fördern. Kinder lieben es, sich zu verkleiden, zu tanzen, zu singen und ihrer Fantasie freien Lauf zu lassen. Doch als Erwachsene vergessen wir häufig, uns zum Ausdruck zu bringen, und konzentrieren uns stattdessen auf unsere Alltagspflichten. Und damit nicht genug: Es herrscht auch die irrtümliche Meinung, nur professionelle Künstler hätten das Recht, ihre Kreativität zur Schau zu stellen. Sich auszudrücken mag Ihnen zwar nicht wichtig zu erscheinen, doch mit dieser Art von nicht ausgedrückter, stagnierender Energie zu leben ist eine der häufigsten Ursachen dafür, weshalb meine Klienten ein Ungleichgewicht im Leben empfinden. Die Umsetzung Ihrer Originalität geht über Hobbys wie Kunst hinaus und wird mit wundervollen Ergebnissen in andere Lebensbereiche einfließen. Das ist der Grund, warum Smaragdgrün – oder dunkles, sattes Grün – gleich ein wirksamer Teil Ihres kreativen Werkzeugkastens wird.

Ich bin überzeugt, in uns allen steckt ein Künstler. Ein Teil der Sehnsucht unserer Seele ist, sich zum Ausdruck zu bringen, und Kreativität ist das Fleisch und Blut des Selbstausdrucks. Jeder, der seinen inneren Künstler zum Leben erweckt, wird sofort in grüne Energieschwaden eingehüllt. Für manche mag die künstlerische Energie leicht zugänglich zu sein. Doch vielleicht ist Ihre schöpferische Seite nicht so offensichtlich. Im Folgenden werde ich meine eigene kreative Reise mit Grün schildern. Das Wichtigste, was Sie über diese Farbe wissen sollten, ist jedoch, dass sie sogar *noch* wichtiger ist, wenn Sie sich nicht für kreativ oder besonders ausdrucksstark halten. Selbst wenn Sie Finanzberater oder Rechtsanwältin sind oder einen sonstigen Beruf ausüben, der traditionell nicht mit Kreativität in Verbindung gebracht wird, können Sie Smaragdgrün anwenden, um schwierige Probleme zu lösen und für jede Situation mögliche neue Lösungen zu finden. Das ist der Sinn für die Verstärkung dieser Energie. Sie wird neue Wege der kreativen Möglichkeiten eröffnen und ein Gefühl von Gelassenheit und Ausgewogenheit in Ihr Leben bringen.

Haben Sie bei Ihrer persönlichen Erforschung der Kreativität Geduld. Aus irgendeinem Grund kann künstlerisches Schaffen bei manchen Leuten Selbstkritik inspirieren. Dieses Gefühl lässt sich verringern, wenn wir ein Ventil finden, das unsere Seele jubilieren lässt.

Nehmen Sie sich die Freiheit, mit verschiedenen Formen des kreativen Ausdrucks zu experimentieren, und achten Sie darauf, wie Sie sich bei jeder Form fühlen. Wenn Sie anfangen, Ihr kreatives Selbst zu entwickeln, wird die smaragdgrüne Energie es Ihnen leichter machen, eine Vielfalt an kreativen Möglichkeiten auszuprobieren. Kreativität lässt sich leicht durch Malen, Tanzen, Musik, Bildhauerei und andere traditionellere Formen des kreativen Ausdrucks leben. Möglicherweise manifestiert sich Ihre Kreativität wie meine im Schreiben. Es macht keinen Unterschied, wie Sie Ihre kreative Seite umsetzen – Hauptsache, Sie tun es überhaupt.

Wenn wir Smaragdgrün aktivieren, zapfen wir die Energie der Kommunikation an. Das bezieht sich nicht nur auf die künstlerische Ausdrucksweise, sondern auch auf die verbale. Ein dunkleres Grün betont den Fluss unserer Worte, Gedanken und Absichten. Die Anwendung dieser Farbe beeinflusst die Art, wie unsere Ausdrucksweise bei unseren Mitmenschen ankommt und, was noch wichtiger ist, welche Energie in unser Leben zurückfließt. Ein weiterer Nutzen der

Arbeit mit Dunkelgrün ist, dass es Ihnen helfen wird, sich auf eine fundamentale Weise anderen gegenüber auszudrücken.

Manchmal werden unsere Gefühle irgendwo zwischen dem Herzen und den Lippen unterdrückt. Unsere Gefühle richtig in Worte fassen zu können ist jedoch ein wesentlicher Aspekt einer gesunden Beziehung. Unzählige Beziehungen werden durch die Falle des Gedankens *Ich brauche ihr nicht zu sagen, wie ich mich fühle; sie weiß es schon* grundlos aufs Spiel gesetzt. Unsere Handlungen sind genauso wichtig wie die Worte, die wir unseren Lieben sagen. Wir wurden mit einer Stimme gesegnet, die es uns ermöglicht, uns mit anderen Menschen zu verständigen. Die Farbe Grün kann es uns leichter machen, die richtigen Worte zu finden, um unsere wahren Gefühle auszudrücken.

Die Kommunikation ist ein so mächtiges Mittel, da sie es uns ermöglicht, einen Bezug zu anderen herzustellen und (hoffentlich) Meinungsverschiedenheiten beizulegen. Im aufgeheizten Klima der heutigen Welt gibt es häufig Streit und feindseligen Widerstand gegen andere Vorstellungen. Sie können zu einem beliebigen Zeitpunkt eine politische Sendung einschalten und werden Beispiele dafür finden. Wir streiten uns viel über religiöse und politische Überzeugungen, und das verursacht eine Spaltung in der Welt. Diese Spaltung lässt uns glauben, wir wären irgendwie moralisch besser als Andersdenkende.

Oft finden wir jedoch eher Gemeinsamkeiten, wenn es um den künstlerischen Ausdruck geht. Kunst kann religiöse und politische Spaltungen überwinden. Kreativität hat die Macht, uns lebendig fühlen zu lassen und Dinge zu hinterfragen.

Meine Vorschläge an meine Klienten sind Ideen, von denen ich intuitiv glaube, dass sie mit ihrem einzigartigen persönlichen Ausdruck übereinstimmen. Es ist jedoch an ihnen, die notwendigen Schritte zur Umsetzung der Kreativität in ihrem Leben zu unternehmen. Wir können zwar auch ohne Kreativität leben, aber für ein *glückliches* Leben ist sie unabdingbar. Wenn Sie bereit sind, echte Schritte auf das kreative Leben zuzumachen, das Sie sich wünschen, dann kann und wird Smaragdgrün seine Magie entfalten.

Ich habe eine Klientin (die ich mittlerweile lieber als Kollegin bezeichne), die schon mehrere Bücher veröffentlicht hat und die Kraft der Farbe in vielerlei wirksamer Weise nutzt. Sie wendet häufig eine Kombination aus spiritueller, intuitiver und objektbetonter Aktivierung an, um ihr kreatives Selbst anzuzapfen. Ich hielt es für interessant, sie über ihre Erfahrungen zu interviewen.

Interview mit Licia Morelli

Dougall: Hallo, Licia, danke, dass Sie Ihre Geschichte erzählen wollen. Können Sie mir ein bisschen über Ihre Erfahrungen mit Smaragdgrün sagen?

Licia: Selbstverständlich! Wie ich Ihnen schon gesagt habe, hat Grün mir sehr beim Prozess der Heilung und Änderung geholfen, und jetzt in dieser nächsten Lebensphase ist es auch sehr hilfreich. Ich habe ja schon einige Ihrer Seminare besucht, und Grün war schon immer meine Lieblingsfarbe. Es ist die Farbe, die ich während des Schreibprozesses nutze. Ich nutzte Grün für mein erstes Buch *Lemonade Hurricane* – ein Kinderbuch, das jungen Lesern Achtsamkeit und Mediation nahebringt. Und ich verwende Grün auch beim Schreiben meines nächsten Buchs. Außerdem nutze ich Grün als Hilfe bei Werbetexten, die ich für Firmen verfasse, die einen eigenen Stil brauchen. Ich arbeite mit mehreren verschiedenen Unternehmen zusammen und helfe ihnen dabei, Werbeslogans zu entwickeln; auch das ist ein Ausdruck meiner Kreativität. Grün ist mittlerweile die Farbe, die ich bei der Weiterentwicklung meiner beruflichen Karriere anzapfe. Es hat wirklich mein Leben verändert.

Dougall: Das ist unglaublich! Und wie hat Grün Ihr Leben verändert, wenn ich fragen darf?

Licia: Nun, Sie haben mir doch mal gesagt, dass Sie sehen konnten, wie Smaragdgrün an meinen Armen entlangfloss, was darauf hinwies, dass ich womöglich eine Autorin sei. Was Sie damals so lustig fanden, war die Tatsache, dass ich am Anfang unserer Zusammenarbeit meinen Wunsch, Autorin zu werden, nie erwähnte, obwohl es wirklich mein Wunsch war. Und Sie sagten mir, ich müsse an einen Punkt kommen, an dem ich meine kreative Seite wirklich mit Freude annehmen könnte. Und so hat Grün mein Leben echt verändert. Denn ich hatte mir vorher nie die Erlaubnis gegeben, mich Autorin zu nennen. Ich schreibe zwar schon immer gerne, aber ich habe es nicht studiert. Ich habe keinen Studienabschluss oder Sonstiges wie andere Autoren, die einen glauben lassen, man bräuchte als echte Autorin so etwas.

Dougall: Und was waren Ihre Erfahrungen mit Farben, bevor wir miteinander gearbeitet haben? Sie erwähnten, dass Grün Ihre Lieblingsfarbe ist. Haben Sie Grün schon immer geliebt, oder hat sich diese Vorliebe erst ergeben, nachdem wir sie mit der kreativen Absicht verbunden haben?

Licia: Der Aspekt der Absicht ergab sich erst mit der Zeit so richtig. Denn anfangs hatte ich keine Ahnung von Ihrer Arbeit mit Farben oder ihrer wirklichen Bedeutung. Ich glaube, ich habe Sie in einer Radiosendung gehört und daraufhin wegen eines Readings beim Sender angerufen. Das war, bevor ich in Ihre Seminare ging. Die erste Farbe, die Sie an mir sahen, war Violett. Sie haben darüber gesprochen, dass Violett die Farbe von Führungskräften ist, und diese Vorstellung klang damals stimmig. Im Rückblick kommt es mir beinahe so vor, als gäbe es Farben, mit denen wir uns ganz leicht verbinden, und Farben, für die wir uns erst noch qualifizieren müssen. Violett war eine Farbe, die mir problemlos zufiel. Es macht mir nichts aus, andere in verschiedenen Lebensbereichen zu führen; ich habe schon immer andere beraten. Violett fühlte sich sicher und vertraut an. Grün war hingegen eine Farbe, die mich einschüchterte, da sie mit dem Ausdruck meiner persönlichen Kreativität zu tun hat. Für mich bedeutete Grün, mich emotional auszuziehen, da man sich bei Kreativität immer aus dem Fenster lehnt. Und es hat bei mir erst „Klick" gemacht, als Sie die grüne Farbe an meinen Armen herunterlaufen sahen. Sie fanden es erstaunlich, dass ich meine kreative Seite nicht mit anderen teile, obwohl sie eindeutig ein großer Teil meines wahren Ichs ist. Und da wurde mir klar, dass ich selbst entscheiden will, was ich sagen möchte und wie ich mit der Welt kommuniziere.

Dougall: Komischerweise war es schon immer ein wesentlicher Teil Ihres Wesens. Ihre Kreativität brauchte als Teil Ihrer wahren Identität nur noch in den Vordergrund Ihres Bewusstseins geschoben werden.

Licia: Genau.

Dougall: Können Sie mir auch ein bisschen darüber berichten, wie Sie Grün im Alltag einsetzen?

Licia: Gern. Wenn ich mich zum Schreiben hinsetze, muss ich mich konzentrieren. Bevor ich beginne, trage ich etwas Grünes oder trinke etwas aus einer grünen Tasse. Generell binde ich die Farbe in meine visuelle Umgebung ein, um mich daran zu erinnern, dass ich mit Grün arbeite. Auch habe ich das Gefühl, als würde Grün mir bei den emotionalen Aspekten meines kreativen Ausdrucks helfen. An manchen Tagen verwende ich das, was ich die „Glinda-Blase" nenne – so wie Glinda, die gute Hexe aus dem Film *Der Zauberer von Oz,* und dann fülle ich die Blase mit Grün. Ich vergegenwärtige mir, dass die grüne Farbe mich an diesem Tag bei meinen kreativen Entscheidungen lenken wird. Diese Energie begleitet mich den ganzen Tag – von den E-Mails, die ich schreibe, bis zu den Dingen, die ich in den sozialen Medien poste. Immer wenn ich mit Kreativität kommuniziere, zieht sich Grün durch alles hindurch.

Dougall: Und haben Sie einen Unterschied bemerkt?

Licia: Ja. Wie ich immer mehr feststelle, fällt es mir schwerer, mich auf die schöpferische Aufgabe zu konzentrieren, wenn ich dies *nicht* tue. Wenn ich mich zum Beispiel mit dem Internet oder anderen Dingen ablenke und meine Kreativität meide, statt am Buch weiterzuschreiben. Die Farbe Grün hilft mir, den kreativen Raum zu betreten und dort zu bleiben.

Dougall: Haben Sie je festgestellt, dass Grün es Ihnen leichter machte, Einfälle zu haben?

Licia: Es war eher so, dass die Farbe mir bei einer Schreibblockade weiterhalf. Was mir manchmal schwerfällt, ist, einen meiner Blogeinträge zu nehmen und aus ein paar Abschnitten ein ganzes Kapitel zu machen. Wenn ich blockiert war, stellte ich mir vor, wie Smaragdgrün durch meine Arme in meine Fingerspitzen und auf die Tastatur fließt. Ich konnte förmlich sehen, wie die Tastatur von der Energie, die durch meine Arme floss, grün aufleuchtete. Dann kamen mir die Ideen. Es ist, als würde die grüne Energie mir bei meinen Bemühungen Ausdauer geben.

Dougall: Erstaunlich. Vielen Dank, Licia!

Aktivierung von Smaragdgrün

WO BRINGE ICH MEINE KREATIVITÄT ZUM AUSDRUCK?

Kommunikation und Kreativität gehen Hand in Hand. Wie oft haben wir die Gelegenheit, auszudrücken, wer wir auf der Seelenebene sind? Die meisten beschäftigten Erwachsenen verbringen den größten Teil des Tages damit, sich während der Arbeit dem Ausdruck anderer anzupassen. Ihre Aufgabe könnte sein, das Markenzeichen Ihrer Firma zu bewerben oder den Lehrplan einer anderen Person zu unterrichten. Es gibt im Leben der meisten Menschen unzählige Beispiele dafür, wie sie andere Leute an erste Stelle stellen. Doch in der Welt der Kunst haben wir die Gelegenheit, unsere eigene Stimme und Sichtweise zu finden. Wenn wir Smaragdgrün aktivieren, verbinden wir uns mit unserer inneren Stimme. Wir werfen ein Licht auf unseren eigenen, einzigartigen Lebensfunken und schaffen eine sichere Umgebung, in der wir unsere wahren Gefühle und unseren innersten Kern zum Ausdruck bringen können.

Selbstausdruck bedeutet nicht nur, dass Sie persönlich irgendeine Art von „Kunst“ kreieren. Diese Energie lässt sich auf großartige Weise in Ihrem Leben fördern, indem Sie die Musik, Schauspielkunst oder Fotografien anderer Künstler bewundern. Sie können die Energie dazu nutzen, um Ihre eigene Kreativität zu erwecken. Wenn ich beispielsweise einen neuen Blogeintrag schreibe, brauche ich ein Bild zum Eintrag. Meistens besuche ich dafür Webseiten, die unabhängige und weniger bekannte Fotografen und Grafiker unterstützen. Ich kann stundenlang nach dem Bild suchen, das die Botschaft meines Blogeintrags auf perfekte Weise widerspiegelt. Ich liebe die Vorstellung, dass irgendwo auf der Welt jemand anderes Zugang zu seinem kreativen Geist erhält. Dieser kreative Ausdruck verbindet sich dann mit meinem Text zu einer abgerundeten, bedeutsamen Botschaft. Auch wenn ich das Foto möglicherweise nicht verwende, verbinde ich mich doch mit meiner eigenen Kreativität, indem ich die Arbeit eines anderen Künstlers bewundere.

Dunkles, sattes Smaragdgrün tendiert dazu, rasch zu wirken. Das heißt, Sie werden seinen Effekt beinahe sofort spüren, wenn Sie mit dieser Farbe arbeiten. Der Grund dafür ist, dass Sie sich nicht zu sehr zensieren oder zu viel denken, wenn die Kreativität ungehemmt fließt. Vielleicht kommen Ihnen Ideen oder Möglichkeiten, und dann ist es Ihre Aufgabe, sie sich manifestieren zu lassen. Versuchen Sie, den anfänglichen kreativen Drang nicht zurückzuhalten, da dies nur die Energie von Smaragdgrün blockieren würde. Es ist immer leichter, Ihren persönlichen Ausdruck später zu revidieren, als ihn überhaupt sprudeln zu lassen. Am besten wendet man diese Farbe an, indem man sie bei allem, was man tut, fließen und sich von ihr inspirieren lässt.

Es geht darum, über die Linien hinauszumalen. Wenn Sie dazu neigen, Regeln einzuhalten, könnte Grün Sie ein wenig beunruhigen. Das ist vollkommen normal. Smaragdgrün fördert ein Gefühl der Freiheit, doch die Gegenseite dieses aufregenden Gefühls ist Furcht. Wenn Sie von Natur aus ein Mensch sind, der nach seinen eigenen Regeln handelt, dann wird Grün wahrscheinlich ganz leicht durch Sie hindurchfließen.

Viele meiner Klienten, die ihren Selbstausdruck verbessern möchten, sprechen davon, ein Buch schreiben zu wollen. Wir alle haben einen Lebensweg und machen Lektionen durch, die wir voneinander lernen können. Es ist also äußerst sinnvoll. Die Anwendung von Smaragdgrün ist ein hervorragendes Mittel, um den Schreibprozess zu beschleunigen. Doch vergessen Sie nicht, dass das Schreiben nur eine Form ist, mit dem unsere einzigartige Reise auf der Erde zum Ausdruck gebracht werden kann.

Meiner Überzeugung nach geht es beim Wunsch, ein Buch zu schreiben, eher darum, unsere Lebenserfahrungen bestätigt zu sehen, als um den inneren Schriftsteller – es sei denn, Sie schreiben schon regelmäßig. Wenn das Schreiben Ihre bevorzugte Form des kreativen Ausdrucks ist, wird es sich auf vielfältige Weise manifestieren, lange bevor ein Buch zustande kommt. Dann fließen die Worte auf natürliche Weise in Tagebüchern, Gedichten, Blogs, Geschichten und Artikeln. Das sage ich nicht, um Ihnen die Veröffentlichung eines Buchs auszureden. Wenn Sie sich dazu berufen fühlen, dann tun Sie es! Ich möchte damit nur sagen, dass es viele Wege gibt, seine Erfahrungen auf künstlerische Weise bestätigt zu sehen. Ein Buch zu schreiben ist nicht das Endziel des geschriebenen Wortes, sondern nur eine weitere Möglichkeit, wie es sich erreichen lässt.

Durch Smaragdgrün erwecken wir den Künstler in uns und schärfen zugleich unsere Kommunikationsfähigkeit. Es ist leicht, das Kunstwerk eines anderen zu betrachten und an die vielen Dinge zu denken, die wir anders gemacht hätten. Sich jedoch selbst als Künstler der Öffentlichkeit zu stellen ist etwas ganz anderes. Künstler müssen sich ein sehr dickes Fell zulegen, sonst riskieren sie, von Kritikern entmutigt zu werden.

In unserem Fall brauchen wir uns darüber keine Sorgen zu machen. Ich sage nicht, dass die erfolgreiche Nutzung von Smaragdgrün bedeutet, Sie sollten sich in einem breiten öffentlichen Forum kreativ darstellen. Mein Ziel für diese Aktivierung ist es, Ihnen zu helfen, sich klar zu werden, dass Ihre Kreativität so privat oder öffentlich sein kann, wie Sie es wollen. Es ist unwichtig, wer das Ergebnis Ihrer künstlerischen Bemühungen sieht, solange Sie sich damit selbst zum Ausdruck bringen.

Ihre Vision mit anderen in der Welt zu teilen bringt viele Emotionen mit sich, was ich absolut verstehen kann. Niemand will das Gefühl haben, von anderen verurteilt zu werden, und es gibt auch noch das Bedürfnis, einfach nur dazuzugehören. Wenn es bei Ihnen starke Gefühle hervorruft, sollten Sie vielleicht zwischen Blau und Smaragdgrün wechseln. Durch die Farbe Blau stellen Sie eine deutliche Verbindung zwischen Ihrer Angst und dem Wunsch nach Wahrheit her. Wenn Sie hingegen Grün aktivieren, nehmen Sie sich die Freiheit, alle Aspekte von sich vollständig zum Ausdruck zu bringen.

Bei der Aktivierung von Smaragdgrün stellen Sie möglicherweise fest, dass die Farbe jedes Mal einen anderen Farbton annimmt. Die Schattierungen, die Sie sehen, können sich herauskristallisieren, während Sie mit jeder der folgenden Farben weiterarbeiten. Das ist völlig normal und sogar ein gutes Zeichen. Es bedeutet, dass Ihr Farbprozess sich weiterentwickelt. Jede Farbe enthält viel Tiefe und Weisheit. Lassen Sie sich von jedem Farbton und jeder Schattierung an einen anderen Ort bringen.

Meditative Aktivierung

Als ich Smaragdgrün spirituell aktivierte, half es mir, meine persönliche Lieblingsform des kreativen Ausdrucks zu entdecken. Ich wurde in eine sehr künstlerische Familie hineingeboren. Meine Schwester und meine Eltern konnten alle ohne eine förmliche Kunstausbildung ziemlich gut malen. Als Jugendlicher besuchte ich mit meiner Schwester und meinem Vater eine Malklasse und dachte natürlich, bald ähnlich gut malen zu können wie sie. Jeder von uns saß vor einer kleinen, leeren Leinwand und sollte ein Stillleben malen. In der Mitte des Raums stand ein Tablett, auf dem Früchte kunstvoll drapiert waren, und wir sollten unsere eigene Interpretation zu Papier bringen.

Nachdem ich eine Weile an meinem Stillleben gearbeitet hatte, tat ich einen Schritt zurück, um mehr Perspektive zu bekommen. Ich kann mich noch gut daran erinnern, wie ich mir die Bilder meines Vaters und meiner Schwester ansah und feststellte, dass ihre Äpfel und Orangen schöne, weich definierte Schatten und Konturen hatten. Mein eigenes Bild wirkte jedoch eher so, als hätte ich es mit den Füßen statt mit den Händen gemalt.

Sofort spürte ich meine Selbstkritik darüber, dass ich nicht von Natur aus so gekonnt mit dem Pinsel umgehen konnte wie der Rest meiner Familie. Doch noch schlimmer war, dass ich über die Tatsache, dass das Malen meinen schöpferischen Drang nicht befriedigte, nicht sonderlich unglücklich war. Ich war sicher gewesen, die Gene eines talentierten Malers zu besitzen. Wenn das Malen meiner Familie so viel Spaß macht, dann müsste ich doch eigentlich genau dasselbe empfinden, nicht wahr?

Zu verstehen, dass wir alle Individuen sind, die von verschiedenen Dingen kreativ inspiriert werden, war eine wichtige Lektion für mich. Ich war zwar gerne mit meiner Familie zusammen, ohne dass wir uns unterhielten, doch es reizte mich nicht, mit ihnen zusammen zu malen. Als mir klar wurde, dass das Malen nicht mein gewählter schöpferischer Selbstausdruck ist, musste ich darauf vertrauen, dass meine kreative Leidenschaft sich irgendwann von selbst zeigen würde. Erst später, als ich damit anfing, Smaragdgrün zu aktivieren, entdeckte ich die natürliche Ausdrucksform meiner Kreativität.

Im Rückblick erkenne ich, dass ich schon immer gern Geschichten aufschrieb, um sie zu erzählen. Ich führte ein Tagebuch und hatte Spaß daran, meine Lebenserfahrungen niederzuschreiben. Ich liebte Bücher und erfreute mich daran, auch die Worte anderer lesen zu können. Als ich mich wieder an meine Freude beim Schreiben erinnerte, wusste ich, dass ich mich selbst zum regelmäßigen Schreiben verpflichten musste. Von Blogs über Briefe und E-Mails bis hin zu Büchern stürzte ich mich in alle möglichen Schreibformen. Am Ende hatte meine Kreativität zwar nichts mit Malen zu tun, aber sehr wohl mit Farben! Statt eine Leinwand mit Farbe zu füllen, male ich meine eigene Energie mit einem Regenbogen aus schillernden Farben.

Übung: Meditative Aktivierung
Erwecken Sie den Künstler in sich

Diese Übung bringt uns zu unseren Kindheitserinnerungen zurück, da die meisten von uns in ihren ersten Lebensjahren mehr Zeit und Freiheit hatten, ihre Fantasie zu nutzen. Vergessen Sie nicht: Jedes Kind ist ein Künstler. Denken Sie an die Zeit zurück, in der Kreativität ein ganz normaler Teil Ihres Alltags war.

Nehmen Sie sich ein paar Momente Zeit, um sich Ihre frühesten Erinnerungen der Kreativität ins Gedächtnis zu rufen, nachdem Sie Grün spirituell aktiviert haben. Ihr Ziel ist es, ein kreatives Hobby wieder aufzunehmen, das Ihnen Freude bereitete, bevor das Leben Sie den allzu weit verbreiteten Gefühlen der Unsicherheit oder Verwundbarkeit ausgesetzt hat. Möglicherweise standen Sie auf einer Bühne und genossen es, eine Figur zu spielen. Vielleicht haben Sie glückliche Erinnerungen daran, wie Sie in der Schule Holzschnitzereien anfertigten oder Bilder in Ihr Schulheft zeichneten. Sie kamen voller Stolz nach Hause, um Ihrer Familie etwas zu zeigen, was Sie selbst kreiert hatten. Womöglich war es etwas so Einfaches, wie in Ihrem Zimmer mit Puppen zu spielen und eine Fantasiewelt zu erschaffen. Bei diesem Schritt geht es nur darum, herauszufinden, wo sich Ihre Kreativität schon früher gezeigt hat, so dass Sie sich diese Energie wieder zunutze machen können. Wenn Sie den richtigen kreativen Ausdruck gefunden haben, werden Sie es wissen, da es ein Lächeln in Ihr Gesicht zaubern und Ihnen ein gutes Gefühl geben wird, so dass die grüne Energie durch Sie hindurchfließen kann.

Lassen Sie die Quelle Ihrer früheren kreativen Leidenschaft mindestens einmal in der Woche wiederaufleben, indem Sie Smaragdgrün aktivieren. Wenn Sie sich dazu inspiriert fühlen, können Sie es natürlich auch so oft tun, wie Sie möchten.

Beispiele für solche kreativen Aktivitäten sind:

- Zeichnen
- Singen
- Töpfern oder Bildhauerei

Um Ihren persönlichen Ausdruck der Freude leichter zu reaktivieren, sollten Sie sich fragen, in welche Lebensbereiche Sie Spuren dieser Energie einfließen lassen könnten. Je nach Ihren Lebensumständen mag dies zwar nach einer Herausforderung klingen, aber vergessen Sie nicht, dass man bei dieser Übung nichts falsch machen kann. Sie bringen damit nur Ihre tief verwurzelte Kreativität zum Erwachen, die womöglich verschüttet ist.

Was mich betrifft, so war ich als Kind ein Geschichtenerzähler. Ich liebte es, meinen Freunden vor dem Schulunterricht eine Geschichte zu erzählen und den Energieaustausch zu spüren, indem ich mich ausdrückte. Zu meinen glücklichsten Kindheitserinnerungen gehört das Erzählen von Gespenstergeschichten am Lagerfeuer in den Sommerferien. Ich fand es toll zu wissen, dass ich mit meinen Worten Gefühle und Gänsehaut hervorrufen konnte. Auch liebte ich es, anderen beim Spinnen von Geschichten, die uns auf eine gemeinsame Reise nahmen, zuzuhören. Solche Erinnerungen nutze ich oft, um in meinem heutigen Leben kreative Energie auszulösen. Um diese Energie wieder zu kreieren, würde ich zum Beispiel eine Geschichte schreiben, die auf dem basiert, was mich gerade inspiriert. Ich würde sie auf losen Blättern statt in meinem Notizbuch niederschreiben, um mich daran zu erinnern, dass es mir darum geht, kreative grüne Energie zu kreieren, und nicht darum, etwas Dauerhaftes zu „erschaffen". Dadurch wird der ganze Druck genommen und die Übung kann ungehemmt fließen.

Intuitive Aktivierung

Smaragdgrün ist eine effektive Farbe für die Intuitive Aktivierung, da sie sehr schnell wirkt und in einer natürlichen Umgebung voller Grünpflanzen überall zu sehen ist. Wenn Sie anfangen, eine tiefe, satte grüne Energie im Leben zu sehen, dann nutzen Sie das als Erinnerung daran, dass Sie sich völlig ausdrücken sollten. Jedes Mal, wenn Sie diese Farbe sehen, ist es eine Gelegenheit, sich mit Ihrer kreativen Seite zu verbinden. Wenn Sie beim Essen grünen Salat oder grünes Gemüse auf dem Teller haben, dann halten Sie einen Augenblick inne, um Ihren einzigartigen Ausdruck der Kreativität zu honorieren. Wenn Sie sich in einer Besprechung befinden, in der jemand Grün trägt, dann lassen Sie zu, dass dadurch Ihre Kommunikationsfähigkeit gestärkt wird. Wenn Sie Smaragdgrün wahrnehmen, sagt Ihre Seele Ihnen, dass sie gerne eine Dosis dieser Energie hätte. Sobald Sie die Verbindung zwischen den Farben und ihrer Energie herstellen, wird daraus ein wirksames Mittel, herauszufinden, welche Energien Sie in diesem Moment brauchen. Smaragdgrün hilft Ihnen, das Schöne im Leben zu erkennen und den kreativen Ausdruck in allem wertzuschätzen.

Wie mehrere Untersuchungen gezeigt haben, werden Kreativität und Kommunikation gestärkt, wenn man die Farbe Grün sieht. Die einzige Grenze ist Ihre Kreativität, die nun wächst und sich erweitert!

Übung: Intuitive Aktivierung
Eine Verabredung mit einem Künstler

Diese Übung ist eine simple und unterhaltsame Methode, mit der Sie einen neuen künstlerischen Prozess in Gang setzen können. Eine Verabredung mit einem Künstler ist jede Form von kreativer Aktivität, die Sie noch nie ausprobiert haben. Das Ziel ist es hier, sich neue

Möglichkeiten des persönlichen Ausdrucks zu eröffnen. Obwohl es keine Garantie gibt, dass Ihnen die Aktivität zusagt, kann eine Verabredung mit einem Künstler neue schöpferische Schübe in anderen Lebensbereichen auslösen. Auch besteht die Chance, dass Sie eine neue angenehme Form des kreativen Ausdrucks entdecken werden, an die Sie noch nie gedacht haben.

Nehmen Sie sich vor, in den nächsten sieben Tagen eine Verabredung mit einem Künstler wahrzunehmen, indem Sie die Macht der Allgemeinen Aktivierung nutzen. Halten Sie die Augen offen für Hinweise auf grüne Energie und schenken Sie ihnen Beachtung, während Sie sich nach Ihrer Verabredung mit einem Künstler umsehen. Vielleicht betreten Sie ja ein Malstudio, um sich über die angebotenen Nachmittagsworkshops zu erkundigen, und die Kunstlehrerin trägt eine grüne Halskette. Oder möglicherweise interessieren Sie sich für einen Tanzkurs am Wochenende und fahren zufällig an einer Tanzschule vorbei, die Grünes Tanzstudio genannt wird. Seien Sie für solche Farbbotschaften offen; dann werden Sie anfangen, sie schneller zu erkennen.

Die einzige Bedingung ist, dass Sie eine Verabredung mit einem Künstler auswählen, die für Sie ungewöhnlich ist. Sie versuchen, einen anderen Teil Ihres kreativen Bewusstseins als den, den Sie normalerweise nutzen, zu stimulieren. Für dieses Unterfangen gibt es keine Regeln. Ein Album zusammenstellen oder Schmuck basteln, ein Kochkurs oder was auch immer – wie Sie Ihre kreative Seite erwecken, ist Ihnen überlassen.

Mögliche Optionen sind zum Beispiel:

- An einem halbtägigen Schreibworkshop teilnehmen
- Einen Kalligrafie-Kurs belegen
- Sich in Comedy versuchen

DIE SMARAGDGRÜNE AFFIRMATION

MEINE EINZIGARTIGE KREATIVITÄT FLIESST UNGEHEMMT DURCH MICH HINDURCH.

AKTIVIERUNG MIT FARBIGEN GEGENSTÄNDEN

Da Smaragdgrün den Farbtönen älterer Pflanzen und gesunden Grases entspricht, ist es ganz leicht, die Natur als Farbstützen zu nutzen. Ich habe mehrere Zimmerpflanzen im Haus und sitze beim Schreiben oft neben ihnen oder berühre sie. Pflanzen sind ein Supermittel, um die Farbe Grün in Ihr Zuhause und an Ihren Arbeitsplatz zu bringen.

Eine weitere angenehme Methode, wie man die Energie von Smaragdgrün aufnehmen kann, ist durch Essen! Wie eine Klientin mir sagte, verwendet sie oft Lebensmittel, um ihre Arbeit mit Farben anzukurbeln. Das halte ich für eine tolle Idee. Nicht nur sehen wir Nahrungsmittel an, bevor wir sie aufessen, sondern absorbieren buchstäblich ihre Farben durch den Körper. Und dank der Vielzahl von grünem Salat und Gemüse auf der Welt kann Ihre Ernährung eine wirkliche Manifestation der Aufnahme von smaragdgrüner Energie sein.

Smaragdgrüne Farbstützen, die Sie in den Alltag integrieren könnten, sind zum Beispiel:

- **Pflanzen.** Was eignet sich besser zur Generierung von grüner Energie als eine Grünpflanze in Ihrem Zuhause?
- **Der Hintergrund Ihres Computerbildschirms.** Wenn Sie am Computer arbeiten, sollten Sie Grün als Hinter-

grundfarbe des Monitors wählen und ihn für einen kreativen Energieschub berühren.

- **Ein grünes Notizbuch.** Da es bei Grün um den schöpferischen Ausdruck geht, sollten Sie ein grünes Notizbuch verwenden, in dem Sie Ihre Ideen und kreativen Gedanken festhalten.

ÜBUNG: AKTIVIERUNG MIT FARBIGEN GEGENSTÄNDEN ESSEN SIE GRÜNZEUG

Der Sinn dieser Übung ist, Spaß beim Ausdrücken Ihrer Kreativität zu haben. Wir alle müssen essen – also warum nicht gleichzeitig Smaragdgrün aktivieren?

Lassen Sie sich eine grüne Mahlzeit einfallen, die Sie selbst zubereiten können. Das kann alles vom Salat bis hin zu einem Spinat-Wrap sein. Zu meinen grünen Lieblingsgemüsesorten gehören:

- Spinat
- Brokkoli
- Rosenkohl

Achten Sie bei der Zubereitung des Essens darauf, jedes Stück Gemüse mit der Absicht zu berühren, Ihren kreativen Geist zu aktivieren.

Übrigens können Sie diese Übung bei jeder Farbe anwenden. Ich mische auch gerne Lebensmittel mit verschiedenen Farben, je nachdem, welche Energie ich gerade aktiviere.

Die Schattenseite von Smaragdgrün

Die Schattenseite von Smaragdgrün ist blockierte Kreativität und Kommunikation. Wenn Sie von sich sagen: „Ich bin nicht kreativ", oder „Ich habe der Welt nichts zu bieten", dann haben Sie es womöglich mit der Schattenseite dieser Farbe zu tun. Auch wenn Smaragdgrün scheinbar nur Kreativität beeinflusst, könnte das Ignorieren dieser Farbe Beziehungen oder andere Lebensbereiche, in denen Ihre Ausdrucksfähigkeit gehemmt ist, beeinträchtigen.

Wie ich schon erwähnt habe, können Sie Ihre Kreativität so öffentlich oder privat zum Ausdruck bringen, wie Sie wollen. Die Schattenseite von Smaragdgrün bringt uns dazu, fälschlicherweise zu glauben, unsere einzigartige Stimme sei es nicht wert, gehört zu werden. Zum Beispiel sah sich meine Klientin Jen schon immer als heimliche Dichterin. Als Jugendliche schrieb sie sehr gern Gedichte und stellte fest, dass sie damit ihre Erfahrungen wunderbar ausdrücken konnte. Doch als sie erwachsen war und ihr Geld als Buchhalterin verdiente, hielt sie diese Seite von sich für kindisch. Selbst ihre engsten Freunde hatten keine Ahnung von ihrer früheren Möglichkeit des Selbstausdrucks. In der Oberschule war sie zwar auf andere zugegangen, doch als Erwachsene wurde sie stiller und reservierter. Sie versteckte etwas so Schlichtes wie das Dichten, als wäre es eine Sucht oder eine Leiche im Keller.

Jen kam zu mir, um sich von mir beraten zu lassen, da sie Probleme in der Beziehung zu ihrem Mann Brian hatte und Hilfe brauchte. Es fiel ihr leichter, ihre Gefühle zu verbergen, als sie auszudrücken, wodurch Brian letztendlich den Eindruck bekam, sie nicht zu verstehen. Auch wenn er es gut meinte, ging Brian davon aus, dass Jen ihm schon sagen würde, wenn ihr etwas nicht passte, so wie sie es früher am Anfang der Beziehung getan hatte.

Statt mich direkt auf Jens Beziehung zu konzentrieren, ging ich davon aus, dass es ihr guttun würde, wenn sie ihre kreative Seite mit anderen teilen könnte. Als ich mich auf ihre Energie einstellte, sah ich ein dunkles Grün, das über ihrem Körper schwebte. Die Tatsache, dass ihre Aura so stark von ihrem Körper abgetrennt war, verriet mir, dass sie eine problematische Beziehung zur grünen Energie und zum Selbstausdruck hatte. Offensichtlich hemmte die Verdrängung der starken künstlerischen Energie, die sie deutlich ausstrahlte, ihre Fähigkeit, aus dem Inneren heraus zu kommunizieren.

Ich ließ sie die Übung „Wecke die Künstlerin in dir" ausprobieren, die klare, glückliche Erinnerungen an das Gedichteschreiben zum Vorschein brachte. Jen grub sogar ein paar ihrer alten Hefte mit eigenen Gedichten, die sie in einem Karton aufgehoben hatte, wieder aus. Ich sah freudige Funken, während sie die Hefte in den Händen hielt, und fand, dass sie versuchen sollte, die Dichterin in sich wieder zum Leben zu erwecken, um zu sehen, wie sich das anfühlte. Ich ahnte, dass ihre Kommunikation mit anderen durch ihre Gedichte eine genauso reinigende Wirkung haben könnte wie damals, als sie allein in ihrem Zimmer saß und Gedichte verfasste.

Jen nahm sich vor, wieder Gedichte zu schreiben. Sie fand einen Schreibworkshop an ihrem Wohnort, in dem sie einmal pro Woche üben könnte, und war davon hellauf begeistert. Sie fuhr damit fort, Smaragdgrün zu aktivieren, und berichtete mir später, dass die Erfahrung nicht nur ihren kreativen Drang befriedigte, sondern sie auch ihrem Mann näherbrachte. Sie hatte ihm ihre neuen Gedichte gezeigt. Einige von ihnen handelten von ihrer Beziehung. Darin brachte sie ihre Liebe zu ihm und ihre Angst, von ihm abgewiesen zu werden, wenn sie sie selbst war, zum Ausdruck. Die Tatsache, dass Jen ihre Verletzlichkeit durch Gedichte ausdrückte, machte es Brian leichter, seine eigenen Gefühle besser zu kommunizieren. Er kam sogar mit zu einer Veranstaltung, bei der jeder seine Werke vorlesen konnte und bei der Jen ihre Gedichte vortrug. Es gefiel ihm, seine Frau unterstützen zu können. Die Fähigkeit, anderen zu zeigen, wer Sie als einzigartiges Individuum sind, überträgt sich in positiver Weise auf alle Lebensbereiche.

Kapitel 7

Violett

EIGENSCHAFTEN: Führungsstärke, Bestimmung und Entschlossenheit

SCHATTENSEITE: Mangel an Zielstrebigkeit, Unentschlossenheit

Das majestätische Violett wird seit jeher weltweit mit Führungsenergie in Verbindung gebracht. Tatsächlich ist es eine der allerersten Farben, die sich in frühen Kunstwerken finden, darunter auch französische Stätten aus der Jungsteinzeit, die sich bis zu 25.000 v. Chr. zurückdatieren lassen. Violett wurde zur Lieblingsfarbe vieler führender Persönlichkeiten, wie Könige, Priester, Adlige und Offiziere, auf der ganzen Welt. Dieser Trend nahm im 15. Jahrhundert im Mittelmeergebiet seinen Anfang. Violett ist auch die Farbe, die die englische Königsfamilie und andere Monarchen in Europa zu besonderen Anlässen tragen. Violett Gewänder werden häufig von Theologiestudenten, die im spirituellen Denken eine führende Rolle übernehmen wollen, bei der Abschlussfeier getragen. Und Violett ist die Farbe, die ich auswähle, wenn ich mit besonders starkem Selbstbewusstsein und Selbstvertrauen Entscheidungen treffen will.

In Japan ist Violett die Farbe der Adelsfamilie und des Kaisers. In China wird Violett mit spirituellem Bewusstsein und Stärke – den klassischen Eigenschaften eines Anführers – assoziiert. In chinesischen Malereien ist Violett die symbolische Farbe der Harmonie im

Universum, da sie eine Mischung aus Rot und Blau (Yin und Yang) ist.

Violett wird sogar schon im Alten Testament erwähnt. Im Buch Mose befiehlt Gott Moses, das Volk Israel anzuhalten, ihm Gaben zu bringen, darunter auch violette Stoff, der in Stiftshütten und für die religiösen Kleider der Priester verwendet werden soll. (Also, wenn die Farbe sogar für Gott gut genug ist …) Und Jesus wurde am Tag seiner Kreuzigung von den römischen Soldaten in violette Gewänder gekleidet. Auch wenn die Römer damit seinen Anspruch, der „König der Juden" zu sein, ins Lächerliche ziehen wollten, erkannten sie seine Führerrolle unbewusst an, indem sie ihm die Farbe des Anführers und der Bestimmung zuwiesen.

Alexander der Große, einer der größten Heeresanführer der neuzeitlichen Geschichte, trug bei wichtigen Zeremonien Violett. Und König Salomon soll den Tempel von Jerusalem mit kostbarem violettem Stoff ausgeschmückt haben. Im römischen Reich trug jeder General, der seine Streitkräfte in einer siegreichen Schlacht anführte, eine violette Toga als öffentliches Zeichen seiner Ehre. Und in den Vereinigten Staaten ist das violette Herz das Tapferkeitsabzeichen, das Soldaten überreicht wird, die im Kampf verwundet wurden.

Anfang 1900 wurde Violett mit Menschen, die alle möglichen sozialen Fortschritte anführten, in Verbindung gebracht. Es war eine der Hauptfarben der Suffragetten, der mutigen Frauenbewegung, die für das Wahlrecht der Frau kämpften. Als Würdigung der Suffragetten war Violett die Farbe der Emanzipationsbewegung in den 1970ern, die wichtige Fortschritte in der Gleichbehandlung aller Frauen erkämpfte.

Violett ist eine nützliche Farbe, wenn Sie auf der Suche nach dem Sinn Ihres Lebens sind. „Was ist meine Lebensaufgabe?", werde ich mehrmals am Tag von meinen Klienten gefragt. Meiner Erfahrung nach bringt das Fehlen einer Lebensaufgabe auch ein allgemeines Gefühl der Verlorenheit mit sich. Das Aufbauen von etwas Führungsenergie wird Ihnen daher helfen, dieses Muster zu durchbrechen. Schließlich brauchen wir Führungsqualitäten, um uns von der Masse abzuheben und auf eigenen Füßen zu stehen. Wie meine jahrelange Erfahrung als Hellseher und Lebensberater zeigt, gehört die Vorstellung unseres Lebenssinns zu den häufigsten existenziellen Fragen meiner Klienten. Auch ich frage mich immer mal wieder: Warum bin ich hier? Was ist der Sinn des Ganzen? Was soll ich mit meinem Leben anfangen?

Als junger Erwachsener war ich sicher, dass mein größter Lebenssinn war, Hellseher und Lehrmeister zu werden. Doch mittlerweile bin ich auf meiner spirituellen Reise weitergekommen und diese Vorstellung kommt mir etwas egomanisch vor. Ich muss zugeben: Mit Anfang zwanzig genoss ich die Aufmerksamkeit, die ich als Hellseher bekam. Dabei war es egal, ob sie von Menschen kam, die daran glaubten oder die daran zweifelten. Immer wenn ich nach meinem Beruf gefragt wurde, drehten sich die Leute bei der Antwort nach mir um. „Aber womit verdienen Sie Ihr Geld?“, hakte manchmal jemand nach.

„Äh, als Hellseher.“ Das schien die Leute so zu verblüffen, als hätte ich ihnen gesagt, dass ich mir meine Brötchen mit dem Verkauf von Klingeltönen verdiene.

Auch wenn meine Tätigkeit als Hellseher ein wesentlicher Teil meiner Lebensaufgabe ist, bedeutete diese Berufswahl auch eine Form der Rebellion. Wenn ich über mein damaliges Leben und die damaligen Möglichkeiten nachdenke, wird mir heute klar, dass das Ganze ziemlich schmerzhaft war. Ich hatte mich noch nicht geoutet, war noch stark übergewichtig und mit meinem Lebenssinn oder meiner Lebensaufgabe noch kein bisschen im Einklang. Die beeindruckende Aussage „Ich bin Hellseher“ schien andere (und auch mich) glauben zu lassen, ich hätte meinen Lebenssinn schon gefunden. Da wurde mir klar, dass unser Beruf nicht dasselbe ist wie unsere Lebensaufgabe.

Wenn ich Violett verwende, um heutzutage über meinen Lebenssinn zu meditieren, fühlt sich die Antwort, dass ich hier bin, um anderen die Kraft zu geben, ein besseres Leben zu führen, richtig an. Am glücklichsten bin ich, wenn ich die Erfahrungen anderer bestätigen und ihnen durch meinen Rat in jeder Hinsicht behilflich sein kann. Zum Glück kann ich das in meiner Tätigkeit regelmäßig tun, doch selbst wenn ich Anwalt oder Buchhalter wäre oder sonst irgendeinen Beruf hätte, wäre ich vom selben Lebenssinn beflügelt. Um es klarzustellen: Ich liebe meine Arbeit, und es erfüllt mich, anderen helfen zu können. Doch mein Wesen definiert sich nicht nur über meine berufliche Karriere. Stattdessen ist sie ein Mittel, mit dem ich meinen Lebenssinn zum Ausdruck bringen kann.

Je nach Lebensumständen ist Ihre Tätigkeit womöglich nur das Mittel, mit dem Sie Ihre Rechnungen zahlen und Ihre Familie ernähren können. Daran ist absolut nichts verkehrt und es wäre unrealistisch, etwas anderes zu denken. Mehrere meiner Klienten leiten zwar erfolgreiche Firmen, doch ihre wahre Lebensaufgabe ist in einem anderen Bereich. Und dennoch fragt mich ein Klient nach dem anderen, was seine Lebensaufgabe in direktem Bezug zu seinem Job ist.

Was ist, wenn es einen tieferen Grund für unser Dasein auf der Erde gibt? Womöglich ist die Vorstellung unseres Lebenssinns viel tiefgründiger, als man sich vorstellen kann. Nach dem buddhistischen Glauben entsteht dukkha – das Leiden – durch unser Verlangen, an Dingen festzuhalten, die sich ständig verändern. Wir müssen uns bewusst sein, dass sich unsere Lebensaufgabe so wie unser Job immer wieder ändert.

Vor Kurzem hielt ich für einen Mittfünfziger namens Bill ein Reading ab.

„Morn'", sagte Bill im tiefsten Dialekt, den ich je gehört habe. „Hallo, Bill, schön, Sie kennenzulernen! Hatten Sie schon mal ein intuitives Reading?", fragte ich ihn.

„Nein, Sir."

„Wie haben Sie von mir erfahren?"

„Das weiß ich gar nicht mehr."

Ich machte die kurze Meditation, die ich am Anfang jeder Sitzung vornehme, mit ihm. Dabei wird meine Energie geklärt und ich bereite mich darauf vor, die Informationen zu empfangen, die über meinen Klienten hereinkommen könnten. Dann fing ich mit dem Reading an.

„Bill, sagen Sie Ihren Namen bitte drei Mal."

„Bill, Bill, Bill."

In dem Augenblick, in dem Bill seinen Namen aussprach, wurde ich vor meinem geistigen Auge mit einer tiefen, satten violetten Energie überflutet. Ich setzte mich gerade hin und schrieb auf meinen Notizblock: Ich befinde mich in der Gegenwart wahrer Größe.

„Bill, sobald Sie Ihren Namen gesagt haben, sah ich strahlende violette Energie, von der Sie umgeben sind. Ich definiere Violett als die Farbe eines Anführers und der Lebensaufgabe. Violett hilft uns, in Einklang mit unserem Lebenssinn zu kommen. Es ist schwer zu erklären, aber wenn ich mich auf Ihre Energie einstelle, fühle ich mich größer, stärker und irgendwie selbstbewusster."

„Das ist komisch, weil ich mich gerade gar nicht wie ein Anführer fühle."

Bills Reaktion überraschte mich. Seine Energie kam klar und deutlich herüber. Normalerweise bekomme ich ein ganz anderes Gefühl, wenn jemand unsicher oder zu wenig selbstbewusst ist. Dann lasse ich die Schultern hängen oder spüre eine Welle der Nervosität oder der Verwirrung. Womöglich wusste er gar nicht, wie seine Umwelt ihn wahrnahm. Es besteht auch die Möglichkeit, dass ich keine Verbundenheit zur Energie meines Klienten aufbauen kann. Das ist das Besondere an der Intuition: Sie ist eine Heilkunst und keine exakte Wissenschaft. Wenn die Reaktion eines Klienten nicht zu meiner übersinnlichen Wahrnehmung passt, mache ich einen Schritt zurück und überprüfe meine Intuition noch einmal. Falls das, was ich sage, für den Klienten nicht stimmig ist, beende ich gewöhnlich das Reading und gebe ihm sein Geld zurück.

„Mein Gefühl, Bill, ist, dass Sie in finanzieller Hinsicht ziemlich erfolgreich sind. Ihre Energie veranlasst mich, über die berufliche Seite in Ihrem Leben zu sprechen, die in Ihrer Energie dominiert. Sie haben bei der Arbeit eine richtige Familie entwickelt, und anscheinend sind Sie sehr gut darin, die Stärken eines ganzen Teams herauszuholen. Wenn ich den Fokus auf Ihren Beruf richte, fühlt sich mein Herz erfüllt und zufrieden an, was bedeutet, dass hier Ihre Beziehungen ausgeglichen sind. Sie können andere nicht nur toll führen, sondern sie auch zusammenbringen. Es fühlt sich so an, als würde Ihre berufliche Identität es Ihnen erlauben, voll und ganz in Ihrer Lebensaufgabe aufzugehen. Klingt das stimmig?“

„Merkwürdig, dass Sie ‚Familie‘ gesagt haben, weil ich das Wort ständig verwende. Ich habe eine Baufirma und nenne mein Team immer meine Familie. Ich habe jede Woche ein Meeting mit meiner ‚Arbeitsfamilie‘ abgehalten. Ich wollte sie nie meine Mitarbeiter nennen, weil wir gemeinsam als Gleichberechtigte etwas aufgebaut haben. Mann, es gab Zeiten, wo ich mehr mit ihnen als mit meinem eigenen Fleisch und Blut zusammen war.“

Dies war so ein Moment, den ich das hellseherische Tourette-Syndrom nenne. Nicht, dass Bills Geist mir ins Ohr geflüstert hätte: Er nennt seine Mitarbeiter seine Familie. Doch in solchen Augenblicken kommt mir ein Schlüsselwort, von dem ich meistens noch nicht einmal weiß, welche Bedeutung es für die Person hat, bevor ich es ausspreche. Auch hilft mir Violett in solchen Momenten, weil es ein Sprung ins kalte Wasser ist, über eine intuitive Botschaft zu sprechen, die ich gerade erhalten habe. Dabei kommt es nicht darauf an, ob ich richtig liege oder nicht, sondern darauf, dass ich die Botschaft überhaupt übermittle.

„Warum haben Sie dann kein Selbstvertrauen? Ich kann mir vorstellen, dass eine erfolgreiche eigene Firma und die Aufgabe, sie zu führen, eine tolle Selbstbestätigung ist."

„Das ist ja der Grund, warum ich mit Ihnen reden wollte. Ich habe vor Kurzem meine Firma verkauft, und ohne sie – na ja, jetzt fühle ich mich ein bisschen verloren. Mein Endziel war immer, ein Unternehmen aufzubauen, das ich gewinnbringend verkaufen kann. Aber jetzt, wo ich es getan habe, fühle ich mich gar nicht so gut, wie ich dachte."

Wir sprachen einige Minuten darüber, warum er beschlossen hatte, seine Baufirma zu verkaufen. Bills Vater hatte sich von der Familie abgesetzt, als Bill noch ein Baby war. Die Mutter musste Bill und seine ältere Schwester ganz allein großziehen. Sie tat zwar ihr Bestes, für die Familie zu sorgen, doch sie hatte weder finanzielle Unterstützung noch einen dauerhaften Job. Der Familie drohte ständig die Obdachlosigkeit. Aufgrund seiner unsicheren Kindheit und Jugend schwor sich Bill, nie mehr so etwas durchmachen zu müssen. Er wuchs mit dem festen Entschluss heran, für seine eigene Familie Wohlstand zu schaffen. Während er redete, pulsierten Schwaden violetter Energie um seinen Kopf und die Schultern herum. Wie ich sehen konnte, war seine Führungsenergie schon früh erwacht und saß tief.

Wie Bill mir erzählte, hatte er gleich nach dem Schulabschluss eine Anstellung als Arbeiter bei einer örtlichen Baufirma gefunden. Jeden Tag hatte er sich auf sein größtes Ziel konzentriert, der beste Arbeiter auf der Baustelle zu sein und so viel wie möglich über die Arbeit zu lernen. Schon bald beeindruckte er den Firmeninhaber, der ihn beförderte. Sein Chef, der ihn unterstützte, sagte ihm regelmäßig, was für gute Arbeit er leistete, was Bills Selbstvertrauen immens stärkte. Da der Chef sein Potenzial erkannte, lieh er Bill das Geld für eine Ausbildung, damit er die Bauunternehmerlizenz erwerben konnte. Er war viele Jahre lang extrem karriereorientiert und brachte es zu Wohlstand, einer typischen Eigenschaft von Violett. Nachdem er genügend Kreditwürdigkeit für ein Bankdarlehen aufgebaut hatte, gründete Bill eines Tages sein eigenes erfolgreiches Bauunternehmen und achtete darauf, seine Mitarbeiter genauso zu fördern, wie sein früherer Chef es getan hatte. Allein durch seine Willenskraft und Führungsfähigkeiten schaffte Bill es vollkommen selbstständig zu Erfolg und Wohlstand. Er baute ein schönes Haus am Seeufer für seine Mutter und kümmerte sich so um sie, wie er es immer gewollt hatte.

Doch sobald Bill am Ende seiner Geschichte angelangt war, stieg die violette Energie, die seinen Kopf eingehüllt hatte, auf und schwebte nur noch über seinem Körper, abgetrennt von ihm. Wenn das während eines Readings geschieht, hat der Klient derzeit mit dieser Energie zu kämpfen.

Bill hatte aus dem Nichts ein Unternehmen aufgebaut und ein ganzes Team an Mitarbeitern zum Erfolg geführt. Doch nach seinen eigenen Worten war er sich seiner Identität nicht länger sicher. Seine Begeisterung, jeden Tag Golf spielen zu können, hatte sich verflogen, und er sehnte sich nach einem neuen Lebenssinn.

„Wissen Sie, vorher haben mich alle wegen meiner Firma gekannt. Meine Klienten waren gleichzeitig meine Freunde. Mein Team gehörte regelrecht zur Familie. Und jetzt?“

„Bill, tun Sie mir einen Gefallen. Schließen Sie die Augen und atmen Sie tief ein. Ich möchte, dass Sie sich vorstellen, Ihr ganzer Körper wäre von violettem Licht umgeben. Fühlen Sie beim Atmen, wie das Licht diesen Raum ausfüllt. Jetzt werde ich Sie etwas fragen, und ich möchte Sie bitten, das Erstbeste zu sagen, was Ihnen in den Sinn kommt. Was an Ihrer Arbeit hat Sie am glücklichsten gemacht?“

„Andere Menschen auszubilden.“

„Was meinen Sie mit ‚Menschen ausbilden?‘“

Bill machte die Augen wieder auf und sah mich an. „Na ja, ich hab in meinem Leben ganz unten angefangen. Ich habe das, was ich geschafft habe, durch harte Arbeit erreicht und war damit ziemlich erfolgreich. Ich hatte das Glück, von der Großzügigkeit anderer zu profitieren, die bereit waren, mich auf meinem Weg auszubilden. Ich wollte es unbedingt schaffen, und mein erster Chef war so freundlich, mir dabei unter die Arme zu greifen. Das habe ich nie vergessen und darauf geachtet, es in meiner eigenen Firma genauso zu machen. Ich glaube, das ist es, was ich am meisten vermisse.“

In diesem Augenblick sendete Bills Seele eine klare Botschaft über seinen Lebenssinn aus. Er wollte anderen beibringen, wie sie sich selber helfen könnten, was ich gut verstehen kann, da meine eigene Lebensaufgabe eine ähnliche ist. Er war es gewohnt, andere auszubilden und ihnen zu helfen, im Beruf erfolgreich zu sein, und hatte nach dem Verkauf der Firma das Gefühl, als wäre dieser Lebenssinn weggefallen. Bill musste herausfinden, dass er seinen Lebenssinn immer noch in unterschiedlichen Lebenssituationen zum Ausdruck bringen konnte, und die violette Energie war das perfekte Mittel dazu. Der Beruf muss nicht unbedingt die Lebensaufgabe sein. Ich fragte Bill, womit er die meiste Zeit verbrachte, seit er sich zur Ruhe gesetzt hatte.

„Seitdem verbringe ich mehr Zeit im Fitnessstudio. Ich hab gern was zu tun, und es hilft mir, meine überschüssige Energie abzubauen. Außerdem habe ich damit angefangen, Bücher über gesunde Ernährung zu lesen. Ein paar meiner Freunde haben mich schon darum gebeten, ihnen zu helfen, gesünder zu werden."

Intuitiv war sich Bill über seinen Lebenssinn im Klaren, und seit er die Firma verkauft hatte, hatte er schon damit angefangen, neue Wege zur Umsetzung dieser Aufgabe zu beschreiten. Doch seine Abhängigkeit von seiner beruflichen Identität hielt ihn davon ab, zu erkennen, dass er seiner Lebensaufgabe auch außerhalb des Berufs nachgehen könnte. Aufgrund dessen, was er mir zu Anfang der Sitzung erzählt hatte, ging es darum, ihm zu helfen, sein Selbstvertrauen auf diese Aufgabe zu übertragen.

Letztendlich kam Bill für mehrere Beratungsstunden zu mir, in denen wir genau untersuchten, was Erfolg für ihn bedeutete. Ich ließ ihn die Übung „Was ist meine Lebensaufgabe?" (siehe unten) machen, damit er einen Bezug zu seiner wahren Berufung bekam. Je tiefer wir schürften, umso deutlicher wurde ihm klar, dass ihn mehr als nur Arbeit glücklich machte. Die größte Freude hatte er daran, andere darin zu stärken, stärker zu werden. Wenn Bill das zum Ausdruck bringen konnte, fühlte er sich vollkommen mit seiner Leidenschaft verbunden.

Nachdem das klar war, entwarfen wir einen Plan, wie Bill seine Lebensaufgabe umsetzen könnte. Er nahm Verbindung zu ein paar seiner Freunde auf, die mit seiner Hilfe wieder fit werden wollten, und erstellte einen Plan für regelmäßige Treffen im Fitnessstudio, damit er dort mit ihnen trainieren könnte. Das tat er umsonst, weil er seinen Freunden einfach nur helfen wollte. Daraufhin entwarf er detaillierte Essenspläne für sie, damit sie wussten, wann und wie sie sich am gesündesten ernähren könnten. Außerdem gründete er eine Stiftung für Stipendien an der Berufsschule, an der er seine Lizenz als Bauunternehmer erworben hatte. Die Stiftung würde anderen Hilfe zur Selbsthilfe gewähren, indem sie ihnen dieselben finanziellen Möglichkeiten zur Verfügung stellte, die er bekommen hatte. Am Ende meiner Beratung leuchtete Bills violette Energie wieder so strahlend wie früher.

Die Arbeit mit violetter Energie ermöglicht es uns, den Sinn unserer Seele zu finden und herauszufinden, was uns mit unserem wahren Selbst verbindet. Der Gedanke, unsere Lebensaufgabe sei mit dem Beruf verbunden, ist ein Irrtum. Auf manche Leute mag das zwar zutreffen. Wenn wir einem Musiker oder einer Dichterin zuhören, können wir ihre Freude spüren und wissen, dass sie ihre Leidenschaft mit ihrer Arbeit verbunden haben. Doch unser Lebenssinn und unsere Aufgabe haben viele Facetten. Früher dachte ich, meine Aufgabe sei es, Hellseher und spiritueller Lehrmeister zu sein, und ich glaube, beides ist ein wesentlicher Teil meines Lebenswegs. Doch meine Intuition und der Wunsch, anderen zu helfen, hätte sich genauso gut anders manifestieren können, ganz egal, womit ich mein Geld verdiene. Und genau das fand ich heraus.

Im Winter 2013 wirkte ich als Co-Moderator in einer Live-Talkshow mit, die spätabends im Fernsehen gezeigt wurde. Ich bin von Natur aus gesprächig und nehme mich nicht allzu ernst, was meiner Ansicht nach einen besseren Bezug zum Thema Intuition herstellt. Es hat mir schon immer Spaß gemacht, Spiritualität und Popkultur zu vermischen. Nach einem Tag, an dem ich mit Klienten arbeite und Energie verarbeite, entspanne ich mich gern, indem ich mir eine Kochshow, eine Einrichtungssendung oder irgendein anderes seichtes Unterhaltungsprogramm ansehe. Wie ich weiß, gehen viele meiner Klienten davon aus, dass ich meine Abende mit Meditieren im Lotussitz verbringe. Doch nachdem ich den ganzen Tag in der spirituellen Welt gearbeitet habe, brauche ich eine Pause, um mein inneres Gleichgewicht wiederherzustellen.

Ein Fernsehproduzent hatte auf YouTube eines meiner Videos entdeckt und rief mich wegen eines Meetings an. Schon mein ganzes Leben präsentiert sich mir die Welt des Fernsehens, und ich bin immer offen für die Gelegenheit, einer breiteren Öffentlichkeit die Macht der Farben nahezubringen. Der Produzent war gerade dabei, ein Team von Fachleuten zusammenzustellen, das Anrufern live Ratschläge über Sex und Beziehungen erteilen würde. Eine Radiomoderatorin, ein Arzt, ein weiblicher Pornostar und ich.

Ja, Sie haben ganz richtig gelesen – es war absolut nicht mein gewöhnlicher Kreis an spirituellen Kollegen, und es bereitete mir ein wenig Magenschmerzen, mit einer Pornodarstellerin zusammenzuarbeiten. Das Konzept war, ein breites Spektrum an Rat über die Partnersuche anzubieten, um den Zuschauern zu helfen, dauerhafte Liebe zu finden. Als ich nach Hause kam, erzählte ich David von der Chance und meinen Zweifeln. Ich hatte Violett spirituell aktiviert und hatte die klare Absicht, anderen zu helfen, indem ich meine Arbeit auf unterhaltsame Weise präsentierte. Letztendlich beschloss ich, nachdem ich wieder Violett aktiviert hatte, dass dies eine tolle Gelegenheit wäre, ein ganz neues Publikum anzusprechen und meiner Lebensaufgabe trotzdem treu zu bleiben. Und außerdem: Wie könnte ich ein Urteil über die Arbeit anderer fällen? Witzig war, dass die Pornodarstellerin mir später erzählte, sie hätte genauso gezögert, mit einem Hellseher zusammenzuarbeiten.

Am Ende wurde ich Co-Moderator der Sendung *That Sex Show,* die ungefähr 60 Mal im Fernsehsender Logo ausgestrahlt wurde. Ich aktivierte meist Violett, bevor ich abends das Fernsehstudio betrat. In der schnellen Atmosphäre des Live-Fernsehens musste ich mich hundertprozentig auf meine Aufgabe konzentrieren. An einen Abend kann ich mich noch besonders gut erinnern, da es darum ging, seine Lebensaufgabe zu finden. Am Ende der Sendung verließ ich den Aufnahmeraum und ging den Flur entlang zum Maskenraum, um mich umzuziehen. Als ich um die Ecke bog, starrte ein Wachmann des Studios mich an. Er war ein freundlicher Typ Ende fünfzig im schwarzen Anzug. Da er mich anlächelte, lächelte ich zurück.

„Sie wissen doch, dass Sie dazu berufen sind, dies zu machen?"

Überrascht blieb ich stehen. „Wie bitte?"

„Sie sind dazu geboren."

Er erklärte mir, dass ich zu einem der Anrufer etwas gesagt hätte, was ihm nicht mehr aus dem Kopf ging. Ein junger Mann hatte angerufen, weil er sich wegen seiner Freundin Sorgen machte. Sie stritten sich oft und er glaubte, sie würde bald Schluss mit ihm machen. Jedes Mal, wenn sie über die Probleme in ihrem stressigen Job reden wollte, bombardierte ihr Freund sie sofort mit einer Reihe von Lösungsmöglichkeiten. Sie sagte ihm immer wieder, dass er emotional nicht für sie da sei, während ihre Reaktion ihn immer mehr frustrierte und verwirrte.

Ich hatte dem Anrufer gesagt, dass es in solchen Momenten nicht seine Aufgabe war, die Probleme seiner Freundin zu lösen. Sie war eine starke Frau, die mit Sicherheit selbst mit ihren Arbeitskollegen fertig wurde. Was sie brauchte, war, dass er ihre Gefühle verstand. Viele Männer machen den gutgemeinten Fehler, sich auf das Problem zu stürzen und alles sofort lösen zu wollen, was von ihrer Partnerin häufig als „Er hört ja gar nicht zu" missverstanden wird. Wie ich ihm erklärte, wollte sie nur sein Mitgefühl, was zum Beispiel bedeutete, dass er so etwas wie „Wow, das klingt ja echt übel" sagte, wenn sie über ihren Job klagte. Viele von uns sehnen sich danach, gehört zu werden. Nach der Geschichte mit diesem Anrufer berichtete mir der Wachmann, dass er meinen Rat bei seiner Frau angewandt habe und dass es wunderbar funktioniert habe. Ich bekam eine Gänsehaut, weil ich meine Aufgabe lebte und sogar das Privileg hatte, einem anderen helfen zu können. Also dankte ich ihm lächelnd.

Immer wenn ich an diese Geschichte denke, macht sie mich glücklich. Die Arbeit mit violetter Energie hat mir ein tiefes Verständnis über den Sinn und die Aufgabe im Leben gebracht. Ich möchte andere unterstützen und sie dazu ermutigen, ein besseres Leben zu führen. Als Co-Moderator eine Fernsehsendung zu leiten, war zwar nicht meine Lebensaufgabe, doch es diente mir als Mittel, mit dem ich diese Aufgabe zum Ausdruck bringen konnte. Die Erfahrung gab mir die Chance, anderen Menschen zu helfen, ob den Zuschauern oder dem Wachmann hinter der Fernsehbühne. Ich trat als offen schwuler intuitiver Lebensberater im nationalen Fernsehen auf und gab mein Bestes, um andere zu beraten. Und das Schöne an meiner Lebensaufgabe ist, dass ich sie immer noch täglich bei der Arbeit und im persönlichen Bereich ausführen kann, auch wenn die Sendung mittlerweile eingestellt wurde.

Unsere Aufgabe und unser Lebenssinn lassen sich nicht durch eine bestimmte Tätigkeit definieren. Es ist eine Energie, die sich je nach den Lebensumständen verformt und verändert. Unsere Aufgabe ist es, dieser Energie gerecht zu werden, und Violett zeigt uns den Weg dorthin.

Aktivierung von Violett

Was ist meine Lebensaufgabe?

Wenn Sie Violett aktivieren, erkennt Ihre Umwelt die Seite von Ihnen, die am engsten mit Ihrer Lebensaufgabe verbunden ist. Diese

Führungsenergie existiert zwar in uns allen, doch wenn wir nicht danach suchen, wissen wir möglicherweise nicht, wie wir die Verbindung zwischen der Führungsrolle und unserer Lebensaufgabe knüpfen sollen. Violett verstärkt diese Energie und hilft uns herauszufinden, was der Sinn unseres irdischen Lebens ist. Wenn ich merke, dass jemand in dieser Kraft – oder in der „Zone" – ruht, sage ich das meistens. Es wirkt inspirierend zu sehen, wie jemand auf irgendeinem Gebiet sein Bestes gibt, in seinem Licht lebt und bewusst seinen Weg geht.

Wenn es Ihnen nichts ausmacht, im Rampenlicht zu stehen, dann wird Violett für Sie eine leichte und vertraute Energie sein. Doch wenn Ihnen die Aufmerksamkeit anderer fremd ist, kann sich die Aktivierung dieser Energie anfangs etwas ungewohnt anfühlen (siehe Schattenseite unten). Dennoch ist die Aktivierung von Violett für Sie dann noch wichtiger. Sie behalten jederzeit die Kontrolle darüber, was für eine starke Führungsrolle Sie übernehmen wollen. Das Wichtigste an der Aktivierung von Violett ist, sich selbst zu erlauben, sichtbarer zu werden, um den Bezug zu Ihrer Lebensaufgabe zu bekommen.

Es ist nur menschlich, zu erfolgreichen Menschen aufzuschauen, und das zeigt sich am stärksten in der Geschäftswelt. Auch wenn ein beeindruckendes Diplom bei gewissen unternehmerischen Fähigkeiten hilfreich sein kann, ist es die Führungsenergie, die wir alle am meisten respektieren und auf die wir am stärksten reagieren. Viele erfolgreiche Geschäftsleute haben keine formale Ausbildung, doch ein fehlender Studienabschluss wird durch ihr Selbstvertrauen mehr als wettgemacht. Sie wissen genau, was sie erreichen wollen, und diese Energie schwirrt um sie herum und lässt unsichtbare Kräfte walten, um ihre Ziele zu erreichen. Violette Energie lässt sich in allen Lebensbereichen anwenden und macht es den Menschen um

Sie herum leichter, sich zu entspannen, weil sie stärkeres Vertrauen in Ihre Entscheidungen haben werden.

Wenn Sie Violett aktivieren, werden Sie feststellen, dass Sie den Kopf ein wenig höher halten, sich stärker fühlen und ein tieferes Gefühl Ihrer Selbst verspüren, während Sie mit dieser königlichen Farbe arbeiten. Ich würde Violett als eine vornehme Energie bezeichnen; gleichzeitig ist es auch eine sehr soziale Farbe.

Meditative Aktivierung

Wir alle sind eine Kombination aus unterschiedlichen Energien, die manchmal im Widerspruch zueinander stehen. Jeder von uns hat einen Teil, der mit der göttlichen, reinen, violetten Weisheit verbunden ist. Ich glaube, wenn wir mit dieser Energie verbunden sind, können wir alle am besten entscheiden, wie wir unsere Lebensaufgabe angehen sollten. Es ist die Quelle, von der unsere echte Führungsstärke und Aufgabe herkommen. Wenn während der Sitzung das Gefühl der Klienten für ihre Lebensaufgabe erwacht, finden sie gewöhnlich klare Antworten auf ihre eigenen wichtigen Lebensfragen. Das ist der Grund, warum ich mein erstes Buch *But You Knew That Already* genannt habe. Nach meiner Überzeugung haben wir längst die Antworten, die wir brauchen, um unseren ultimativen Weg zu finden, solange wir diese innere Weisheit erwecken können.

Es gibt jedoch einen Grund dafür, warum das leichter gesagt als getan ist. Wir sind alle menschlich; wir versuchen, den Kopf einzuziehen und so einfach wie möglich durchs Leben zu kommen. Je nachdem, wo Sie sich auf Ihrem Lebensweg befinden, brauchen Sie möglicherweise einen Energieschub, um Ihren Weg leichter zu finden.

Wenn es darum geht, die Botschaft Ihrer ultimativen Lebensaufgabe zu empfangen, sollten Sie für Weisheit aus einer Vielzahl von Quellen offen sein und sich aus allem das Beste herauspicken. Meine kluge Freundin Colette Baron-Reid, die als „das Orakel" bekannt ist, hat mir persönlich dabei geholfen, mir Klarheit über meine Lebensaufgabe zu verschaffen. Und Danielle LaPorte bietet hervorragende Online-Programme an, die Ihnen bei der Suche nach Ihrer Lebensaufgabe helfen können. Im Internet finden sich noch viele weitere nützliche Ressourcen, die Sie auf Ihrer Reise unterstützen können.

Aktivieren Sie auf dem Weg zu Ihrem Lebenssinn Violett spirituell durch Meditation. Dadurch wird Ihr innerer Anführer lauter sprechen, so dass Sie ihn klar und deutlich hören können, wenn Sie das gefunden haben, wonach Ihre Seele sucht. Letztendlich wird Ihr innerer Anführer Sie zur Antwort führen.

Die häufigste Antwort, die meine Klienten durch die Aktivierung von Violett erhalten, ist, dass andere sie möglicherweise häufiger um ihre Meinung fragen. Das kann sich auf unterschiedliche Weise manifestieren, zum Beispiel, indem Fremde nach dem Weg fragen oder Freunde um einen Rat bitten. Das geschieht, weil Violett es Ihrem inneren Anführer ermöglicht, an die Oberfläche zu steigen.

Übung zur meditativen Aktivierung: Was ist meine Lebensaufgabe?

Die Suche nach der irdischen Lebensaufgabe bedeutet, sich eine der existenziellen Fragen überhaupt zu stellen. Die Suche nach dem Sinn hilft uns zu verstehen, warum wir auf der Erde sind und was wir hier tun sollen. Es ist ein Segen, wenn wir unsere Aufgabe durch unsere Arbeit erfüllen können, aber es gibt neben der Arbeit auch noch andere Wege, unsere Aufgabe zum Ausdruck zu bringen.

Aktivieren Sie Violett in der Meditation. Bitten Sie, sobald Sie die violette Energie durch den Körper geerdet haben, Ihr höheres Selbst darum, Ihnen zu zeigen, was Sie für andere tun können, während es gleichzeitig *Ihnen* am meisten Freude schenkt. Das kann auf einer Erinnerung beruhen oder auch als Botschaft überbracht werden, die Sie empfangen müssen. Dies könnte zum Beispiel Folgendes sein:

- Andere zum Lachen bringen
- Anderen helfen, ihre Trauer zu überwinden
- Anderen durch die Zubereitung von gesunder Nahrung helfen, sich besser zu ernähren

Zwingen Sie sich nicht, wenn Ihnen die Antwort nicht sofort kommt. Sie können sich diese Frage so oft stellen, wie Sie Violett spirituell aktivieren. Das wichtigste Ziel ist es, sich auf das zu konzentrieren, was Sie glücklich macht.

INTUITIVE AKTIVIERUNG

Versuchen Sie immer dann, wenn Sie Violett sehen, sich aufzurichten und voller Selbstvertrauen zu stehen. Eine Führungskraft, die mit ihrer Aufgabe verbunden ist, nimmt eine anmutige, stolze und elegante Haltung ein. Holen Sie bei dieser Farbe tief Luft, nehmen Sie die Schultern zurück und stellen Sie sich gerade hin. Sie können sich vorstellen, ein General beim Militär, eine Richterin in einem Gerichtssaal oder irgendein sonstiger Anführer zu sein.

Achten Sie auf Ihre Reaktion. Wie fühlt es sich an, aufrecht zu stehen? Wie fühlt es sich an, stolz zu sein? Wie fühlt es sich an, die Aufmerksamkeit, die Sie *verdient haben,* voller Anmut entgegenzunehmen? Sie werden leichte Körperreaktionen auf diese Fragen feststellen. Ihr Körper könnte sich zusammenziehen oder entspannen. Je nachdem, wie viel Selbstbewusstsein Sie haben, verkrampfen Sie sich womöglich und die Vorstellung widerstrebt Ihnen. Jede dieser Reaktionen ist eine großartige Chance, Ihre Lebensaufgabe ganz und gar anzunehmen.

Übung zur Intuitiven Aktivierung: Was würde ein Anführer tun?

Diese Übung ermöglicht es Ihnen, Ihre Führungsqualitäten tagsüber regelmäßig anzukurbeln. Der Grund dafür ist, dass sie den Blick auf Ihr Leben durch eine Linse der Entschlossenheit und Zielstrebigkeit richtet, und das kann zur Herausforderung werden, wenn Sie nicht daran gewöhnt sind, die violette Führungsenergie zu nutzen. Wie ich festgestellt habe, ist es viel leichter, Freunden gute Ratschläge zu erteilen. Es kann jedoch weitaus komplizierter sein, dieselben guten Entscheidungen zu treffen, wenn es um Ihre eigenen Interessen geht. Diese Übung schärft Eigenschaften der Entschlossenheit, die Ihnen helfen, Ihre wahre Lebensaufgabe anzunehmen.

Der Sinn der Übung ist, Verbindung zu Ihrem inneren Anführer aufzunehmen und Ihre eigene Quelle der Führung zu werden. Während Sie Ihren Anführer mit violetter Energie aufladen, wird der Teil von Ihnen, der mit Ihrer Lebensaufgabe verbunden ist, an die Oberfläche aufsteigen und Ihnen bei der Suche nach der Antwort helfen. Da Sie sich beim Prozess der Allgemeinen Aktivierung vornehmen, Violett wahrzunehmen, hält diese Übung an, während Sie den ganzen Tag damit arbeiten.

Konzentrieren Sie sich darauf, an einen Bereich zu denken, in dem Sie sich unentschlossen oder festgefahren fühlen. Schreiben Sie als Erstes die Frage auf. Sie können sie auf einem Blatt Papier oder in Ihrem Smartphone notieren. Meiner Erfahrung nach hilft das Aufschreiben von Dingen, sie in meinem Bewusstsein zu verankern, doch jedes Format funktioniert. Die Frage kann sich auf jeden Lebensbereich beziehen, in dem Sie einen Schub an Führungsenergie brauchen können. Hier sind ein paar Beispiele:

- Warum habe ich das Gefühl, in meinem Beruf in der Sackgasse zu stecken?
- Warum bin ich so oft allein?

Nehmen Sie sich vor, immer dann an Ihre Frage zu denken, wenn Sie tagsüber Violett wahrnehmen. Lassen Sie sich vom Universum zeigen, wie Ihr innerer Anführer die jeweilige Situation handhaben würde. Wenn Sie die Antwort nicht problemlos empfangen können, dann reaktivieren Sie weiterhin Violett, wann immer Sie es wahrnehmen, und behalten Sie dabei Ihre Frage im Gedächtnis. Beispiele für Antworten, die Sie bekommen könnten, sind:

- Unbewusst glauben Sie nicht, dass Ihre Meinung zählt. Deshalb sagen Sie nichts und sprechen aus Angst, abgelehnt zu werden, Ihre Gedanken nicht aus. Das verursacht einen Kreislauf, in dem Sie nie etwas riskieren, selbst wenn Sie Ideen haben, die anderen nützen könnten.
- Sie sind schüchtern, und deshalb sind Sie immer noch mit der Gruppe von Leuten zusammen, die Sie seit der Kindheit kennen, auch wenn Sie sich längst auseinandergelebt haben und ihr vieles Gerede über andere Ihnen nicht gefällt. Versuchen Sie, eine Interessengruppe zu finden, die sich mit einem Hobby beschäftigt, das Ihnen Spaß macht.

Behalten Sie diese Antworten im Gedächtnis, während Sie weiterhin Violett aktivieren. Ihr Ziel ist es, den inneren Anführer kontinuierlich zu stärken, so dass Sie damit anfangen können, aus diesem Ort der Stärke heraus Entscheidungen zu treffen. Jedes Mal, wenn Sie Ihre eigene Führungsenergie verbessern, wird sie Sie zu den Schritten inspirieren, die Ihr innerer Anführer sehen will.

Die violette Affirmation

ICH BIN MIT MEINER LEBENSAUFGABE VERBUNDEN.

Aktivierung mit farbigen Gegenständen

Meiner Erfahrung nach sind Aktivierungen bei Violett besonders nützlich, da wir unsere Farbstützen in genau dem Augenblick berühren können, wenn wir einen Schub violette Entschlossenheit, Führungsstärke und Lebenssinn gebrauchen können. Daher sind Farbstützen wie beispielsweise Schmuck oder Heilsteine für Violett sinnvoll. Der Amethyst ist ein in der Esoterik beliebter violetter Edelstein, und ich liebe die Aktivierung der violetten Energie. Ich habe in meinem Büro einen großen Amethyst, den ich gerne tagsüber bei der Arbeit anfasse. Wenn ich aus irgendeinem Grund abgelenkt oder frustriert bin, hilft das Berühren des violetten Amethysts mir, mir meine Aufgabe klarzumachen, bevor ich mit Klienten arbeite. Im Mittelalter trugen europäische Soldaten häufig Amethyste, um während des Krieges ein Gefühl der Stärke zu haben. Ich glaube, die violette Energie half ihnen, während dieser turbulenten Zeiten die Ruhe zu bewahren. Auch wenn ich violette Amethyste besonders gern mag, aktiviert jede violette Farbstütze diese Energie.

Vor Kurzem leitete ich zusammen mit meinem guten Freund Alan Cohen ein spirituelles Seminar. Alan hat schon Dutzende von wundervollen esoterischen Büchern geschrieben. Er hat eine natürliche Anmut und ist die Verkörperung der violetten Energie. Alan strahlt entspanntes Selbstvertrauen aus, wenn er Seminare unterrichtet. Er ist ein spiritueller Lehrmeister, der andere inspiriert, sich mit ihrem eigenen inneren Anführer zu verbinden. Unser Seminar „Der Guru in dir“ entstand in der Absicht, für unsere Schüler einen heiligen Ort zu erschaffen, an dem sie ihre wahre Lebensaufgabe finden könnten. Ihnen sollte bewusst werden, dass Gott, Weisheit und der wahre Guru längst in ihrem Herzen leben.

Am letzten Tag – dem Abitur, wie Alan ihn gerne nennt – wollten wir jeden Teilnehmer mit einer Erinnerung an seinen gestärkten inneren Guru nach Hause schicken. Der Geruch von hawaiianischem Frangipani lag in der Luft, während wir Armbänder mit bunten Perlen verteilten. Jede der oberen sieben Perlen stand für ein Chakra; alle restlichen Perlen waren Violett. Das Ziel war es, jedem Teilnehmer eine dauerhafte visuelle Darstellung seiner eigenen inneren Führungsrolle und Führungskraft mitzugeben. Ich fand die Idee toll und trage mein Armband, um Violett zu aktivieren. Jedes Mal, wenn ich an meinen inneren Anführer erinnert werden möchte, streiche ich über die Perlen.

Violette Farbstützen, die Sie in den Alltag integrieren könnten:

- **Violette Blumen.** Ich verwende sehr gern Blumen als Farbstützen für alle Farben, doch für Violett sind sie besonders schön. Löwenmäulchen, Eisenkraut und Stiefmütterchen sind nur ein paar der prächtigen Manifestationen von Violett im Reich der Blumen.

- **Amethyst.** Obwohl es Edelsteine und Halbedelsteine in allen Farben gibt, ist der Amethyst mein Lieblingsstein im Büro.

- **Violette Accessoires**. Violett ist eine tolle Farbe für berufliche Situationen. Wenn Sie sich um eine neue Stelle bewerben, eine Präsentation machen oder aus irgendeinem Grund Autorität und Stärke ausstrahlen müssen, dann verwenden Sie violette Accessoires als Farbstützen, um diese Energie zu generieren.

Übung zur Aktivierung mit farbigen Gegenständen: Ihr Zwillingsanführer

Diese Übung ist möglicherweise etwas mühsamer, da sie Aktionsschritte erforderlich macht, doch es lohnt sich. Meiner Erfahrung nach ist es oft einfacher, sich mit unserer Stärke zu verbinden, wenn wir anfangs so tun, als würden wir Werbung für jemand anderen machen. Das hilft uns, hemmende Gedanken oder Überzeugungen so lange zu umgehen, bis wir Zugang zu unserer inneren Weisheit haben.

1. Suchen Sie sich für diese Übung eine Farbstütze aus und halten Sie sie in der Hand. Wenn Sie sich mit der Farbe Violett verbunden fühlen, dann schließen Sie bitte die Augen und stellen sich vor, es gäbe irgendwo auf der Welt einen Zwilling von Ihnen. Er führt genau dasselbe Leben wie Sie und macht genau dieselben Erfahrungen. Unter Verwendung dieser anderen Version Ihrer selbst sollen Sie sich nun einen Blick auf sein Leben aus der Vogelperspektive verschaffen. Wie oft übernimmt er die Führungsrolle? Sagt er seine Meinung ehrlich? Schreiben Sie die Bereiche oder bestimmten Situationen auf, in denen er mehr Führungsstärke zeigen könnte. Beispiele hierfür sind:

    - Sich entschließen, gesünder zu leben und ein Fitnessprogramm anzufangen, auch wenn seine Familie kein Interesse daran hat, mitzumachen.
    - Schritte unternehmen, das Online-Geschäft zu starten, wovon er schon lange träumt.

2. Wenn ich an einen typischen Anführer denke, stelle ich mir jemanden vor, der zum Beispiel eine Firma leitet o-

der andere motiviert. Auch gibt es in jeder Familie ein Mitglied, das dazu neigt, die Planung von Unternehmungen, Ausflügen und Familientreffen zu übernehmen. Behalten Sie diese Beispiele im Sinn, konzentrieren Sie sich auf Ihren Zwilling und entscheiden Sie, ob er seinen inneren Anführer zum Vorschein kommen lässt.

3. Listen Sie mindestens eine Handlung auf, die Ihr Zwilling durchführen könnte, um die Führungsrolle zu übernehmen. Dies kann zum Beispiel Folgendes sein:
   - Wenn er schüchtern ist und sich die Geburtstags_feier eines Freundes nähert, könnte er dem Freund anbieten, sie zu organisieren oder als Gastgeber zu fungieren.
   - Einen Ausflug mit einer Gruppe von Freunden planen.
   - Ein geselliges Treffen von Kollegen zu initiieren.
4. Fordern Sie sich dazu heraus, diesen Schritt als Anführer selbst zu unternehmen.

Es geht darum, jede kleine oder große Gelegenheit zu erkennen, bei der Sie die Führungsrolle übernehmen können, und sie zu ergreifen. So stärken Sie die violette Energie im Leben. Ich hatte Klienten gehabt, die jahrelang zu mir kamen und mich baten, ihnen ihre Zukunft vorherzusagen. Und am Anfang dachte ich auch, es würde genau so funktionieren. Ich glaubte, wenn ich mich nur auf die Landkarte des Universums einstellte, dann könnte ich anderen sagen, wie sie ihren Lebensweg am besten planten. Dann hätten sie eine einfache Anleitung, die ihnen helfen würde, Hindernisse zu umgehen, während sie darauf warteten, dass ihre Lebensaufgabe sich einstellte. Aber so funktioniert die Hilfe nicht.

Wir alle sind am Aufbau unserer Wirklichkeit selbst beteiligt und müssen Schritte unternehmen, um unsere wahre Lebensaufgabe zu finden. Violett hilft uns, uns bewusst zu werden, dass wir unseren inneren Anführer aktivieren und unser Schicksal selbst bestimmen können. Violette Energie erleichtert es uns, Dinge in Bewegung zu setzen.

Wenn Sie nach einer Gelegenheit, eine Führungsrolle zu übernehmen, suchen, sollten Sie jede Beurteilung oder Erwartung dessen, was das bedeutet, aufgeben. Häufig liegt die Gelegenheit direkt vor Ihren Füßen und wartet nur darauf, dass Sie die Herausforderung annehmen.

Die Schattenseite von Violett

Die Schattenseite von Violett ist chronische Unentschlossenheit und mangelnde Zielsetzung. Obwohl die ultimative Botschaft von Violett die Lebensaufgabe ist, gibt es viele scheinbar unbedeutende Situationen, die uns behindern können, wenn wir es mit der Schattenseite der violetten Energie zu tun haben. Das stärkste Anzeichen eines violetten Ungleichgewichts ist die Unfähigkeit, Entscheidungen zu treffen. Wenn Sie ständig mit großen oder kleinen Entscheidungen zu kämpfen haben, dann wissen Sie, wie sich ein violettes Ungleichgewicht anfühlt. Die Folgen der violetten Schattenseite stellen sich sofort ein und greifen um sich.

Ein Ungleichgewicht an violetter Energie ruft häufig ein Gefühl des Bedauerns hervor, was ein anderes klassisches Anzeichen dafür ist, dass wir ein Problem damit haben, die Führungsrolle für unser eigenes Leben zu übernehmen. Beim Gedanken an unsere Lebensaufgabe und die Führung unseres Lebens neigen wir zu grandiosen Bildern und Vorstellungen, wie diese auszusehen haben. Doch im Alltag kann ein Problem mit der Führungsrolle so banal aussehen wie die Frage, was wir zu Mittag essen sollen. Die gute Nachricht ist, dass Sie dieses Ungleichgewicht einfach beheben können, indem Sie rascher Entscheidungen fällen. Aktivieren Sie Violett auf die von Ihnen bevorzugte Weise und fangen Sie dann mit den kleinstmöglichen Entscheidungen an. Egal, ob es um Ihre Shampoomarke geht oder um die Frage, welchen Film Sie mit Ihrem Partner ansehen wollen – versuchen Sie, Violett anzuwenden, um entscheidungsfreudiger zu werden. Es mag zwar unwesentlich wirken, doch auch solche Entscheidungen haben einen Bezug zu Ihrem inneren Anführer. Je einfacher es Ihnen fällt, solche unbedeutenden Entscheidungen zu treffen, desto besser werden Sie darin, auf sich selbst zu hören, wenn es um wichtigere Probleme im Leben geht.

Falls Sie feststellen, dass die Aktivierung von violettem Licht Ihnen mangelhafte Zielsetzung vor Augen geführt hat, könnte dies möglicherweise zu Selbstkritik führen. Selbstkritik lässt Sie stagnieren und ist ein Trick Ihres Verstands, der Sie davon abhält, etwas zu verändern. Falls dies eintrifft, sollten Sie dennoch versuchen, erst einmal kleinere, leichtere Führungsqualitäten umzusetzen.

Früher verwendete ich im Alltag gerne Planer, die mir halfen, ein Ungleichgewicht der Farbe Violett zu überwinden. Solche Tagesplaner mit ihren Aufgabenlisten und Erinnerungen waren für die Organisierung meines Alltags nützlich. Nachdem ich von zu Hause ausgezogen war, fiel es mir schwer, ein eigenes Leben aufzubauen. Ich war früher als die meisten anderen auf mich gestellt und versuchte herauszufinden, wie ich produktiv sein könnte. Ich entdeckte, wie sehr Listen mich motivierten, mein Ziel, auf dem Gebiet der Heilkünste zu arbeiten, zu erreichen. Für mich funktionierte mein Tagesplaner wie ein Anführer, bis ich genügend Selbstvertrauen hatte, um mich selbst zu führen.

Es gab ein ganzes System an Prioritäten. Daher konnte ich meine Aufgaben je nach Wichtigkeit ordnen, doch dann stieg ich auf ein einfacheres Plansystem um. Ich listete buchstäblich alles auf, was ich am Vormittag erledigt hatte, und hakte jeden Punkt ab:

- aufgewacht
- das Bett gemacht
- gefrühstückt

Als ich in der Schule ankam, hatte ich für den Tag schon eine Liste von mindestens fünf abgearbeiteten Aufgaben. Beim Erstellen meiner Liste und der Dinge, die ich schon geleistet hatte, stieg mein Energielevel an. Ich hatte das Gefühl, etwas erreicht zu haben, was es mir erleichterte, weiterzumachen. Heutzutage verwende ich ähnliche Listen, wenn ich Violett aktiviere. Es hilft mir, größere Lebensziele zu erreichen. Das Prinzip ist ähnlich, wie wenn man ein kleines Kind für gutes Benehmen mit einem Sticker belohnt. Der Sticker hat zwar an sich keine Bedeutung, doch das Kind ist stolz, wenn es für eine Leistung Anerkennung bekommt. Wenn es Ihnen schwerfällt, die Führungsrolle zu übernehmen und sich Ihrer Lebensaufgabe verbunden zu fühlen, könnte dies in Verbindung mit der Aktivierung von Violett ein wirksames Hilfsmittel sein. Fangen Sie damit an, dass Sie Ihre Alltagsroutine und Leistungen notieren.

Vergessen Sie nicht: Sie führen sich ständig selbst durchs Leben. Das ist keine leichte Aufgabe. Bauen Sie auf Ihrer Routine auf und sehen Sie zu, wie Sie immer mehr erreichen.

Kapitel 8

Rubinrot

EIGENSCHAFTEN: Gesunde Emotionen und Beziehungen

SCHATTENSEITE: Emotionale Unausgewogenheit; überempfindlich oder abgespalten

Rot ist von Natur aus eine emotionale Farbe, die aus der Tiefe unseres Herzens schwingt. Es ist die Farbe von Blut und daher auch der Quelle unserer Lebenskraft. Rot ist daher mit jeder Emotion, die wir empfinden können, untrennbar verbunden. Kulturell ist es die Farbe, die seit jeher am stärksten mit allen Gefühlen – positiven wie auch negativen – in Verbindung gebracht wird. Und auch wenn wir als Mensch eine unbegrenzte Reihe von Emotionen erleben können, empfinden wir durch Rot unsere Emotionen noch deutlicher. Wenn Sie mit Rot arbeiten, werden Sie sich Ihrer Gefühle in jedem Augenblick bewusster.

In Bezug auf die Liebe, Sexualität und Freude denkt man meist an Rot. Rote Rosen und rote Herzen sind die klassischen Symbole für romantische Liebe. Rot ist auch die Farbe, die wir automatisch mit Feuer oder Gefahr in Verbindung bringen, und diese instinktive, emotionale Reaktion auf Rot steckt in uns allen drin. Es gibt zahlreiche Metaphern, die Rot als emotionale Farbe zum Ausdruck bringen. So bedeutet zum Beispiel „Rot sehen" Wut.

Im Buddhismus gehört Rot zu den Farben, denen nachgesagt wird, Buddha hätte sie ausgestrahlt, als er das Nirwana oder die höchste

Stufe der Erleuchtung erreichte. Rot wird insbesondere mit einigen Vorteilen des Buddhismus in Verbindung gebracht, so wie Weisheit, Tugend und Würde. In Asien gilt Rot als die Farbe der Freude und des glücklichen Wohlstands. In der japanischen Shinto-Religion werden die prächtigen Tore des Schreins (die so genannten *torii*) mit einem warmen Rotton angestrichen, um den Übergang von einem alltäglichen Ort in eine spirituelle Stätte zu symbolisieren.

Es macht mir Spaß, neben wissenschaftlichen Studien meine eigenen Erfahrungen mit Farbe zu untersuchen, um zu sehen, inwiefern sie übereinstimmen. Als ich anfing, mit Rot zu experimentieren, stellte ich fest, dass die Experimente eine andauernde Stärkung verschiedener Gefühle hervorriefen. Wie eine Untersuchung der Universität von Rochester zeigte, werden Männer deutlich stärker von Frauen angezogen, die Rot tragen.[5] Das überrascht nicht, wenn man sich weibliche Menschenaffen (wie z. B. Schimpansen) ansieht, die deutlich röter werden, wenn sie sich dem Eisprung nähern. Das ist das Mittel der Natur, um einen Partner anzuziehen. Sehnsucht gehört jedoch zu den stärksten Emotionen, die wir fühlen können. Daher ist es nur logisch, dass sie von der Farbe Rot angeregt wird. Es wird gesagt, dass KFZ-Versicherungen für rote Autos höhere Prämien verlangen, da sie davon ausgehen, dass der Fahrer eines roten Autos eher zu schnell fährt, um den Rausch der Geschwindigkeit zu genießen. Für die Versicherer bedeutet Rot also, dass man nach erhöhten Emotionen wie beispielsweise Leidenschaft und Begeisterung strebt.

In Indien und China tragen Bräute rote Hochzeitskleider als Symbol der Reinheit. Im alten Ägypten war Rot die Farbe des Lebens an sich, und die Ägypter (darunter auch Kleopatra) schmückten sich für Feiern mit der Farbe Rot. Als eine der häufigsten Farben auf Landesfahnen steht Rot für Blut und Opfer derjenigen, die ihr Land verteidigt haben.

Rot ist die Farbe, die automatisch am meisten Aufmerksamkeit auf sich zieht. Sie ist daher die beste Wahl, wenn wir emotionale Verbundenheit zu anderen aufbauen wollen. Sie ist hilfreich, wenn wir Nähe zu anderen Menschen herstellen wollen und auch wenn wir wieder einen Bezug zu unseren eigenen Gefühlen bekommen wollen. Wenn ich mich von einem geliebten Menschen entfremdet fühle oder spüre, dass ich irgendein unangenehmes Gefühl vermeiden will, ist Rot für mich die perfekte Farbe.

Rubinrot ist unmittelbar mit unserer Herzmitte verbunden. Es steht für die Wurzel unserer Emotionen und hat entscheidenden Einfluss darauf, wie wir uns mit anderen verbinden und mit ihnen interagieren. Ich sehe häufig Rubinrot um Heiler und besonders einfühlsame Menschen herum. Wenn ich „Heiler" sage, meine ich damit jede Art von Heilung, die man bewirken kann. Das können Schamanen, Chirurgen, Akupunkturspezialisten, Massagetherapeuten oder ähnliche Berufe sein. Doch letztendlich hat Rot keine Grenzen, wenn es um die Heilkünste geht.

Als mitfühlender Mensch gehört Rot zu den Farben, mit denen ich am meisten experimentiert habe. Ich persönlich halte mich für sehr einfühlsam. Ich weine Freudentränen auf Hochzeiten von Leuten, die ich kaum kenne, vor allem, wenn ihre Angehörigen auch weinen. Ich reagiere auch auf Geschichten in Büchern und auf die Nachrichten, Filme und sogar gut gemachte Fernsehwerbung sensibel. In der Therapie sprach ich immer darüber, dass ich mir ein dickeres Fell zulegen wollte, doch wie ich mittlerweile gelernt habe, ist Mitgefühl eine meiner größten Stärken. Einfühlsam zu sein bedeutet, eine starke Verbindung zur Energie und eine hochentwickelte emotionale Intelligenz zu haben. Das sind wertvolle Eigenschaften, die nicht allen in den Schoß fallen. Wenn Sie sich für sensibel halten und Sie mit Ihrer Sensibilität richtig umgehen können, kann diese Energie Ihnen helfen, Ihre Beziehungen zu anderen zu stärken.

Das Geheimnis einer gesunden Beziehung zu Ihren Gefühlen ist, zu lernen, wann und wie stark Sie Zugang zu ihnen haben. Wenn Sie Rubinrot aktivieren, werden Sie Ihre Beziehung zur tiefgründigen Welt der Emotionen erforschen. Diese Farbe ermöglicht es Ihnen auch, den Energieaustausch zu sehen, der in Ihren Beziehungen stattfindet.

Mich faszinierten schon immer die Lebensgeschichten anderer, und die Arbeit mit Rot hat mir sehr geholfen, die Gründe dafür herauszufinden. Auch wenn es manchen Leuten langweilig erscheint, sich die Probleme anderer anzuhören, finde ich es toll, die Emotionen zu verstehen, auf denen ihre Entscheidungen basieren, und ihnen zu helfen, ihre Gefühle zu verstehen. Bevor ich mit den professionellen Beratungen und der intuitiven Arbeit anfing, faszinierten mich sogar die Geschichten der Leute im Fernsehen. Dokus, Lebenserinnerungen und Ich-Erzählungen jeder Art wirkten wie ein Magnet auf mich.

Früher dachte ich, dies würde ohne meine Kontrolle geschehen, doch heute ist mir klar, dass ich mich manchmal in diese Geschichten hineinflüchtete. Das ist einer der Gründe, warum manche von uns sich so in die Probleme ihrer Lieben hineinziehen lassen. Es ist auch der Grund, weshalb Reality-TV auf so viele Leute eine Sogwirkung hat. Ganz ehrlich: Es macht doch viel mehr Spaß, das Leben anderer auseinanderzunehmen, als das eigene zu analysieren. Ich kann zwar Stunden damit verbringen, andere zu beraten und zu fördern, doch meine eigenen, emotionalen und spirituellen Praktiken bedürfen etwas mehr Mühe, um weiterzukommen.

Es ist wichtig zu merken, wenn wir uns zu sehr auf die Gefühle anderer konzentrieren, denn das kann ein Anzeichen dafür sein, dass wir unsere eigenen Gefühle vernachlässigen. Das ist das Schöne an der Arbeit mit Rubinrot: Es hilft uns, eine emotionale Inventur unserer Seele zu machen.

Stellen Sie sich Ihre Herzmitte als eine Bank vor, wo Sie Geld einzahlen und abheben können. Wir alle haben einen bestimmten Betrag an emotionalem Guthaben auf unserer Herzbank, und wir müssen darauf achten, was eingeht und was abgeht. Wenn Sie neue Leute kennenlernen und neue Beziehungen knüpfen, wird auf den Konten beider ein emotionaler Betrag eingezahlt. Dieser Betrag ist unterschiedlich hoch, je nach dem Energieaustausch und der Verbindung zwischen Ihnen. Wenn Sie zu viel Zeit damit verbringen, sich auf andere zu fokussieren, vergessen Sie darüber womöglich, nachzusehen, ob Sie mehr geben als Sie zurückbekommen.

In Geschäftsverbindungen ist es viel leichter, einen Energieaustausch zu überwachen. Wenn Sie in einer Firma eingestellt werden, ist der Energieaustausch glasklar, da er sich gewöhnlich in Ihrem Gehalt und den Nebenleistungen ausdrückt. Sie wissen schon vorher, was Sie hineinstecken und was Sie herausbekommen. Doch unsere privaten Beziehungen lassen sich nicht so leicht überprüfen. Das ultimative Ziel bei Rot ist, dass die Menschen in unserem Leben, die uns wichtig sind, sich an einem ausgewogenen, gleichwertigen Energieaustausch mit uns beteiligen. Damit will ich nicht sagen, dass eine Hand die andere wäscht, doch Sie sollten regelmäßig in sich hineinhorchen, um herauszufinden, ob Ihre emotionalen Bedürfnisse erfüllt und unterstützt werden. Wenn nicht, fühlen Sie sich am Ende womöglich wie betäubt oder werden übermäßig emotional, um den Mangel auszugleichen.

Unbewusst schließen wir ständig spirituelle Verträge ab, die die Grundlage für unseren energetischen und emotionalen Austausch legen. In meinem Fall neige ich dazu, eine Schwingung auszusenden, die den anderen sagt: „Ich kann dir zuhören, ich kann dich unterstützen und ich werde dich ermutigen, wann immer du mich brauchst." Genau so will ich zwar rüberkommen, doch früher vergaß ich, den Leuten zu sagen, was ich als Gegenleistung von *ihnen* brauche. In meinem Verlangen, eine Beziehung zu ihnen herzustellen, brachte ich unbegrenzte Mengen von Energie auf, ohne mich je auf mich selber zu konzentrieren. Oft ging meine Herzmitte dabei emotional pleite oder verausgabte sich, weil ich meine eigenen Bedürfnisse nicht erfüllen konnte.

Im Gegensatz dazu arbeitete ich kürzlich mit einer Klientin, die Rebecca hieß. Rebecca kontaktierte mich, weil sie an den Liebesblockaden in ihrem Leben arbeiten wollte, die jedoch auf eine tiefere emotionale Blockade hinwiesen. Rebecca arbeitete als Anwältin in der Unterhaltungsbranche. Sie war in ihrem Beruf sehr erfolgreich, konnte jedoch keinen Partner finden. Ich rief sie zu unserem Termin an, und ihre Assistentin ließ mich warten, während sie Rebecca holte. Von der ersten Minute der Sitzung an spürte ich, dass es ihr schwerfiel, Zugang zu ihren Gefühlen zu bekommen.

„Wie lassen Sie die Welt und Ihre Gemeinschaft wissen, dass Sie einen Partner suchen?“, fragte ich sie. Das ist eine Frage, die ich Klienten, die sich nach einer Liebesbeziehung sehnen, zu Anfang häufig stelle.

„Ich weiß nicht genau, was Sie mit meiner Gemeinschaft meinen. Den Großteil meiner Zeit arbeite ich wie die meisten Leute. Von denen braucht keiner etwas über mein Liebesleben zu wissen.“

„Ich habe mich eher auf Ihre Seelengruppe bezogen. Haben Sie Freunde, denen Sie von Ihrem Wunsch nach einer Liebesbeziehung erzählen?“

„Alle meine früheren Freunde sind längst verheiratet und haben Kinder. Die haben etwas Besseres zu tun, als meinem Jammern zuzuhören.“

Während sie sprach, sah ich eine milchige rote Energie, die sich fest um ihren Kopf und die Schultern wickelte. Wie die milchige Beschaffenheit ihrer Aura mir verriet, floss ihre Beziehung zu dieser Energie nicht ungehemmt, und die Nähe der Energie zu ihrem Körper sagte mir, dass sie ihre Gefühle verbarg.

„Wenn wir einen Liebespartner anziehen wollen und das noch nicht funktioniert hat, ist es wichtig, die Energie in Bewegung zu bringen, indem wir zu unserem Wunsch stehen."

„Na ja, das ist das Hauptthema meines visuellen Wunschbretts", erwiderte Rebecca.

„Erzählen Sie mir von Ihrem visuellen Wunschbrett."

„Ich mag Wunschbretter. Mein derzeitiges Wunschbrett ist voller Bilder, auf denen die Art von Liebe abgebildet ist, die ich mir wünsche. Ich habe ein Bild, auf dem ein glückliches Paar am Strand spazieren geht. Und ich habe romantische Wörter ausgeschnitten und überall auf dem Brett verteilt. Die größten Wörter sind *Leidenschaft, Sex, Intimität* und *Unterstützung*. Jeden Morgen betrachte ich das Brett und stelle mir dabei vor, ich wäre verliebt. Es ist schon komisch, denn wenn ich das tue, spüre ich, dass mein Seelengefährte irgendwo da draußen herumläuft. Ich weiß, dass er kommen wird; er soll sich nur beeilen. Das mag verrückt klingen, aber ich habe das Gefühl, als wären wir uns spirituell schon begegnet. Das habe ich noch nie jemandem erzählt, und es ist mir sehr peinlich, es zuzugeben."

„Rebecca, ich verdiene mein Geld damit, mit den Menschen über Farben, die ich sehe, und Stimmen, die ich höre, zu reden. Es ist absolut ungefährlich, mir alles zu sagen, was Sie fühlen oder sehen. Ich finde Ihre Idee eines visuellen Wunschbretts toll; es klingt wundervoll. Aber ich möchte Sie noch einmal fragen: Wie lassen Sie die reale Welt und Ihre Freunde und Bekannten wissen, dass Sie auf Partnersuche sind?"

„Ich verstehe nicht, was Sie meinen."

„Verabreden Sie sich mit Männern?"

„Nein."

„Haben Sie in letzter Zeit einen Mann gefragt, ob er sich mit Ihnen treffen will?"

„Natürlich nicht! Das würde ich nie machen. So verzweifelt bin ich nicht. Das muss doch der Mann machen."

„Also gut, aber haben Sie Ihre Freunde gebeten, Sie mit einem möglichen Partner zusammenzubringen?"

„Um Himmels willen! Verkuppeln ist das Letzte!"

„Haben Sie dann wenigstens ein Profil in einer Partnerbörse eingestellt?"

„Ich habe ein paar Dating-Apps heruntergeladen, aber die Typen, die sich da melden, wollen doch nur das Eine. Ich hasse die verkrampfte Phase, in der man Männer kennenlernt; das ist reine Zeitverschwendung. Ich will doch bloß eine Beziehung."

Rebecca war das perfekte Beispiel für jemanden, der die rote Energie und seine Gefühle ignoriert. Ihr visuelles Wunschbrett klang zwar toll, doch das Vermeiden von Verabredungen hinderte sie am natürlichen Vorgang des Näherkommens mit potenziellen Seelengefährten. Sie schien sich gar nicht darüber bewusst zu sein, dass ihre mangelnden Kontakte im Beruf und Privatleben ihre Fähigkeit, einen Partner anzuziehen, beeinträchtigten.

Darüber hinaus gab sie dem Universum keinerlei Zeichen dafür, dass sie wirklich für eine Beziehung offen war. Natürlich ist es verständlich, Verabredungen mit fremden Menschen für einen Krampf zu halten. Ich weiß selber nur zu gut, was für eine Tortur es sein kann, ein Abendessen auszuharren, bei dem man verkrampft versucht, Gemeinsamkeiten zu finden, oder feststellt, dass man die andere Person gar nicht mag. Und dann besteht auch noch die Gefahr, dass man den anderen zwar mag, aber einen Korb bekommt, wenn das Gefühl nicht erwidert wird. Solche Augenblicke sind zwar sehr unangenehm, doch das gehört nun mal zur Suche seines Seelengefährten dazu. Zu prüfen, wie wir uns bei einem schlechten Date fühlen, lehrt uns, nach welchen Gefühlen wir bei einem *guten* Date suchen müssen. Das ist genau der Punkt der roten Energie: Sie bringt uns bei, in allen möglichen Situationen auf unsere Gefühle zu achten.

Ich höre ähnliche Geschichten von anderen Klienten, die sich eine Liebesbeziehung wünschen. Häufig sind sie in der Phase, die ich die „Visionsphase" nenne, gefangen. Sie sind sich zwar bewusst, dass sie einen Partner wollen, aber sie wollen sich nicht dem Lernprozess der Verabredungen aussetzen, weil er mit verletzlichen Gefühlen einhergeht. Fantasieren und Tagträume über unseren Traummann oder unsere Traumfrau sind in gewisser Weise ungefährlich. In unseren Träumen können wir das sein, sagen und tun, was wir wollen. Wir können die Emotionen anderer Leute in diesem Traumszenario aushandeln und kontrollieren, ohne Gefahr zu laufen, verletzt zu werden. Darum geht es bei Rubinrot: Es zwingt uns, uns jeder Verletzlichkeit in unserem emotionalen Bereich vollkommen bewusst zu sein.

„Wo in Ihrem Haus befindet sich denn das visuelle Wunschbrett?"

„Es hängt an der Innenseite meiner Schranktür."

„Rebecca, finden Sie das nicht selber interessant?"

„Wieso?"

„Als ich Sie gefragt habe, wie Sie die Welt wissen lassen, dass Sie auf der Suche nach Liebe sind, haben Sie gesagt, dass Sie nicht mit

Ihren Freunden darüber gesprochen haben und es auch nicht auf irgendeine reale Weise nach außen getragen haben. Ihr Wunschbrett ist der einzige Beweis für Ihren Wunsch, den das Universum hat. Sie haben dieses Wunschbrett gebastelt, damit es Ihnen Freude und das aufregende Gefühl über die Beziehung, die Sie manifestieren, bringt. Aber trotzdem verstecken Sie es im Schrank. Was verrät das dem Universum?"

„Ach, das ist nur, weil mein Schrank mein Rückzugsort ist. Er ist begehbar und so groß wie ein kleines Gästezimmer. Ich ziehe mich da drin an. Es steht sogar ein Sofa drin, auf dem ich morgens gerne Kaffee trinke und Dinge visualisiere."

„Es ist sicher sehr schön, aber wenn wir Energie zurückverfolgen, müssen wir darauf achten, was wir tun, um zu sehen, ob es funktioniert. Mir klingt es so, als wären Sie auf der spirituellen Ebene gefangen, auf der Sie mehr Liebe und Intimität in Ihrem Leben herstellen wollen."

„Das sehe ich nicht so. Ich bin mir sehr bewusst, dass ich auf dieser Ebene versuche, eine Partnerschaft anzuziehen. Ich dachte, Sie würden mir einfach nur sagen, dass es kommt, wenn es kommen soll."

„Rebecca, was ich gleich sagen werde, meine ich mit ganzem Respekt. Ich glaube auch an die natürliche Weiterentwicklung des Universums. Doch wenn von Ihnen keine Anstrengungen verlangt wären, warum haben Sie dann überhaupt ein visuelles Wunschbrett aufgehängt? Warum überhaupt was tun, wenn es sowieso kommt, wenn es kommen soll?"

Rebecca war zwar leicht irritiert, doch sie stimmte zu, ein paar meiner Vorschläge vor unserer nächsten Beratungssitzung auszuprobieren.

„Der nächste Schritt für die Erdung Ihrer Absicht ist, sie mit dem Universum zu teilen, und meiner Meinung nach kann Ihnen dabei rote Energie helfen. Sie müssen die Menschen wissen lassen, dass Sie für Liebe offen sind, und den Teil von Ihnen, der sich verletzlich fühlt, achten. Ich wünschte, ich könnte Ihnen sagen, dass es reicht, eine Kerze anzuzünden oder ein Wunschbrett aufzuhängen, um die große Liebe anzuziehen. Ich glaube zwar, dass ein Wunschbrett helfen kann, diese Energie zu erden, aber das Universum reagiert auf Handlungen. So wie Sie zur Schule gehen und studieren mussten, um Ihren Juraabschluss zu machen, müssen wir reale Schritte unternehmen, um Liebe anzuziehen."

Ich wies Rebecca sanft auf die Gefahr hin, dass niemand ahnte, dass sie auf der Suche nach einem Partner war, weil sie sich weder mit potenziellen Kandidaten traf noch mit ihren Freunden oder Kollegen über Beziehungen sprach und sich auch nicht in einer Partnerbörse im Internet angemeldet hatte. Im Gegenteil: Ihr Verhalten sagte dem Universum eher, dass sie *keine* Beziehung wolle.

„Rote Energie erleichtert es uns, einen Bezug zu unseren Gefühlen und unserer Verwundbarkeit zu bekommen. Wem vertrauen Sie zurzeit am meisten?"

„Meiner Schwester Allison", sagte sie, ohne zu zögern.

„Super. Ich möchte, dass Sie diese Woche verschiedene Methoden der Aktivierung von Rubinrot ausprobieren, mit der Absicht, dadurch leichter Zugang zu Ihren Gefühlen zu bekommen. Ich weiß, das scheint nichts damit zu tun zu haben, Liebe zu finden, aber Sie sollen es einfach ausprobieren und sehen, was passiert. Ich möchte auch, dass Sie mit Allison über Ihre Emotionen sprechen und darüber, ob Sie glücklich, traurig oder wütend sind, und auch über die Gründe. Und dann sollen Sie ihr stolz Ihr visuelles Wunschbrett zeigen."

„Okay, ich werde es versuchen. Aber sie wird mich für verrückt halten, weil ich so was noch nie getan habe.“

„Und wenn schon? Es ist nur ein Experiment. Und wenn es Ihnen peinlich ist, ihr das visuelle Wunschbrett zu zeigen, dann nennen Sie es einfach ein Zielbrett.“

Ich erklärte Rebecca, wie sie rote Energie aktivieren und nutzen könnte, um sich mit ihren Emotionen zu verbinden. Ich riet ihr, sich bei der täglichen Visualisierung mit Rot zu umgeben. Für die Intuitive Aktivierung sollte sie sich rote Rosen kaufen und sie mitten im Haus aufstellen. Es hätte auch jede andere Blumensorte sein können, doch nach der Beschreibung ihres begehbaren Kleiderschranks zu urteilen konnte sie sich locker rote Rosen leisten!

„Der Grund für die Rosen in Ihrem Haus ist, damit sie Sie visuell daran erinnern, dass Sie andere Ihren Herzenswunsch sehen lassen.“

Ich wollte, dass Rebecca zu Hause und tagsüber, während sie unbewusst emotionale Intimität abblockte, Rot aktivierte. In unserer darauffolgenden Sitzung fragte ich sie nach ihren Fortschritten.

„Ich habe Ihren Rat befolgt. Das mit den Blumen war einfach, und die Visualisierung von Rot hat mir richtig gefallen. Ich habe versucht, darauf zu achten, wie ich mich in der letzten Woche gefühlt habe. Meine Arbeit war interessant, weil mir vorher nicht klar gewesen war, wie sehr ich meine Gefühle im Beruf zensiere. Mein Büro ist ziemlich sachlich, und da sind Gefühle nicht unbedingt gefragt. Ich habe mich daran gewöhnt, pragmatisch zu sein – vielleicht habe ich mich *zu* sehr daran gewöhnt. Aber das komischste Gefühl hatte ich, als ich mit meiner Schwester darüber geredet habe, weil ich ihr gegenüber noch nie so offen über meine Gefühle gesprochen habe. Doch ich glaube, da habe ich am meisten gelernt. Ich habe sie zum Essen eingeladen und ihr mein Wunschbrett gezeigt. Zuerst hat sie darüber Witze gemacht und es mein Ouijabrett der Liebe genannt.

Aber nach ein paar Gläsern Wein haben wir uns ernsthaft unterhalten."

„Es klingt, als hätten Sie auch etwas roten Wein aktiviert! Wie ist das Gespräch gelaufen?"

„Es war echt überraschend. Sie hatte keine Ahnung, dass ich mir eine feste Beziehung wünsche. Ich bin wohl davon ausgegangen, dass sie es wüsste, weil wir regelmäßig miteinander reden, auch wenn ich nie direkt darüber gesprochen habe. Sie hat gesagt, ich würde bei Fremden arrogant herüberkommen, und das sei schon so seit unserer Kindheit. Ich erzählte ihr von meiner Sitzung mit Ihnen und fragte, ob ich mit ihr eine Meditative Aktivierung vornehmen könnte."

„Und was ist dabei passiert?"

„Na ja, es hat starke Gefühle in mir hochgebracht. Liebe ist für mich ein sensibles Thema, weil ich mich wirklich nach einer festen Beziehung sehne und es sich so anfühlt, als hätte ich in diesem Bereich versagt. Meine Schwester dachte, ich wolle nicht darüber reden, und sie hatte recht. Ich hatte nicht viele Partner, als ich jünger war, und sie ging davon aus, dass ich jetzt in einem Alter bin, in dem man mich nicht mehr fragen sollte, ob ich einen Partner habe. Das hat mich so traurig gemacht, dass ich angefangen habe zu weinen. Ich glaube, das ist mir vor ihr oder anderen Menschen seit meiner Kindheit nicht mehr passiert."

„Das muss ein beängstigendes Gefühl gewesen sein, ich weiß, aber in Wahrheit ist es wirklich positiv. Sie bekommen jetzt einen starken Zugang zu Ihren Emotionen. Erzählen Sie weiter."

„Wir haben einen wunderschönen Abend damit verbracht, über meine Ängste bei Dates zu reden, und sie erzählte mir lustige Erlebnisse mit ihrem Mann, als sie sich gerade kennengelernt hatten. Vielleicht war es der Wein, aber auf alle Fälle haben wir mich zum Schluss in einer Partnerbörse eingeloggt und sie hat mir geholfen, mein Profil zu erstellen. Mir gefällt die Vorstellung der Blind Dates zwar immer noch nicht, aber Allison schlug vor, ich solle es so sehen, als würde die Online-Börse meine Dates für mich vorsortieren. Das klingt gar nicht so schlecht."

Ich war sehr stolz auf Rebecca. Die rubinrote Energie half ihr jetzt schon, Zugang zu ihren Gefühlen zu bekommen. Ich glaubte zwar nicht, dass sie bei den ersten Dates über eine Partnerbörse unbedingt der großen Liebe begegnen würde, aber sie musste mit mehreren Männern ausgehen, um den Bezug zu ihren inneren Gefühlen herzustellen. Wir lachten darüber, dass ihre Schwester weder an visuelle Wunschbretter noch an „dieses ganze esoterische Zeug" glaubte, doch das ist ein perfektes Beispiel dafür, wie rote Energie uns in Einklang mit unseren Gefühlen bringen kann. Sie können auf jede beliebige Weise den Zugang zur Energie und zu emotionalen Informationen bekommen.

Die Aktivierung von Rot verbesserte Rebeccas Beziehung zu ihrer Schwester und auch die Beziehung zu sich selbst. Als sie ehrlich zu sich war, erkannte sie, dass sie ihre Persönlichkeit und Gefühle anderen deutlicher zeigen musste. Wie ich glaube, wird dies sie letztendlich zu der liebevollen Beziehung führen, die sie sucht. Ich persönlich bin überzeugt, dass Rubinrot uns hilft, unsere Schwingung auf eine energetische Ebene zu bringen – aber hey, ich glaube halt an dieses ganze esoterische Zeug.

Aktivierung von Rubinrot

HABE ICH EINE GESUNDE BEZIEHUNG ZU MEINEN GEFÜHLEN?

Wenn Gefühle Ihr Rückzugsort sind, so wie sie es für mich sind, dann wird diese Farbe Sie dazu veranlassen, zu prüfen, ob irgendeine Ihrer Beziehungen Sie emotional auslaugt und wie Sie damit am besten umgehen. Diejenigen unter uns, die tiefe Gefühle empfinden, neigen dazu, zu viel zu geben und mit anderen zu teilen. Bei einer Dinnerparty bin ich derjenige, der es nicht lassen kann, die Unterhaltung auf ein tiefsinniges Thema zu lenken. Jemand bittet mich zum Beispiel, ihm die Schüssel mit dem Rosenkohl zu reichen – und bevor ich sie ihm gereicht habe, befinden wir uns schon mitten in einem existenziellen Gespräch über den Sinn des Lebens. Das ist meine Komfortzone, und es ist nicht immer fair, andere in diese Situation zu bringen. Rubinrot hilft uns, das Gleichgewicht zu finden.

Einmal traf ich mich mit einer Freundin und ihrem neuen Freund in einem Restaurant. Sie ging auf die Toilette, und als sie wiederkam, hatte er mir schon gestanden, dass sein Vater seine Mutter ermordet hatte und lebenslänglich dafür bekommen hatte. Uns beiden standen die Tränen in den Augen, während mich meine Bekannte mit einem Ausdruck ansah, als wollte sie sagen: „Also echt, Dougall – nicht schon wieder!“ Ich kann es nicht abstellen; ich will auf der emotionalen Ebene einen Bezug zu anderen herstellen, und ich glaube, dass die Leute darauf reagieren. Rubinrot hat mich gelehrt, wie ich diese Energie lenken kann. Die Realität ist, dass nicht jeder ständig so tief schürfen will, und mitunter laugt es auch mich selbst emotional aus. Rubinrot macht es mir leichter, Zugang zu meiner Herzenergie zu bekommen, wenn ich sie brauche, doch es zeigt mir auch, wie ich mich schützen kann, wenn ich es als Fluchtmittel missbrauche.

Bei Rubinrot sollten Sie besonders auf Ihre Herzmitte achten und darauf, welchen Einfluss Ihre Gefühle auf Ihre Erfahrungen haben. Rubinrot berührt auf natürliche Weise jeden Körperteil, da es unmittelbar mit dem Herzen verbunden ist. Nach jeder Aktivierung von

Rubinrot sollten Sie die Hand aufs Herz legen und ein paarmal tief einatmen. Der Körperkontakt zu Ihrer Herzmitte ist deshalb wichtig, weil er Ihnen hilft, sich mit Ihrem emotionalen Körper zu verbinden. Das Herz gehört zu den ganz wenigen Organen, die wir tatsächlich *fühlen* können, da es schlägt und das Blut zirkuliert. Berühren Sie während der Aktivierung dieser emotionalen Farbe Ihr Herz und senden Sie ihm liebevolle Freundlichkeit. Achten Sie auf Ihr Herz, während Sie Ihre emotionale Verbindung aktivieren. Die emotionale Ausgewogenheit gehört zu den wichtigsten Aspekten eines glücklichen Lebens.

Meditative Aktivierung

Wir leben in einer Gesellschaft, die darauf ausgerichtet ist, unsere Antworten, Bestätigungen und Verbundenheit außen zu suchen. Alle möglichen Experten schreiben uns vor, was wir tun sollen, um gesund zu bleiben, unser Zuhause in Schuss zu halten und am Leben zu bleiben. Zwischen dem Fernsehen und den sozialen Medien ist es einfach, unser Leben mit dem anderer zu vergleichen oder aus dem Leben anderer Energie zu schöpfen. Nur selten beraten wir uns mit unserem inneren Experten, mit uns selbst. Denken Sie zum Beispiel an den gestrigen Tag. Wie oft haben Sie gestern wirklich in sich hineingehorcht, um zu sehen, wie Sie sich fühlten? Und nun denken Sie an die vielen Male, wo Sie auf die Außenwelt oder jemand anderen gehört haben. Facebook, die Nachrichten, eine SMS an eine Freundin oder ein Familienmitglied – sogar der Klatsch über das Leben fremder Leute in einer Zeitschrift oder auf einer Webseite – hatten wahrscheinlich Priorität über den Stand Ihres eigenen Wohlbefindens. All das sind Formen, bei denen Sie von Ihrer emotionalen Mitte weggezogen werden.

Jody war eine Klientin von mir, die Meditative Aktivierung als Ausgleichsmittel für die rubinrote Energie in ihrem Leben nutzte. Sie arbeitete seit Jahren zusammen mit ihrer jüngeren Schwester Stephanie als Maklerin auf Long Island. Die beiden veranstalteten abwechselnd offene Besichtigungen und betrieben eine gut laufende Makleragentur, in der sie sich die Arbeit teilten. Anfangs war alles super gelaufen, doch in letzter Zeit fühlte sich Jody von der Arbeit gestresst und irritiert. Sie hatte eine sensible und einfühlsame Energie, und es sah so aus, als würde ihre Beziehung zu Rot langsam auf die Schattenseite abgleiten. Ich fand, sie sollte versuchen, Rubinrot durch Meditieren und das Notieren ihrer Gefühle spirituell aktivieren, um so wieder Zugang zu ihren Emotionen zu bekommen.

Jody und Stephanie standen sich sehr nahe, auch wenn sie sehr verschieden waren. Jody war schüchtern und eher bedächtig, während Stephanie extrovertierter und motivierter war. Auch neigte Stephanie dazu, die meisten Entscheidungen zu treffen, und Jody machte einfach mit. Es war Stephanies Idee gewesen, gemeinsam eine Immobilienfirma zu gründen, und es war praktisch gewesen, sich die Arbeit teilen zu können. Doch als Jody Kinder bekam, merkte sie, dass sie lieber ganz zu Hause bleiben würde. Bei unserem Gespräch hatte ich immer wieder meine Schwester Tarrin vor Augen, die mir sehr nahesteht.

„Jody, wenn Sie aufhören wollen zu arbeiten, warum tun Sie es dann nicht einfach?“

„Das kann ich nicht. Im Augenblick haben wir sehr viel zu tun und meine Schwester braucht mich. Ich will sie nicht verletzen.“

Ich hatte den Eindruck, dass Jody als sensibler Mensch das emotionale Gleichgewicht zu ihrer Schwester herstellen musste. Ich riet ihr, Rot spirituell zu aktivieren und bis zu unserer nächsten Sitzung ihre Gefühle aufzuschreiben. Da sie so viel zu tun hatte, schlug ich ihr vor, auf ihrem Handy eine Erinnerung daran einzustellen (siehe Übung unten). Bei unserer nächsten Sitzung konnte ich es kaum erwarten herauszufinden, wie es gelaufen war.

„Oh Mann, Dougall, jedes Mal, wenn mein Handy mich daran erinnerte, mich ‚Wie fühlst du dich gerade?‘ zu fragen, lautete meine Antwort: ‚Gestresst‘ oder Ähnliches. Meistens habe ich mich auf dem Weg zu einer Hausbesichtigung gehetzt, überwältigt oder genervt gefühlt. Ich liebe zwar meine Arbeit und weiß, dass ich mich glücklich schätzen kann, aber ich vermisse meine Kinder und will zu Hause bei ihnen sein.“

Regelmäßige Notizen über ihren Gefühlszustand ließen Jody erkennen, dass sie sich seit der Kindheit den Entscheidungen ihrer Schwester gebeugt hatte. Auch wenn das jahrelang gutging, war es an der Zeit, dass Jody ihre eigenen Bedürfnisse erforschte, um den emotionalen Austausch mit Stephanie ausgleichen zu können. Sie war einfach nicht daran gewöhnt, ihre Bedürfnisse einzufordern.

Verständnisvoll stimmte Stephanie zu, dass Jody mehr Zeit zu Hause verbringen sollte. Sie bat um einen Kompromiss, und so stellten sie eine weitere Maklerin ein, damit Jody ein volles Jahr Pause machen konnte. Auf diese Weise konnte Jody wieder einsteigen, wenn sie es wollte, ohne unter Druck zu stehen. Die Aktivierung von Rubinrot half ihr dabei, den emotionalen Austausch mit ihrer Schwester auszugleichen, um Zeit mit ihren Kindern zu verbringen, wie sie es sich wünschte.

Übung zur Meditativen Aktivierung: Wie fühle ich mich?

1. Stellen Sie auf Ihrem Handy eine Erinnerung ein, die Sie drei Mal am Tag fragt, wie Sie sich fühlen. Das mag albern

klingen, aber tun Sie es einfach. Es ist klug, es sich zur Gewohnheit zu machen, seine Gefühle zu analysieren.

2. Beschreiben Sie nach der Aktivierung von Rot schriftlich Ihren Gefühlszustand. Da Sie dies mitten am Tag tun werden, macht es nichts, wenn die Meditative Aktivierung nur kurz ist. Sorgen Sie nur dafür, dass Sie Rubinrot visualisieren und es durch Ihren Körper erden, bevor Sie die Frage beantworten. Heben Sie Ihre Antworten in einem Tagebuch auf oder tragen Sie sie als Telefonnotizen ein. Versuchen Sie, jeden Satz mit „Ich fühle mich" zu beginnen, um die Betonung auf der Wahrnehmung Ihrer Emotionen aufrechtzuerhalten. Hier sind ein paar Beispiele:
   - 9:00 Uhr: Ich fühle mich bei der Arbeit inspiriert, weil ich heute früh aufgestanden bin, um noch zu joggen. Durch Sport fühle ich mich super – warum mache ich das nicht öfter?
   - 14:00 Uhr: Ich fühle mich ein bisschen schuldig, weil ich die neue Assistentin nicht gefragt habe, ob wir zusammen Mittagessen gehen. Ich wollte nur in Ruhe lesen, aber ich weiß ja, wie es sich anfühlt, wenn man noch niemanden kennt. Ich werde sie morgen zum Mittagessen einladen, damit sie sich willkommen fühlt.
   - 22:00 Uhr: Ich fühle mich glücklich! Ich habe mich mit Andrea auf einen Tee getroffen, und es war toll, sie wiederzusehen. Eigentlich wollte ich nach Hause gehen und fernsehen, aber wir hatten uns schon seit Monaten nicht mehr gesehen, und ich bin so froh, dass wir uns getroffen haben.

3. Legen Sie die Betonung auf Ihre emotionalen Reaktionen auf unterschiedliche Situationen. Aktivieren Sie weiterhin Rubinrot, während Sie auf Ihre Gefühle achten. Das hilft Ihnen, genau auf die Gefühle zu achten, die hochkommen könnten. In welchen Lebensbereichen tauchen sie auf?

Am besten ist es, diese Übung eine Woche lang zu machen, doch sie sollte mindestens drei Tage lang durchgezogen werden. Möglicherweise stellen Sie fest, dass es Bereiche in Ihrem Leben gib, in denen Sie nicht so glücklich sind, wie Sie gedacht haben. Vielleicht entdecken Sie auch eine ganz tiefe Freude, die Sie bisher noch nicht richtig wahrgenommen haben.

Intuitive Aktivierung

Wann war das letzte Mal, wo Sie sich Ihre Gefühle ehrlich eingestanden haben? Hatten Sie je das Gefühl, als wären Ihre Antworten auf bestimmte Fragen schon mechanisch? Für viele von uns ist „Wie geht es dir?“ eher ein Gruß als eine Frage. Eine Freundin fragt Sie vielleicht, wie es Ihnen geht, und ohne nachzudenken, sagen Sie: „Danke, gut.“ Es ist, als würde die Antwort von Ihrer Zunge rollen, noch bevor Sie über die Frage überhaupt nachgedacht haben. Schaffen Sie womöglich eine Illusion? Ich glaube, es gibt nur ein paar auserwählte Wesen in unserem Leben, bei denen wir uns sicher genug fühlen, um ihnen zu verraten, was in unserer Gefühlswelt vorgeht.

Jedes Mal, wenn Sie während der Aktivierung Rot sehen, ist das eine Erinnerung daran, sich mit Ihrem Herzen und Ihrem emotionalen Wohlbefinden zu verbinden. An Rubinrot liebe ich, wie leicht man sich mit dieser Energie verbinden kann, indem man sich einfach nur die Hand aufs Herz legt. Wenn Sie diese Farbe im Alltag wahrnehmen, dann nehmen Sie sich einen Augenblick Zeit, um sich die Hand aufs Herz zu legen und ein paar Mal tief ein- und auszuatmen. Spüren Sie die Kraft und Stärke des Herzmuskels. Er bringt buchstäblich Leben in jede Zelle Ihres Wesens. Sie sind lebendig, verbunden und ein Mensch mit tiefen Gefühlen.

Übung zur intuitiven Aktivierung: Unsere Gefühle mit anderen teilen

Diese Übung macht es Ihnen leichter, Ihre Emotionen zu erden, indem Sie sie einem anderen anvertrauen.

Suchen Sie sich den richtigen Zeitpunkt, um Ihre Gefühle aufrichtig mit jemand anderem zu teilen. Mit dem richtigen Zeitpunkt meine ich zum Beispiel ein Lunch mit einem alten Bekannten oder einer guten Freundin. Vielleicht empfinden Sie ein Gefühl der aufgeregten Freude oder haben einen traurigen, negativen Gedanken. Es ist ganz wichtig, einen sicheren Ort zu haben, an dem Sie Ihre verschiedenen Gefühlszustände zum Ausdruck bringen und empfinden können. Darum geht es bei dieser Übung.

Eine Alternative zu dieser Übung ist Gesprächstherapie. Das ist nichts Beschämendes, und meine persönliche Meinung ist, dass jeder es einmal im Leben ausprobieren sollte. Therapie ist ein starkes Beispiel dafür, wie Sie eine sichere Umgebung für den Ausdruck Ihrer Gefühle schaffen können. Ein guter Therapeut bietet Ihnen einen neutralen Raum, in dem Sie alle Emotionen, die Ihnen nicht guttun, ausdrücken und loslassen können.

Wenn Sie mir auch nur ein bisschen ähnlich sind, dann ist diese Übung möglicherweise *zu* leicht für Sie.

Die rubinrote Affirmation

ICH WÜRDIGE MEINE GEFÜHLE AUF GESUNDE WEISE.

Aktivierung mit farbigen Gegenständen

Wenn Sie daran arbeiten, Ihren emotionalen Austausch mit anderen auszugleichen, kann die Aktivierung von Rot ein nützliches Mittel sein, vor allem, wenn Sie wie ich dazu neigen, zu viel von sich mitzuteilen. Statt einer Aktivierungsübung erzähle ich Ihnen, wie ich Rot in einer ktivierung angewandt habe.

Ich sollte für ein Projekt des Fernsehsenders ABC ein Fotoshooting machen. Sie hatten mir per E-Mail mitgeteilt, dass sie ein paar Fotos von mir für Werbezwecke machen wollten. Klingt doch aufregend, nicht wahr? Während ich zu der angegebenen Adresse fuhr, dachte ich, es würde schnell und einfach über die Bühne gehen. Ich war wegen der großen Chance aufgeregt und nervös, und so trug ich rote Socken als Aktivierung.

Fotografiert zu werden gehört für mich zu den unangenehmsten Dingen, die es gibt. Es fällt mir kein bisschen schwer, für ein Video in eine Kamera zu sprechen, aber wenn jemand von mir Fotos macht, verkrampfe ich mich total. David und ich sollten um 9 Uhr morgens im Studio erscheinen. Als wir die Tür aufmachten und hineingingen, erstarrte ich. Zu unserer Rechten stand ein riesiges Set in der Größe einer Flugzeughalle. Mindestens zwanzig Leute wuselten umher; sie hatten Clipboards in der Hand oder bauten Geräte auf. In der Mitte des Raums befand sich eine Bühne mit einer erhöhten schwarzen Plattform vor einem weißen Hintergrund. Gegenüber der

Bühne stand eine Reihe von Leuchten, die so groß wie ein Mittelklassewagen waren. Das hier waren echte Profis. ABC hatte einen ganzen Tag des Fotoshootings für verschiedene Fernsehmoderatoren geplant. Infolgedessen war es eine sehr große Produktion. Ich machte den Mund wieder zu und wurde hastig weggebracht, um frisiert und geschminkt zu werden.

Als ich aus dem Maskenraum wieder herauskam, hatte ich schon ein bisschen mehr Selbstvertrauen. Es ist erstaunlich, welche Wunder gute Maskenbildner und Frisierkünstler bewirken können, wenn es um das Selbstbewusstsein ihrer Klienten geht, und außerdem waren sie sehr freundlich. Ich ging hin und stellte mich dem Fotografen vor, der unten an der Bühne saß und seine Kamera einstellte. Er war zwar beschäftigt, doch ich dachte mir, es könnte nicht schaden, mich mit ihm anzufreunden. Er sah aus wie ein Weihnachtsmann, dem sein Job noch nicht aufregend genug war, und der sich daher einer Bikergruppe angeschlossen hatte.

„Hallo, ich bin Dougall. Ich bin ein Nervenbündel, und mein erster Look wird ‚Reh im Scheinwerfer eines Autos‘ sein.“ Ich dachte mir, der kleine Scherz würde das Eis brechen und ihm gleichzeitig klarmachen, dass ich mich vor dem Fotoshooting scheute. Der Fotograf starrte mich kurz an, schüttelte mir die Hand und schaute wieder hinunter auf seine Kamera. Sein Assistent, der in der Nähe war, bat mich, auf die schwarze Plattform zu steigen, und zeigte mir, wo ich mich hinstellen sollte. Im Hintergrund spielte Musik, während die riesigen Lampen mich blendeten. Ein zweiter Assistent zu meiner Linken bot mir ein Glas Wasser an. Ich nahm es an und hoffte, mich mit ihm anfreunden zu können und mich für den Augenblick sicher zu fühlen.

„Mann, ich hasse so etwas. Hier oben zu stehen macht mich total nervös.“

Auch dieser Kommentar wurde schweigend zur Kenntnis genommen, doch diesmal starrte mich der Assistent an und verschwand. Ich holte tief Luft und spürte, dass meine Emotionen überkochten. Daher schaute ich hinunter auf meine roten Socken und berührte sie. (Farbige Socken gehören zu meinen Lieblingsfarbstützen der Aktivierung.) Beim Berühren visualisiere ich immer, dass ich rubinrote Energie aufnehme.

Ich suchte nach einer äußeren Beziehung, doch eigentlich musste ich nach innen schauen. In Wahrheit war ich hier, um meinen Job zu machen, und alle anderen auch. Meine Nerven brachten mich dazu, anderen zu viel von mir mitzuteilen, weil ich nach einer emotionalen Bestätigung suchte. Es waren noch mindestens fünf andere Leute da, von denen sie vor der Mittagspause Fotos machen mussten, und das Team wollte nur seine Arbeit machen.

Auch spürte ich die unausgesprochene Botschaft, dass andere im Raum nur zu gerne auf der Bühne gestanden hätten, um sich fotografieren zu lassen. Wie mir klar wurde, klang meine Unsicherheit möglicherweise wie undankbares Jammern. Also berührte ich meine roten Socken, um mich an Rubinrot zu erinnern. Ich achte zwar auf meine Emotionen, doch dies war nicht der richtige Zeitpunkt, um sie anderen mitzuteilen. Später würde ich diese Erfahrung mit einem Mitglied meiner Seelengruppe teilen, bei dem sie sicher aufgehoben war.

Ich ließ meine Socken wieder los und tat mein Bestes, um Selbstvertrauen zu zeigen. Und vor allem versuchte ich, zu lachen und einfach den Augenblick zu genießen. Ich nehme mich nicht allzu ernst, und so half es mir, über mich selbst zu lachen. An einem bestimmten Punkt musste ich von einem Ende der Bühne zum anderen gehen, so als würde ich es „ernst meinen“. Also holte ich alles heraus, was ich beim jahrelangen Zuschauen von Sendungen über Fotomodels auf dem Laufsteg gelernt hatte. So schaffte ich es zu strahlen und das Gesicht zu wahren.

Ein paar Stunden später rief ich meine Schwester Tarrin an, um ihr zu berichten, wie ich mich wirklich gefühlt hatte. Bei ihr fühlte ich mich sicher genug, über den Pickel auf meiner Wange zu reden, über den Teil von mir, der sich nicht gut genug fühlte, um da oben zu stehen, und über die Angst, die ich verspürt hatte.

Meine roten Socken hatten mich daran erinnert, nicht nur meine Gefühle zur Kenntnis zu nehmen, sondern sie auch zu objektivieren.

Die Aktivierung von Rot hilft uns, uns auf unsere emotionale Selbsthilfe zu konzentrieren. Ich rate dazu, Rubinrot durch eine Farbstütze zu aktivieren und sich Notizen zu machen, wie Sie auf seine Energie reagieren. Fühlen Sie sich emotionaler als sonst? Ruft es Gefühle hervor, die angenehm oder unangenehm sind? In jedem Fall wird es Ihnen helfen, Ihren Bedürfnissen auf lange Sicht gerecht zu werden, wenn Sie schnellere Methoden entwickeln, wie Sie Ihren jeweiligen Gefühlszustand einschätzen können.

Rote Farbstützen, die Sie in den Alltag einbauen könnten, sind zum Beispiel:

- **Rote Äpfel oder Kirschen.** Ich liebe es, rote Früchte real zu aktivieren, indem ich sie esse. Rote Früchte eignen sich auch wunderbar als visuelle und anfassbare Erinnerung in einer Schüssel.
- **Kosmetik.** Mit roten Lippen oder Fingernägeln lässt sich rote Energie auf unterhaltsame Weise in den Alltag einbringen.
- **Rote Socken.** Wie ich bei der Fotosession können auch Sie rote Socken als Farbstütze verwenden, um jederzeit Zugang zu Ihren Gefühlen zu bekommen.

Dies ist auch ein geeigneter Zeitpunkt, sich alte Fotos anzusehen, um romantische oder nostalgische Gefühle wachwerden zu lassen. Nehmen Sie ein Foto aus einer glücklichen Zeit oder einem glücklichen Augenblick zur Hand und kleben Sie es auf ein rotes Blatt Papier. Wenn Sie sich dann dieses Bild, umrahmt von Rot, ansehen, maximiert dies die Verbindung zu Ihrem emotionalen Kern.

Die Schattenseite von Rubinrot

Die Schattenseite von Rubinrot stellt sich gewöhnlich als übersensibel dar. Doch sie kann sich auch in Form von Distanz oder mangelnder Sensibilität zeigen. Bei Rubinrot geht es darum, die Kommunikation mit unserer jeweiligen Stimmung und emotionalen Ebene herzustellen. Wenn Sie merken, dass es Augenblicke gibt, in denen Sie übermäßig zum einen oder anderen Extrem neigen, sind Sie damit nicht allein. Im Gegenteil: Es kommt im Leben häufig vor, dass wir Phasen durchlaufen, in denen wir die Schattenseite von Rot erleben. Gefühle sind für viele Menschen kaum greifbar, und wir werden ständig mit Situationen konfrontiert, die emotionale Reaktionen auslösen können.

Die Schattenseite von Rot dient als Erinnerung, Ihre Emotionen zu messen und die Veränderungen herzustellen, die Ihr Herz wieder ins Gleichgewicht bringen. Mitunter möchten Sie sich vielleicht emotional zurückziehen. Was manchmal als „bedürftig" angesehen wird, ist Ihr Verlangen nach emotionaler Bestätigung. In diesem Fall erleichtert Rot es Ihnen, festzustellen, ob Sie Ihre innere emotionale Intelligenz ignorieren. Wenn Sie die rote Energie ins Gleichgewicht bringen, hilft Ihnen das auch, darauf zu achten, dass Sie die Gelegenheit bekommen, den Zugang zu Ihren Gefühlen herzustellen und buchstäblich Ihr Herz zu erleichtern. Lassen Sie sich bei der Suche nach solchen Gelegenheiten von Rubinrot leiten.

Wenn Sie zu viel Distanz zu Ihren Gefühlen spüren, ist auch ein hochemotionaler Spielfilm nach meiner Erfahrung ein gutes Mittel, um die emotionale Energie zu aktivieren.

Kapitel 9

Orange

EIGENSCHAFTEN: Ausgewogenheit und Wahrnehmung

SCHATTENSEITE: unausgewogene, zerstreute Energie

Orange ist eine Farbe, deren Aktivierung sich hervorragend für stressige oder hektische Zeiten eignet. Wenn wir mitten in einer wichtigen Aufgabe oder einem großen Projekt stecken, kann es sein, dass wir gewisse Elemente unserer selbst vernachlässigen, während wir uns voll und ganz auf unser Ziel konzentrieren. Das ist völlig normal, wenn man ein bestimmtes Ziel anstrebt. Doch bei dem Prozess kann es schwierig werden, die Perspektive zu behalten. Egal, ob wir etwas Spezifisches erreichen wollen oder uns einfach nur vom Leben überfordert fühlen – Orange hilft uns, die unausgewogenen Aspekte unseres Bewusstseins ins Gleichgewicht zu bringen. Gleichzeitig ermöglicht Orange es uns auch, unsere Intuition auf ihre höchstmögliche Ebene anzuheben. Für mich fühlt sich Orange wie ein stiller Meditationsraum mit Duftessenzen und leiser Musik an; es fühlt sich einfach gut an. Wenn Sie sich vom Alltag zerrieben oder überfordert fühlen, dann ist Orange genau die richtige Farbe.

Im Buddhismus finden sich einige der stärksten Bezüge zur Farbe Orange, wie man an den orangefarbenen Gewändern der buddhistischen Mönche erkennen kann. Buddhisten sehen Orange als die Farbe spiritueller Erleuchtung an, worum es geht, wenn unsere Seele ihre höchste Entwicklungsstufe erreicht hat. Ich liebe diese symbolischen Bilder, da es mir oft so vorkommt, als würde meine Energie Wärme ausstrahlen, wenn ich Orange aktiviere. Die ausgleichende orange Farbe der Mönchsroben soll Buddha im 5. Jahrhundert vor unserer Zeitrechnung selbst ausgewählt haben. Andere Religionen, die die Farbe Orange verehren, sind beispielsweise der Hinduismus und der Protestantismus.

Konfuzianismus (die wichtigste Religion im alten China) sah Orange als die Farbe der Verwandlung und Erneuerung an. Laut dieser Philosophie hängt die Lebensreise davon ab, ob wir das Gleichgewicht zwischen der Energie des Yin (dem Weiblichen) und der des Yang (dem Männlichen) finden können, die in uns allen vorhanden ist. Orange ist die Farbe, die es uns ermöglicht, unser inneres Ungleichgewicht auszugleichen, damit wir einen Zustand der Harmonie erreichen.

In der Welt der Kunst ist Orange sehr beliebt, wenn es mit gegensätzlichen Farben gepaart wird. Der Künstler Claude Monet inspirierte sogar die gesamte impressionistische Bewegung mit seinem Gemälde *Impression, Sonnenaufgang,* in dem eine (damals) ungewöhnliche leuchtend orangefarbene Sonne abgebildet ist, die vor dem Hintergrund blauer Wolken und blauen Wassers strahlt. Wie Studenten der Farbtheorie wissen, sind Orange und Blau gegensätzliche Farben, was bedeutet, dass beide Farben leuchtender werden, wenn man sie auf einer Leinwand nebeneinander setzt. Das ist eine vollkommene Beschreibung von Orange, da die Arbeit mit dieser Farbe alle anderen Bereiche Ihres Lebens aufhellen wird. Wie in einem Gemälde verstärkt die Verwendung der Farbe Orange nicht nur jede andere Farbe in ihrer Nähe, sondern gleicht auch ihre Energien aus. Die Schönheit von Orange wird alles in seiner Nähe stabilisieren.

Visuell ist Orange die Farbe, die man an Land oder im Wasser – vor allem bei schwachem Licht – am leichtesten wahrnehmen kann. Aus diesem Grund ist es die bevorzugte Farbe für Rettungsboote, Schwimmwesten und Baustellenschilder. Die Uniformen von Astronauten sind gewöhnlich orange, weil sie im Weltall leicht zu erkennen sind. Autobahnarbeiter tragen meist Orange, da auch sie dadurch leichter zu sehen sind. Ich nutze Orange gern, weil es mir als Lichtquelle für erhöhte Wahrnehmung dient.

Orange steht für das Gleichgewicht aller Dinge – und was noch bedeutender ist: Es verstärkt das Gleichgewicht zwischen der Psychologie und der Spiritualität. Wie einige meiner spirituellen Lehrmeister sagen, ist Orange die Farbe der übersinnlichen Fähigkeiten oder der Intuition, was meine Vorliebe für diese Frage erklären mag. Intuition auf seiner höchsten Ebene ist äußerst akkurat, wenn die verschiedenen Elemente unseres Lebens ausgewogen sind. Das ist etwas, was ich erst später im Leben verstanden habe.

Früher dachte ich, übersinnlich begabt zu sein sei die höchste Form der spirituellen Verbindung, doch heute weiß ich, dass das nicht unbedingt so sein muss. Wenn wir uns zu sehr auf irgendeinen Bereich unseres Lebens konzentrieren – ob um unsere Arbeit oder sonst etwas –, dann vernachlässigen wir zwangsläufig andere Lebensbereiche. Ich glaube, Intuition ist das Nebenprodukt der Meditation und des emotionalen und spirituellen Gleichgewichts. Wir können zwar äußerst übersinnlich begabt sein und akkurate Informationen über das Leben anderer empfangen, doch wahre intuitive Weisheit stellt sich dann ein, wenn die unterschiedlichen Bereiche unseres Lebens ausgewogen sind.

Als ich damit anfing, mich mit Energie zu verbinden, lag mein Hauptfokus auf meinen übersinnlichen Fähigkeiten. Ich wollte unbedingt ein guter Hellseher für andere sein, doch in Hinsicht darauf, was es bedeutet, wirklich in einem Zustand des Friedens und der Freude zu leben, trug ich damals eine emotionale Augenbinde. Ich trainierte zwar meinen übersinnlichen Muskel, aber ich spürte, als ich ein Plateau erreicht hatte. Nicht nur trat ich auf der Stelle, sondern meine Seele und meine Gefühlswelt begannen auch zu ermüden. Nach der Arbeit mit Klienten bekam ich Kopfschmerzen. Ich hatte keine Ahnung, wie ich mit meiner Energie haushalten sollte, und keinen Schimmer, dass die Ursache meiner Probleme die Vernachlässigung meines eigenen Körpers und meiner emotionalen Seite war.

Das ist die Ironie an der Selbstfürsorge. Einfühlsame Menschen stellen häufig die Bedürfnisse anderer über ihre eigenen. Doch je mehr wir nach innen lauschen und das Notwendige tun, um unseren eigenen Zustand zu verbessern, umso besser können wir unsere Intuition für andere nutzen. Meine berufliche Karriere begann in Dallas, Texas, noch bevor ich zwanzig war. Damals wurde ich für Privatpartys in der Gegend angeheuert. In diesem jungen Alter war das wie ein Geschenk des Universums. Ich bekam ein Stundenhonorar von ungefähr 100 Dollar und durfte den ganzen Abend an meinem kleinen Kartentisch auf der Party verbringen, wo ich ununterbrochen Readings gab.

Eines Abends war ich auf einer Geburtstagsfeier einer Frau in einem hübschen Vorort von Dallas.

„Dougall, das war wirklich toll. Danke, dass Sie meine Party so aufregend gemacht haben", sagte Sheila.

Ich mochte Sheila. Sie nahm meine Arbeit wirklich ernst, während ich mir auf anderen Partys manchmal wie ein jonglierender Affe vorkam. Die Leute lachten über den „Wahrsager" in der Ecke, und ich saß stundenlang allein da, während sie sich miteinander unterhielten. Dann polierte ich meine Kristallkugeln oder mischte meine Tarotkarten und wartete darauf, dass jemand an meinen Tisch kam und von mir ein Reading wollte. Doch Sheila war immer freundlich, und ich fühlte mich bei ihr wohl.

„Warum bleiben Sie nicht noch und essen was?“, bot sie mir an.

„Ach, nein danke, ich habe keinen Hunger. Ich brauche jetzt ein wenig Abstand von der Energie.“

Das war nur zum Teil wahr. Wenn die Readings, die ich bei Veranstaltungen oder kleinen Privatfeiern gab, vorbei waren, wollte ich meistens gehen. Ich hatte viel Energie aufgebracht, und dann plötzlich nur noch Small Talk zu machen fiel mir schwer. Dazu kam, dass ich nicht gerne in Gesellschaft aß. Damals hatte ich mich noch nicht geoutet und kämpfte gegen die Scham über meine Fettsucht an. In Restaurants, Privathäusern oder auch sonst in der Öffentlichkeit aß ich wie ein Spatz. Das muss seltsam ausgesehen haben, da ich damals schon über eins neunzig groß war und über hundertfünfzig Kilo wog. Also schaufelte ich eindeutig woanders das Essen in mich hinein. Statt das Problem direkt anzugehen, redete ich mir ein, dass das Essen mich davon abhielt, die Energie richtig zu lesen. Klingt ziemlich ausgewogen, nicht wahr?

Ich verabschiedete mich höflich von Sheilas Partygästen. Mein Abschied war so spirituell, wie es sich meiner Meinung nach für einen Hellseher ziemte. Ich murmelte einen raschen Segen und einen Namaste-Gruß und träumte derweil von der Pizza, die ich zu Hause verdrücken würde. Dann eilte ich zu meinem türkisfarbenen Cabrio und fuhr aus ihrer Auffahrt. Ich kümmerte mich weder um mein emotionales noch um mein Wohlbefinden, und dieses Ungleichgewicht beeinträchtigte mich. Während ich um die Ecke bog, war ich ein wenig zerstreut, und gleich darauf stieß ich mit einem anderen Wagen zusammen.

„Was zum –?“, sagte ich, während ich die Fahrertür aufmachte.

Meine Energie war völlig durcheinander. Ich stieg aus und ging auf den Mann zu, der so rüde in mich hineingefahren war.

„Das hier ist eine Einbahnstraße“, sagte er ruhig.

„Tatsächlich?“, fragte ich.

„Sie sind auf einer Einbahnstraße in die falsche Richtung gefahren.“

Mir stiegen Tränen in die Augen. Der Fremde wirkte auf mich wie eine Vaterfigur. Ich wusste sofort, dass er Kinder hatte. Sie saßen zwar nicht in seinem Auto, doch er merkte, dass ich völlig durch den Wind war, so wie ein Vater oder eine Mutter es spürt.

Als schwuler Hellseher in einem Vorort von Texas zu sein fühlte sich in der damaligen Zeit nicht unbedingt sicher an. Es gab auf alle Fälle Leute in der Gegend, die aus religiösen oder sonstigen Gründen starke Vorurteile gegen mich hatten. Und nicht nur das – ich hatte gerade in meinem türkisfarbenen Cabrio mit einem Schild auf dem Rücksitz, auf dem in Riesenlettern „Hellseher, (Channel-)Medium und Kartenleser“ stand, ein anderes Auto angefahren. Es war nicht unbedingt der günstigste Moment, um in Tränen auszubrechen, aber genau das passierte mir.

„Ich bin nicht versichert“, brachte ich mühsam heraus.

„Ist ja gut, ist ja gut. Beruhigen Sie sich; holen Sie tief Luft“, sagte er. „Wie alt sind Sie?“

„Ich bin 19.“

Mit 19 wäre eine Haftpflichtversicherung eine große finanzielle Belastung für mich gewesen. Es war das erste Jahr, in dem ich auf eigenen Füßen stand, was bedeutete, dass ich von zu Hause ausgezogen war und von meinen Eltern nicht länger unterstützt wurde. An diesem Punkt in meinem Leben hatte ich keine Ahnung, wie ich meine Finanzen regeln sollte, und für etwas, was ich nur „vielleicht“ mal brauchen könnte, zu zahlen, klang nach einer Summe, auf die ich gut verzichten konnte.

Dies war einer dieser Momente im Leben, in denen ich mich glücklich schätze, dass sie so glimpflich ausgegangen sind. Ich war so durcheinander, dass es mir noch nicht einmal einfiel, den Mann zu fragen, ob alles in Ordnung sei oder ob er sich verletzt habe. Stattdessen sagte er freundlich, wir könnten uns sicher einigen. Wir tauschten unsere Personalien aus, und in der Woche darauf einigten wir uns auf Ratenzahlung. Er rief nicht die Polizei und informierte auch nicht seine Versicherung. Er vertraute mir so sehr, dass ich absolut entschlossen war, ihm den Schaden zu bezahlen, was ich auch tat.

Der Unfall war auf vielen Ebenen ein Weckruf für mich. Mir wurde klar, dass ich mich hinter den spirituellen Illusionen versteckt hatte. Ich verbrachte so viel Zeit damit, übersinnliche Energie anzuzapfen, dass die anderen Bereiche meines Lebens völlig aus dem Gleichgewicht geraten waren. Meine Finanzen waren desolat, ich vernachlässigte meine Gesundheit total, und jetzt bargen meine Handlungen auch noch mögliche Gefahren für andere. Es musste sich was ändern.

Als ich damit anfing, Orange zu aktivieren, machte mir das die Notwendigkeit des Gleichgewichts in den vernachlässigten Bereichen deutlich. Ich hatte diese Farbe um sehr ausgeglichene Menschen herum gesehen, und von dieser Eigenschaft brauchte ich mehr. Daher experimentierte ich selbst mit dem Aktivieren von Orange. Wie ein Magnet holte es das Verlangen, weitere Aspekte meines Bewusstseins zu finden und mehr über sie zu wissen, aus mir heraus.

Ich beschloss, Orange regelmäßig als göttlichen Kompass für den Zustand spirituellen Gleichgewichts zu verwenden. Merkwürdigerweise wurden die Zahlungen für den Autounfall zur regelmäßigen Erinnerung daran, dass ich besser für mich sorgen musste. Anfangs nahm ich nur kleine Veränderungen vor. Ich fing damit an, täglich eine Viertelstunde spazieren zu gehen, und achtete mehr auf meine

Ernährung. Statt vor einem Reading zu hungern und mich hinterher mit Junkfood vollzustopfen, bemühte ich mich, eine angemessene Portion frischer Nahrungsmittel zu essen. Durch das gesunde Essen fühlte ich mich besser, auch wenn ich nicht zum Veganer wurde oder nur noch Rohkost zu mir nahm. Statt drastischer Veränderungen ließ ich das Gleichgewicht allmählich in mein Bewusstsein hochsteigen.

Sie müssen sich darüber im Klaren sein, dass ein Bereich Ihres Lebens in bestimmten Augenblick dominieren kann, was auch völlig in Ordnung ist. Stellen Sie sich zum Beispiel vor, Sie hätten sich gerade verliebt. Die Freunde, mit denen Sie bisher viel Freizeit verbracht haben, sind plötzlich nicht mehr Ihre Priorität. Vermutlich werden Sie in die aufkeimende Beziehung Extrazeit investieren. Vielleicht nehmen Sie sich einen Tag frei von der Arbeit oder schwänzen die Schule, während Ihre Seelen Nähe aufbauen. Zu diesem Prozess gehört, sich etwas von der Außenwelt zurückzuziehen. Mit der Zeit wird die Grundlage der Beziehung stärker und wächst. Wenn Sie zusammengewachsen sind, stellen Sie fest, dass es an der Zeit ist, Ihren Freunden, der Arbeit oder Familie wieder näherzukommen. Sie können nicht auf Dauer im Winterschlaf verharren, sonst geraten andere Lebensbereiche aus dem Gleichgewicht.

Wie bei einer neuen Liebe gilt dieses Prinzip auch für die Arbeit. Sagen wir mal, Sie sind in Ihrem Beruf äußerst motiviert und wurden gerade befördert. Der Schub positive Energie bringt Sie dazu, sich noch mehr auf die Arbeit zu konzentrieren und sie über alles andere zu stellen. Hoffentlich unterstützen Ihre Freunde und Verwandten Ihren Fleiß und freuen sich zuzusehen, wie Sie Ihr Bestes geben. Doch wenn Sie alle anderen Lebensbereiche ignorieren, wird sich dies negativ auf Ihre Beziehungen auswirken.

Oranges Licht lehrt uns, dass ein bestimmter Bereich zwar für eine Zeit lang in unserem Leben Priorität haben kann, doch um die Art von Gleichgewicht zu erreichen, die wahre Erkenntnis bringt, müssen wir wieder unsere Mitte finden und die Ausgewogenheit in den übrigen Lebensbereichen wiederherstellen.

Aktivierung von Orange

WELCHE ELEMENTE MEINES LEBENS SIND AUS DEM GLEICHGEWICHT GERATEN?

Die Aktivierung von Orange ist gewöhnlich eine einfache und natürliche Entwicklung, da sie eine Kombination aus Psychologie und Spiritualität ist. Bei Rubinrot haben wir uns darauf konzentriert, Zugang zu unseren Gefühlen zu bekommen. Doch bei Orange erhalten wir Zugang zu einer noch tieferen Ebene als die unserer Emotionen, und das ist die Intuition. Intuition ist ein Nebenprodukt der Meditation und gesunder spiritueller Lebensführung und das Ergebnis eines Lebens im Gleichgewicht. Je harmonischer unser Leben ist, umso leichter fällt es uns, intuitiv die besten Lebensentscheidungen zu treffen.

Bitte beachten Sie: Wie einige meiner Schüler berichten, wird ihnen bei der Aktivierung von Orange leicht schwindlig. Ich persönlich halte dies für eine Nebenwirkung der Wahrnehmung unserer selbst auf einer intimeren Ebene. Orange hilft uns, einen Bezug zu den, emotionalen und spirituellen Seiten unseres Bewusstseins herzustellen. Und nicht nur das – es lässt uns auch erkennen und spüren, dass all diese Bereiche voneinander abhängig sind.

Meditative Aktivierung

Gleichgewicht ist ein relativ weiter Begriff, und ich glaube nicht, dass irgendjemand ständig im inneren Gleichgewicht lebt. Während wir unseren individuellen Lebensweg gehen, werden wir mit unterschiedlichen Problemen konfrontiert, die verschiedene Aspekte unserer Energie ans Tageslicht bringen. Es gibt Momente, in denen ein Teil unseres Lebens mehr Aufmerksamkeit als die anderen benötigt, doch beim Halten des Gleichgewichts geht es darum, den Ball der anderen Lebensbereiche *nicht* fallen zu lassen. Um vollständig integrierte Wesen zu sein, müssen wir uns mit allen Bereichen unseres Lebens befassen.

Das orangefarbene Licht erleichtert es uns, jeden Aspekt unseres Bewusstseins zu überprüfen, da es ihn bei der Aktivierung dieser Farbe stark reflektiert. Mit jeder Farbe, die wir anwenden, vergrößern wir eine Seite unseres Wesens. Von den praktischen Gedanken, die Gold uns verleiht, bis hin zur Verbindung unseres Herzens und unserer Gefühle durch Rubinrot drehen wir auf der Energie, die wir gerade nutzen wollen, die Lautstärke auf. Orange gibt uns die Möglichkeit, unser Leben aus der Vogelperspektive zu betrachten, um zu erkennen, wie all diese Teile ineinandergreifen.

Übung zur Meditativen Aktivierung: Entwerfen Sie den Idealen Tag

Mein bevorzugter Teil der Anwendung von Orange bei der spirituellen Aktivierung ist, dass es uns dazu bringt, langsamer zu machen und eine Form der Meditation durchzuführen. Da Orange uns hilft, unser Gleichgewicht zu finden, ist die Meditative Aktivierung hier eine besonders nützliche Aktivität. Wenn wir die Augen schließen, um die orange Energie durch den Körper zu erden, wirkt sie auf natürliche Weise ausgleichend und wohltuend.

Diese Übung mit der Farbe Orange hilft uns, unsere Energie auszugleichen und zu kontrollieren. Wir alle kennen den idealen Tag, an dem alles genau so läuft, wie wir es uns wünschen. Unser Ziel bei dieser Übung ist, einen solchen Tag von Grund auf zu entwerfen. Bei der orangefarbenen Energie geht es nicht darum, die Höhen der Ekstase zu erleben, sondern darum, ein glückliches Zen-Mittelmaß zu erreichen.

Der ideale Tag ist nicht ein Tag, an dem Sie im Lotto gewinnen, heiraten oder Ihre Kinder zur Welt kommen. Dies sind zwar unglaubliche und verzauberte Erfahrungen, doch sie führen auch zu einem hohen Übermaß an Adrenalin und Energie. Es sind einmalige Erlebnisse im Leben. Der ideale orange Tag ist ein ausgewogener, angenehmer alltäglicher Tag, der die Stelle im Leben spiegelt, an der Sie gerade stehen. Ihr idealer Tag sollte zum Beispiel kein Yoga am Strand bei Sonnenuntergang enthalten, wenn Sie nicht am Meer leben und die Kinder nachmittags um vier von der Schule abholen müssen.

Mein idealer Tag beginnt immer mit einem frisch aufgebrühten Kaffee und etwas Zeit für mich. Selbst wenn ich um fünf Uhr morgens das Haus verlassen muss, stehe ich eine Stunde früher auf, um etwas Ruhe zu haben und mich zu finden. Die stille Zeit am Morgen ist mir heilig und für mein inneres Gleichgewichtig wichtig. Wenn Sie der Typ Mensch sind, der morgens munter aus dem Bett springt, dann könnte Ihr idealer Tag mit etwas Produktivem wie beispielsweise einem frühen Morgenspaziergang beginnen.

1. Stellen Sie sich Ihren idealen Tag vor. Nach der spirituellen Aktivierung von Orange ist es bei dieser Übung Ihr Ziel, Ihre Energie zu beruhigen und zu sammeln, damit Sie diesen Tag von einem ausgewogenen spirituellen Standpunkt aus visualisieren können. Nehmen Sie sich die Zeit, die orange Energie durch den Körper zu erden, bevor Sie Ihren Tag entwerfen. In stressigen Zeiten kann es schwierig sein, sich ins Gedächtnis zu rufen, was

wirklich zählt und wo Sie sich noch mehr anstrengen müssen. Die Meditative Aktivierung von Orange vereinfacht die Aufgabe, zu erkennen, was für Sie einen befriedigenden Tag ausmacht.

2. Listen Sie die Einzelheiten Ihres idealen Tages auf einem Blatt Papier auf. Als Hilfestellung für diese Übung sollten Sie sich einen durchschnittlichen Tag in Ihrem jetzigen Leben ansehen. Was funktioniert und was funktioniert nicht? Wenn es Elemente gibt, die Sie vermissen, dann bauen Sie sie in Ihren idealen Tag ein. Es sollte ein Tag sein, der sich ausgewogen und glücklich anfühlt. Würde er damit anfangen, dass Sie mit Ihrem Hund im Bett schmusen? Oder würden Sie gerne ein bisschen im Garten arbeiten? Es sollte die Art von Tag sein, die Sie gerne immer wieder erleben würden. Sie könnten beispielsweise früh aufwachen, um ein wenig nachzudenken und dabei den Sonnenaufgang zu betrachten. Sie hätten genügend Zeit, um sich zu sammeln (möglicherweise durch Meditieren) und sich auf den Tag vorzubereiten. Ihre Frisur würde wie von selbst sitzen, und Ihr Lieblingstop würde perfekt passen. Bei der Arbeit wären Sie kreativ inspiriert und würden sich von Ihren Kollegen geschätzt fühlen. Wenn Sie abends zu Bett gehen, hätten Sie das Gefühl, etwas geschafft zu haben, und wären zufrieden und mit sich im Frieden. Ich wiederhole: Die einzelnen Details dieses Tages sind Ihre Sache und sind das, was Sie brauchen, um ins Gleichgewicht zu kommen.

3. Nehmen Sie sich fest vor, mindestens eine Begebenheit Ihres idealen Tages in Ihr jetziges Leben zu integrieren. Halten Sie Ihre Liste bereit und rufen Sie sich jedes Mal,

wenn Sie Orange aktivieren, Ihren idealen Tag ins Gedächtnis.

Anmerkung: Nehmen Sie sich Zeit, wenn Sie Ihren Tag zusammenstellen. Das gesuchte Schlüsselwort ist hier „Gleichgewicht". Stellen Sie sich Ihr Leben als eine Mahlzeit vor. Wenn Sie sich zu sehr auf einen Teil der Mahlzeit konzentrieren, könnte sie unausgewogen sein. Sie können zwar die leckerste Cranberrysauce zaubern, aber letztendlich wäre es ein unbefriedigendes Mahl, wenn es nur daraus bestünde.

Intuitive Aktivierung

Orange gehört zu meinen Lieblingsfarben, aus denen ich im Herbst Energie ziehe – wie etwa von den strahlend orangefarbenen Laubblättern oder den Kürbissen auf jeder Türschwelle. Jeden Tag geht die Sonne in warmen Orangetönen auf. Und jeder Sonnenuntergang erinnert mich an das zeitlose Gleichgewicht der Farbe Orange. Stellen Sie sich diese Fragen, immer wenn Sie Orange sehen, egal wo Sie gerade sind:

- Wo in meinem Leben besteht ein Ungleichgewicht?
- Bin ich in meiner Mitte? Achte ich auf die Bereiche, die mein Leben ganz und vollständig machen? Oder gibt es etwas, was zu viel Energie aufsaugt?

Wie in meiner Geschichte, als zu viele Readings und eine zu schlechte Ernährung einen Autounfall verursachten, erinnert uns das Universum daran, uns um uns selbst zu kümmern, wenn wir aus dem Gleichgewicht geraten.

Übung zur Intuitiven Aktivierung: In der Woche leben

In der Welt der Selbsthilfe wird uns häufig gesagt, wir sollten danach streben, im Hier und Jetzt zu leben. Im Jetzt zu leben klingt zwar in der Theorie super, doch ich würde echt gern mal jemanden kennenlernen, der ständig im Hier und Jetzt lebt. Was ich an meinen Klienten sehen kann, ist, dass die meisten von uns sich entweder auf die Zukunft konzentrieren oder versuchen, aus der Vergangenheit zu lernen, und es ganz schön schwer ist, in der Gegenwart zu bleiben. Orange hilft uns zu erkennen, wie sehr wir in jedem beliebigen Augenblick im Hier und Jetzt leben.

Ich habe ein neues Mantra, das da lautet: Ich lebe *in der Woche.* Vielleicht ist es, weil ich von Berufs wegen in die Zukunft sehe, dass ich ständig nach vorne schaue. Trotzdem weiß ich, dass es für das innere Gleichgewicht wichtig ist, in der Gegenwart zu leben. In der Woche zu leben ermöglicht es mir, das zur Kenntnis zu nehmen, was am näheren Horizont ist – was mir wiederum hilft, im Hier und Jetzt präsenter zu sein.

Jedes Mal, wenn Sie Orange sehen, fragt das Universum Sie damit, wie sehr Sie in diesem Moment gegenwärtig sind. Lassen Sie sich von der Allgemeinen Aktivierung der orangefarbenen Energie aufzeigen, in welchen Bereichen Sie noch präsenter sein können. Unternehmen Sie noch am selben Tag eine Sache, die es Ihnen leichter macht, Ihr Bewusstsein voll und ganz in die Gegenwart zu bringen. Aktivitäten helfen oft, sich im jetzigen Augenblick zu erden. Das können alle möglichen Sportarten – wie zum Beispiel Wandern – sein. Auch Achtsamkeitsmeditation ist sehr hilfreich, um im Hier und Jetzt zu bleiben.

Wenn ich in der Woche leben kann, fühle ich mich wie ein spiritueller Rockstar. Mit einem Zeitraum von sieben Tagen zu arbeiten erleichtert es mir, mein Gleichgewicht zu finden. Womöglich komme ich am Dienstag nicht ins Fitnessstudio oder zum Meditieren, doch das kann ich Mittwoch aufholen. Keine große Sache. Vielleicht fokussiere ich mich an einem Tag sehr aufs Schreiben, aber am nächsten Tag lassen David und ich fünf gerade sein und unternehmen zusammen was. Es geht darum, das Gleichgewicht zu finden. Wie die meisten von uns habe auch ich eine Familie, einen Job, Freunde, Hobbys und eine Vielzahl anderer Dinge in meinem Leben, die ich in Einklang bringen muss. Im Augenblick zu leben steht heute vielleicht auf meinem Stundenplan, und das ist auch okay. Wenn Sie Ihren idealen Tag mit Ihrem Durchschnittstag verglichen haben, können Sie damit anfangen, Ihren Tag anzupassen, um ausgeglichener und zufriedener zu werden.

Die orange Affirmation

ICH HABE AUSGEWOGENE, INTUITIVE ENERGIE.

Aktivierung mit farbigen Gegenständen

Diese Aktivierung ist in stressigen oder hektischen Zeiten äußerst hilfreich, da das Berühren einer orangen Farbstütze den zusätzlichen Effekt hat, uns im jetzigen Augenblick zu erden. Es ist leichter, in der Gegenwart zu bleiben, wenn man sich in diesem Augenblick körperlich engagiert. Manchmal möchte ich nach einem ganzen Tag voller Readings mit vielen verschiedenen Klienten meine Energie wieder ins Gleichgewicht bringen. Eine Methode, die ich dann anwende, ist, etwas in meinem Büro zu berühren und es dann laut zu benennen. Beispielsweise fasse ich die orangefarbene Vase auf meinem Schreibtisch an und sage: „Das ist eine Vase.“ Dies ist eine ganz simple Technik, mit der ich mich mit meinem Körper im jetzigen Bewusstsein erden kann.

Andere orangefarbene Farbstützen, die Sie in den Alltag einbauen könnten, sind zum Beispiel:

- **Getrocknete Laubblätter.** Ich liebe die Herbstfarben und die unterschiedlichen Orangetöne draußen in der Natur. Sammeln Sie orangefarbene Laubblätter und trocknen Sie sie, um sich auf diese Weise etwas von dieser Energie ins Haus zu holen und sie das ganze Jahr über sehen zu können.
- **Kurkuma.** Getrocknete und frische Kurkuma ist leuchtend orange und lässt sich unter Ihr Essen mischen. Außer der ausgleichenden Energie von Orange eignet sich Kurkuma auch hervorragend als Heilmittel aller möglichen Entzündungen und stellt das Gleichgewicht Ihres Immunsystems wieder her.
- **Orangen.** Wenn ich mit oranger Energie arbeite, gehört eine Tüte frischer Orangen oder Mandarinen zu meinen Lieblingsfarbstützen. Ich bewahre die Früchte in einer Schüssel im Wohnzimmer oder in der Küche auf. Sie sind nicht nur eine visuelle Erinnerung an diese ausgleichende Energie, sondern strömen auch ihren belebenden Duft aus, wenn man sie berührt. Für mich verstärkt der Duft von Orangen die Verwendung von Orange als Farbstütze. Auch versprühe ich gerne Orangen- und Ylang-Ylang-Essenzen als eine entspannende Gedächtnisstütze, die mich daran erinnert, mich auf das Gleichgewicht zu konzentrieren. So macht die Farbe Orange nicht nur das Gleichgewicht zur

Priorität, sondern der Orangenduft verleiht meinem Zuhause auch noch ein Gefühl der Sauberkeit und Frische.

- **Karotten.** Außer der Tatsache, dass Karotten eine gesunde Zwischenmahlzeit sind, haben sie auch noch einen der kräftigsten Orangetöne in der Natur.

Übung zur Aktivierung mit farbigen Gegenständen: Herbstlaub

Obwohl ich diese Übung am liebsten mache, wenn die Bäume im Herbst ihre Farbe wechseln, kann man Orange in der Natur auf vielen Wegen aktivieren.

1. Suchen Sie sich eine Stelle im Freien, wo Sie die Schönheit der Natur erforschen können. Geeignete Orte sind zum Beispiel ein Wald oder Park. Nehmen Sie sich vor, beim Umhergehen Ihre Energie zu zentrieren, um die Kraft von Orange auszulösen.

2. Versuchen Sie, etwas Orangefarbenes zu finden, was Sie mit nach Hause nehmen können. Dies können beispielsweise Steine, Holzstücke oder Blätter sein. Wenn Sie in einer Gegend wohnen, in der das Laub im Herbst seine Farbe verändert, haben Sie eine tolle Gelegenheit, prächtige orangefarbene Blätter zu sammeln. Danken Sie dem Universum dafür, dass es die orange Energie in Ihrem Geist bestätigt hat, wenn Sie etwas finden.

3. Andere Vorschläge für diese Übung:

    - Nehmen Sie eine orangefarbene Farbstütze mit und berühren Sie sie, während Sie in der Natur spazieren gehen.

- Wenn Sie etwas Orangefarbenes sehen, das Sie nicht mit nach Hause nehmen möchten, können Sie es als Erinnerung daran, dass ausgewogene Energie Ihre Umwelt so verschönert, fotografieren.

Die Schattenseite von Orange

Die Schattenseite von Orange zeigt sich in ungleichmäßiger oder zerstreuter Energie. Dies hat Probleme wie beispielsweise Unpünktlichkeit bei Terminen zur Folge. Möglicherweise fällt es Ihnen schwer, Gegenstände in Ihrem Heim oder an Ihrer Arbeitsstätte wiederzufinden. Wenn Sie zur Schattenseite von Orange neigen, dient der Entwurf Ihres idealen Tages als wertvolle Karte, mithilfe derer Sie Ihr inneres Gleichgewicht herstellen und Ihre Wahrnehmung schärfen können. Wenn Sie zerstreute oder ungleichmäßige Energie haben, steht ein Element Ihres Lebens zu sehr im Mittelpunkt. Dann könnten Sie sich entweder zu sehr mit etwas beschäftigen oder sich zu wenig mit Ihrer Mitte befassen.

Wenn Sie das orange Licht aktivieren, werden Sie als Erstes herausfinden, von welchem Lebensbereich Sie sich derzeit lenken lassen. Seien Sie sich darüber bewusst, dass Sie sich auf der Schattenseite von Orange überwältigt fühlen könnten, ohne die Zeit zu haben, das notwendige Gleichgewicht herzustellen. Meiner Erfahrung nach ist das jedoch das Mittel des Verstands, um uns in zerstreuter Energie verharren zu lassen. Selbst übermäßig beschäftigte Menschen haben ein wenig Zeit am Tag, die für den Ausgleich ihrer Energie genutzt werden könnte. Wenn Sie Ihre Freizeit mit Fernsehen oder am Smartphone verbringen, dann haben Sie auch die Zeit, andere Elemente Ihres Lebens auszugleichen.

Ein solches Bewusstsein urteilt nicht. In einer Sitzung beschreibe ich häufig eine Phase, in der jemand gerade ist. Eine berufliche Phase, eine Beziehungsphase, eine Familienphase oder eine Phase der Selbstfürsorge. Mit was auch immer Sie sich gerade identifizieren – es lenkt Ihre Gedanken und den Level Ihrer Energie. Während Sie mit der Farbe Orange arbeiten und sich weiterentwickeln, erinnert sie Sie auch daran, sich um die anderen Bereiche in Ihrem Leben zu kümmern und sich mit allen zu befassen, um ein Gefühl der Ausgewogenheit und Zufriedenheit herzustellen.

Kapitel 10

Rosa

EIGENSCHAFTEN: Vollkommenheit und bedingungslose Liebe

SCHATTENSEITE: Selbstkritik; Urteil über andere

Das selbstkritische, strahlende rosa Licht ist die Verkörperung der Vollkommenheit und bedingungsloser Liebe. Rosa strahlt eine warme, liebevolle Energie aus, die häufig bei Neugeborenen zu sehen ist. Wenn Sie je ein schlafendes Baby in den Armen gehalten haben, ging die Ruhe seiner friedlichen rosa Energie vermutlich auf Sie über. Der Grund dafür ist, dass Neugeborene noch keine der beschränkenden Gedanken und Überzeugungen erlernt haben, die die meisten von uns irgendwann im Leben übernehmen. Wie Sie sehen werden, kann man zu einer einfacheren und weniger kritischen Einstellung zurückkehren. Die Arbeit mit Rosa hilft uns, uns so zu sehen, wie Gott oder das Universum uns erschaffen hat: vollkommen.

Der Bezug zwischen Rosa und liebevoller Energie lässt sich auf wissenschaftliche und intuitive Weise beobachten. Beim Wohnen wendet Feng Shui insbesondere Rosa wegen seiner sanften und beruhigenden Wirkung auf unser Verhalten an. Feng-Shui-Berater gestalten auch die südwestliche Seite des Zuhauses in Rosa, da beides mit der Energie der Liebe und Ehe verbunden ist. In der Natur gehört Rosa zu den häufigsten Blumenfarben. Ihre Farbe dient dazu, Vögel und Insekten anzuziehen, die die Pflanzen durch Bestäubung nähren. Auch weist Rosa Raubtiere ab. Und selbst die Vögel und

Bienen werden automatisch von der warmen, liebevollen Energie von Rosa angezogen! Nach meiner intuitiven Erfahrung hilft Rosa uns dabei, mehr liebevolle Energie zu manifestieren.

Zahlreiche Untersuchungen in Europa und den USA zeigen, dass Rosa mit Höflichkeit, Fürsorge, Liebe und Romantik in Verbindung gebracht wird. Einen wissenschaftlichen Beweis für die Macht von Rosa liefert ein faszinierendes Experiment von Dr. Alexander Schauss, Ph. D., dem Direktor des American Institute for Biosocial and Medical Research in Tacoma, Washington. Dr. Schauss hat die Auswirkung von Farbe auf den Blutdruck und Puls untersucht und sich gefragt, ob ein bestimmter Rosaton das Verhalten gewalttätiger Krimineller beeinflussen kann. Er untersuchte, was geschehen würde, wenn die Innenwände bestimmter Gefängniszellen in einer Haftanstalt der Marine in einem Rosaton, der Baker-Miller-Pink genannt wird, gestrichen wären. Sein Ziel war es herauszufinden, wie die Gefangenen darauf reagieren. Das Ergebnis war überraschend. Aggressive Ausbrüche und gewalttätiges Verhalten nahm im Umfeld dieser warmen, angenehmen Farbe deutlich ab.[6] Wie andere Untersuchungen zeigten, lässt sich die beruhigende Wirkung von Rosa auf biometrische Daten und Verhalten innerhalb von nur 15 Minuten erreichen.[7]

Rosa trat in eine Phase, in der ich besonders selbstkritisch war, in mein Leben. Damals kämpfte ich als Jugendlicher gegen meine Pfunde an und hatte im Alter von 18 schon fast 50 Kilo Übergewicht. Auch wenn ich nicht stolz auf mein Benehmen in der nächsten Geschichte bin, ermöglicht ihre Lektion es mir, mich seitdem auf rosa Energie als einen Schub von Selbstliebe verlassen zu können.

Meine Erfahrung mit Rosa begann an einem kühlen Herbsttag in Dallas, als ich zwanzig war. Mein Freund Jeremy und ich setzten uns in mein VW-Cabrio, um zu Mittag zu essen und Shoppen zu gehen. Jeremy war wundervoll. Er war blond, witzig und unglaublich fit – die Hollywood-Verkörperung eines besten schwulen Freunds. Er war perfekt gekleidet und wirkte immer so, als wäre er gerade von einem Fotoshooting für Ralph Lauren zurück. Wenn wir zusammen waren, fühlte ich mich nie gut genug und war extrem selbstkritisch, weil ich im Vergleich zu ihm völlig aus der Form war.

„Oje, ich hab schon mindestens einen Monat lang kein Fitness mehr gemacht!“, stöhnte Jeremy während des Mittagessens und zwickte sich in den Waschbrettbauch.

„Einen Monat? Wow, ich mache fünf Tage die Woche anderthalb Stunden Fitness mit einem Trainer. Ich wünschte, ich hätte deine Muskeln.“

„Ach, das ist doch bloß, weil ich Anabolika nehme.“

Ich verschluckte mich beinahe an meinem Wasabi-Thunfischsalat, als er das sagte. Was für ein Gentleman er doch war! Es war, als würden wir über seine ultraweißen Zähne reden, und als hätte er gerade gesagt: „Ach, dir gefallen meine strahlend weißen Beißerchen? Das ist ganz einfach: Du brauchst bloß ein bisschen Crack zu rauchen!“

Ich hatte damals schon zwei Jahre lang auf die gute alte Methode abgenommen. Ich hatte meine Essgewohnheiten geändert. (Wie ich festgestellt hatte, ist es nicht unbedingt ratsam, jeden Tag Frühlingsrollen zu Mittag zu essen.) Ich machte regelmäßig Fitnessübungen und hob Gewichte. Doch wie jeder, der viele Kilo abgenommen hat, weiß, bleiben meist überall „Schwangerschaftsstreifen“ zurück. Heutzutage betrachte ich meine Hautstreifen als Ehrenabzeichen, doch damals tat ich das noch nicht. Statt mir selbst zu gratulieren, weil ich immer gesünder wurde, konzentrierte ich mich nur auf meine „Makel“. Ich war ganz weit weg von rosa Energie und steckte ziemlich tief in ihrer Schattenseite. Und so war ich nach einer kurzen Unterhaltung mit einem glamourösen Freund plötzlich bereit, mir Anabolika zu spritzen – in der Hoffnung, dadurch mehr Selbstbewusstsein und das Gefühl zu bekommen, es wert zu sein, geliebt zu werden.

Am Ende zahlte ich 600 Dollar (oder den Gegenwert für 300 Frühlingsrollen mit Entensauce) für zwei Anabolika-Zyklen. Als ich allein in meiner Wohnung auf der Couch saß, spritzte ich mir das Zeug in den Oberschenkel und spürte beinahe sofort, wie mir das Herz vor Scham schwer wurde. Ich schloss die Augen, atmete ein paarmal tief ein und wurde mir schlagartig meines höheren Selbst akut bewusst. Vor meinem geistigen Auge sah ich eine riesige Schwade aus rosa Licht, die um meinen Kopf herum wirbelte. Es war zwar nicht beabsichtigt, doch im Grunde aktivierte ich in diesem Augenblick Rosa spirituell und erdete seine Energie durch den Körper. Noch bevor ich begreifen konnte, was das bedeutete, stiegen mir die Tränen in die Augen.

Was tust du da?, fragte eine liebevolle Stimme in meinem Kopf, ohne mich zu verurteilen. Es war, als wäre die höchste Version meines Bewusstseins an die Oberfläche gestiegen.

Was tat ich da *wirklich?* Ich stand am Anfang meiner Kariere als spiritueller Berater. Ich unterrichtete die Integrierung von Selbstliebe in Seminaren und Workshops. Und dennoch saß ich hier und erlebte gerade einen der am wenigsten bedingungslosen liebevollen Augenblicke meines Lebens. Mit jedem Atemzug wurde das rosa Licht größer und größer. Ich fragte mein höheres Selbst, warum ich jetzt Rosa sah. Die Botschaft, die ich erhielt, lautete: *Du brauchst nichts an dir zu ändern; du bist vollkommen, so wie du bist.*

Nach meiner Meinung kommen wir alle mit einem inneren höheren Selbst auf die Welt. Unser höheres Selbst ist der Teil unseres Seins, der aus reiner Weisheit und vollkommener Liebe besteht. Stellen Sie es sich als die beste Version unseres Bewusstseins vor, als den Teil von uns, der mit der Quelle verbunden ist. Alltagsstress, Ängste und unser Ego machen es uns schwer, Verbundenheit zu unserem höheren Selbst herzustellen. Doch wenn wir den Verstand durch Meditation, Sport oder therapeutische Übungen ruhigstellen, wird es viel einfacher, sich mit dieser Weisheit zu verbinden. Vor allem Meditieren macht es leichter, den äußeren „Lärm“ auszuschalten, und lässt uns die Botschaften empfangen, die in unserem Interesse sind. An diesem Tag erlebte ich eine Meditative Aktivierung, und die Botschaft kam laut und deutlich herüber.

Ich nahm die Tüte mit Spritzen, ging zum Mülleimer und ließ sie hineinfallen. In den folgenden Tagen holte ich mir bei meiner Seelengruppe Hilfe. Ich nahm mir vor, nicht mehr so sehr zu Jeremy aufzusehen und ihn nur noch als Freund zu sehen, der seine eigenen Probleme hatte. Ich begann, täglich Rosa zu aktivieren, um meinen Selbstwert zu stärken und zu sehen, welche Botschaften ich dadurch erhalten würde. Nur noch von meiner Intuition umgeben, wurde die Botschaft von Rosa glasklar: Ich bin vollkommen, *so wie ich bin.* Natürlich war ich noch dabei, mich weiterzuentwickeln, und es wird immer Platz für Verbesserungen geben. Doch mehr als alles andere wollte ich authentisch sein. Die Ironie des Schicksals war, dass die 600 Dollar für die Anabolika am Ende vielleicht die beste Investition für eine Lektion im Leben waren.

Rosa Licht lässt nicht auf magische Weise unsere Selbstkritik verschwinden, sondern ermuntert uns stattdessen dazu, uns erneut auf die bedingungslose Selbstliebe zu konzentrieren. Statt in der Außenwelt Bestätigung zu suchen, lehrt Rosa uns, den Hunger nach Anerkennung zu stillen, indem wir uns *selbst* lieben und schätzen. Erst wenn wir das erreicht haben, können wir unsere wahre, angeborene Vollkommenheit erkennen.

Die rosa Lotusblüte gehört zu den wichtigsten symbolischen Bildern des Buddhismus, da sie mit dem großen Buddha selbst in Verbindung gebracht wird. Die rosa Lotusblume steht für die Weiterentwicklung der Seele aus dem primitiven „Schlamm“ unseres Ichs durch die Gewässer der sich entwickelnden Spiritualität hin zum liebevollen Sonnenlicht der Erleuchtung. Diese Blume schafft es nicht nur, unter schmutzigen, schlammigen Bedingungen zu überleben, sondern auch zu gedeihen.

Wie die Lotusblume müssen wir nicht versuchen, dem Schlamm unserer Selbstkritik zu entrinnen. Stattdessen ermöglicht Rosa es uns, Selbstkritik zur Kenntnis zu nehmen, und zeigt uns, wo in unserem Leben wir noch mehr Liebe brauchen. Rosa nützt uns, indem es uns eine neue Sichtweise schenkt und uns dazu bringt, unser inneres Wachstum über jede weitere Selbstkritik zu stellen. Die Realität ist, dass die meisten von uns immer mal wieder Selbstkritik an sich üben werden. Doch Rosa lässt die gütige innere Stimme, die uns bedingungslos liebt, lauter werden.

Aktivierung von Rosa

WEISS ICH MEINE ANGEBORENE VOLLKOMMENHEIT ZU SCHÄTZEN?

Rosa ist ein Heilbalsam, der den Verbrennungen unserer Selbstkritik entgegenwirkt. Wir leben in einer Gesellschaft, die dazu neigt, das Gefühl zu vermitteln, wir wären nicht gut genug, und aus diesem Grund ist Rosa so nützlich. Ob im Bereich des Aussehens, des Geldes, des gesellschaftlichen Status oder der Karriereziele – Rosa hilft uns, den Drang, uns kritisch mit anderen zu vergleichen, abzuschütteln.

Wir werden regelmäßig von den retuschierten Bildern von Models oder Promis bombardiert, die in Zeitschriften und Werbeanzeigen „perfekt“ aussehen. Die Explosion der sozialen Medien hat diese

Entwicklung noch gestärkt und weiter verbreitet. In der heutigen Welt werden wir mit unendlichen Gelegenheiten, uns mit anderen zu vergleichen, überschwemmt. Kindheitsfreunde und Kommilitonen, Verwandte, Kollegen und sogar Fremde stellen ihr beneidenswertes Leben – oder zumindest die Version ihres Lebens, die andere sehen sollen – zur Schau.

Rosa Licht ruft Sie dazu auf, sich selbst zu schätzen und Ihre eigene *persönliche* Vollkommenheit zu erreichen. Wenn Sie Rosa durch Visualisieren oder die folgenden Übungen aktivieren, gibt es niemanden, mit dem Sie sich vergleichen können, und nichts, weswegen Sie sich minderwertig fühlen müssen. Nur Sie sind da, und Sie sind genau da, wo Sie auf Ihrer Reise sein sollen.

Jeder von uns ist ein einzigartiger Ausdruck von Energie. Wie Sie sicher wissen, sind keine zwei Schneeflocken identisch, und dasselbe gilt auch für die Seelenenergie. Durch Rosa nehmen wir uns die Zeit, uns selbst zu lieben und unsere Einzigartigkeit zu erkennen.

Rosa vermittelt Ihnen einen Extraschub an Selbstvertrauen. Wenn Sie mit Rosa meditieren, kann es passieren, dass andere Ihnen Komplimente machen und „zufällig" erwähnen, wie Sie ihr Leben und/oder die Welt bereichern. *Nehmen Sie diese Komplimente an.* Bedanken Sie sich einfach und versuchen Sie, die Liebe zu genießen, die auf Sie gerichtet ist. Lassen Sie zu, dass Sie gesehen und geschätzt werden.

Wenn Sie dazu neigen, übermäßig selbstkritisch zu sein, stellen Sie anfangs möglicherweise verstärkte Selbstkritik fest. Das ist nur die Reinigung von negativer Energie. Wie bei einer Entschlackungskur durch Obstsäfte erleben Sie möglicherweise eine unangenehme Anfangsphase, in der Ihr Bewusstsein die schädliche Selbstkritik loslässt. Der Verstand verschwendet eben viel Zeit darauf, das zu widerlegen, was die Seele längst weiß: nämlich dass Sie so, wie Sie sind, vollkommen sind.

Meditative Aktivierung

Die Meditative Aktivierung von Rosa kann zu einer emotionalen Erfahrung werden. Wenn Sie in der Vergangenheit selbstkritisch waren (und in einem gewissen Ausmaß trifft das auf viele von uns zu), dann kann das Eintauchen in liebevolles rosa Licht alle möglichen Gefühle zum Vorschein bringen. Das kann Erleichterung, Liebe und Glückseligkeit sein, aber ebenso auch Widerstand, Wut und Reue. Das Gehirn und das Ich sind sehr intelligent und wenden häufig Täuschungsmanöver an, um uns die notwendige Liebe zu verwehren. Das Ziel bei Rosa ist es, sich von der Wahrheit Ihrer Vollkommenheit überfluten zu lassen. Sie brauchen nichts zu tun, um Liebe verdient zu haben; schließlich haben Sie ein Geburtsrecht auf Liebe.

Eine Anmerkung zu Komplimenten: Manchmal ist es aus falscher Bescheidenheit heraus leichter, die freundlichen Worte anderer abzuwiegeln oder zurückzuweisen. Doch das ist nur ein weiteres Mittel des Verstands, Ihnen Liebe zu verweigern, und sollte vermieden werden. Wenn Ihnen jemand etwas Nettes sagt, dann versuchen Sie, es wirklich anzunehmen und zu absorbieren. Die Person sendet Ihnen in diesem Augenblick rosa Energie, und es liegt an Ihnen, ob Sie sie zulassen oder nicht. Komplimente anzunehmen erleichtert es Ihnen, sich umzuorientieren und den Verstand in Hinsicht auf Selbstliebe neu zu trainieren.

Übung zur Meditativen Aktivierung: Nehmen Sie das Kompliment an

Wählen Sie für diese Übung einen engen Freund oder Verwandten aus, bei dem Sie sich sicher fühlen. Erklären Sie ihm den Prozess der Selbstliebe, an dem Sie gerade arbeiten, damit er Ihr Ziel versteht und Ihnen als hilfreicher Spiegel dienen kann.

1. Setzen Sie sich Ihrem Partner gegenüber hin und vollziehen Sie gemeinsam den spirituellen Aktivierungsprozess von Rosa. (Es ist ratsam, vorher zu erklären, was die Meditative Aktivierung ist und wie die rosa Energie durch den Körper geerdet wird.)
2. Wenn Sie beide bereit sind, dann bitten Sie ihn, die Eigenschaften zu nennen, die er an Ihnen am meisten schätzt. Sorgen Sie dafür, dass er genug Zeit für die Antwort hat. Versuchen Sie nicht, diesen Prozess zu beschleunigen.
3. Sehen Sie ihm direkt in die Augen und unterbrechen Sie ihn nicht beim Sprechen. Selbstkritik veranlasst uns manchmal, ein Kompliment abzuwürgen, weil es uns unangenehm ist, Liebe anzunehmen. Achten Sie darauf, dass Sie nicht auf diese Weise den Fluss der rosa Energie blockieren.
4. Erden Sie weiterhin rosa Energie durch den Körper, um den Prozess anzuregen, und stellen Sie sich dabei vor, in Rosa gehüllt zu sein, während Ihr Partner spricht. Lassen Sie sich bewusst vom rosa Licht mit liebevoller Selbstakzeptanz erfüllen.
5. Und dann müssen Sie *das Kompliment annehmen.* Sagen Sie nichts als „Danke", wenn Ihr Partner die Frage be-

antwortet hat. Geben Sie Ihr Bestes, um die Liebe, die Ihnen zuteilwird, zu absorbieren. Es kann hilfreich sein, am Ende die Augen für einen Moment zu schließen und ein paar Mal tief einzuatmen, während Sie die Informationen aufnehmen. Lassen Sie sich von der rosa Energie mit Liebe erfüllen, die Sie nutzen können. Lenken Sie nicht vom Kompliment ab und wechseln Sie nicht das Thema. Wenn Ihr Partner Ihre schönen Augen und Ihren tollen Humor mag, dann versuchen Sie, dies so tief wie möglich zu absorbieren. Wenn er dazu bereit ist, können Sie den Vorgang wiederholen, indem Sie die Plätze tauschen und *ihm* ein Kompliment machen.

INTUITIVE AKTIVIERUNG

Viele von uns sind so an negative Selbstkritik gewöhnt, dass wir uns ihrer noch nicht einmal bewusst sind. Wissen Sie, ob Ihr innerer Kritiker sich eher wie ein pöbelnder Jugendlicher oder wie Joan Crawford in dem Buch *Meine liebe Rabenmutter* benimmt, in dem sie Ihr inneres Kind anschreit? In jedem Fall können Sie sich enorm helfen, indem Sie sich vollkommen bewusst machen, wie oft solche Gedanken in Ihrem Kopf herumschwirren.

Die Ironie an negativen Selbstgesprächen ist, dass wir sie sogar dazu nutzen, um Nähe zu anderen aufzubauen. Das ist die Schattenseite von Rosa, die sich so in unser Bewusstsein schleicht. Es kommt nicht selten vor, dass Freunde bei dem fälschlichen Versuch, sich verbunden zu fühlen, gemeinsam über die Dinge jammern, die sie an sich selbst nicht ausstehen können. Wenn Ihre Schwester sagt: „Ich hasse meine Oberschenkel“, dann brauchen Sie nicht Ihren eigenen Körper zu kritisieren, um sich ihr näher zu fühlen. Viel wirksamer ist es, rosa Energie zu nutzen und Ihrer Schwester in Form einer

Aussage wie „Du bist schön, und deine Oberschenkel sind es auch!“ zu senden.

ÜBUNG ZUR INTUITIVEN AKTIVIERUNG: SPÜREN SIE IHRE VOLLKOMMENHEIT AUF

Für diejenigen unter uns, die mit einem schwachen Selbstbewusstsein zu kämpfen haben, ist die Angewohnheit der negativen Selbstkritik so tief verwurzelt, dass es ihnen gar nicht bewusst ist. Wir neigen dazu, viel großzügiger mit anderen umzugehen als mit uns selbst. Doch nach meiner Erfahrung ist es reine Zeitverschwendung, den inneren Kritiker zum Schweigen bringen zu wollen, da er ein Teil von uns ist. Viel wirkungsvoller ist es, solche Gedanken ans Tageslicht zu bringen, indem wir unserem Bewusstsein positive Botschaften hinzufügen. Bei dieser Übung nutzen Sie die Kraft von Rosa über den Tag, indem Sie Ihrem Bewusstsein absichtlich eine Botschaft der Selbstliebe einimpfen.

1. Nehmen Sie sich vor, es jedes Mal bewusst wahrzunehmen, wenn in Ihrem Alltag Rosa auftaucht. Manchmal versäumen wir die Botschaften des Universums, weil wir sie nicht erkennen können. Sie können als Erinnerung an diese Übung eine Farbstütze verwenden.

2. Rufen Sie sich jedes Mal, wenn Sie Rosa wahrnehmen, etwas ins Gedächtnis, das Sie in den letzten Tagen vollbracht haben und auf das Sie richtig stolz sind. Dies können Sie tun, indem Sie es wie eine Affirmation in Gedanken wiederholen oder es aufschreiben. Zum Beispiel: *Ich habe fleißig für die Abschlussprüfung gelernt und bin stolz auf mein Engagement.*

3. Eine Variante dieser Übung ist, die rosa Affirmation (siehe unten) jedes Mal, wenn Sie im Leben Rosa sehen, zu wiederholen.

Der Sinn der Übung ist, Ihre kritischen Gedanken mehr auf produktive und positive Lebensbereiche zu lenken. Je mehr Sie Rosa aktivieren, umso mehr werden Sie sich daran gewöhnen, Ihre negativen Gedanken durch positive zu verwässern. Wenn Sie sich daran gewöhnt haben, auf diese Weise Rosa zu aktivieren, sollte die Wahrnehmung dieser Farbe sofort einen positiven Gedanken in Ihnen auslösen. Die Übung wirkt dem Drang entgegen, sich zu sehr auf etwas zu konzentrieren, was Ihnen an sich nicht gefällt.

Hier ist ein ganz reales Beispiel, wie ich diese Übung umgesetzt habe: Mein Gewicht war immer mein persönlicher Lebenskampf, und ich bekomme die Schattenseite von Rosa am beharrlichsten zu spüren, wenn es um mein Äußeres geht. Wenn ich einen freien Tag habe und jemand einen Schnappschuss von mir macht und mir das Bild zeigt, denke ich sofort: *Schau dich doch bloß an, du alter Fettsack!* Dann versucht mein Ich, mich davon zu überzeugen, dass ich nur Witze mache, doch Humor, bei dem man sich selbst degradiert, kann genauso zerstörerisch sein wie negative Selbstkritik. Das ist zwar nichts, worauf ich stolz sein kann, doch ich will nur ehrlich zu Ihnen sein.

Bei dieser Übung lasse ich mich von Rosa an die positiven Mittel erinnern, mit denen ich mich um meine Gesundheit kümmere. Wenn ich in den Supermarkt gehe und jemand dort eine rosa Bluse anhat, dann erinnert mich das zum Beispiel daran, wie stolz ich darauf bin, dass ich heute Frühsport getrieben habe. Oder ich gratuliere mir zu dem gesunden Abendessen, das ich heute Abend kochen will. Vielleicht wende ich auch nur die rosa Affirmation der Selbstliebe an. Auch wenn ich die Stimme, die meinen Körper kritisieren will, nicht unbedingt zum Schweigen bringen kann, kann ich dennoch selbst entscheiden, worauf ich mich konzentriere. Schließlich habe ich es geschafft, stark abzunehmen und mein Gewicht zu halten, und ich lasse mir diese Leistung nicht von negativer Selbstkritik kleinreden.

Diese Methode zielt nicht darauf ab, den negativen Gedanken völlig loszuwerden. Es geht vielmehr darum, eine Dosis positiver rosa Energie hinzuzufügen, um den Gedanken auszugleichen und in eine andere Richtung zu lenken.

Die rosa Affirmation

ICH BIN, SO WIE ICH BIN, VOLLKOMMEN.

Aktivierung mit farbigen Gegenständen

Zur Erinnerung: Eine Farbstütze kann jeder Gegenstand sein, den Sie verwenden, um die Farbe zu aktivieren, mit der Sie gerade arbeiten (in diesem Fall ist das Rosa). Sie sollten sich unterschiedliche rosa Dinge aussuchen, die Sie an die rosa Energie erinnern, wann immer Sie sie ansehen. Wenn Sie Ihre Farbstützen ausgewählt haben, müssen Sie Ihre Absicht, Selbstakzeptanz und bedingungslose Selbstliebe zu verbessern, auf sie übertragen.

Dies ist genau die richtige Zeit, um kreativ zu werden und Farbstützen auszusuchen, die Sie wirklich inspirieren! Wenn Sie tagsüber die Gegenstände bemerken, sollen sie Sie an Ihre naturgegebene Vollkommenheit und Selbstliebe erinnern. Ich verwende gern die folgende Affirmation, wenn ich meine Absicht auf eine Farbstütze übertrage: *Lass das Licht die Quelle der Heilung sein.* Das erinnert mich daran, mir den Druck zu nehmen und die Farbe einfach ihre Arbeit machen zu lassen.

Rosa Farbstützen, die Sie in den Alltag einbauen können, sind zum Beispiel:

- **Rosa Nagellack.** Eine wirksame Farbstütze, wenn Sie gerne Nagellack tragen, da Sie die Farbe jedes Mal wahrnehmen, wenn Sie auf Ihre Hände sehen. Sie können Ihren Körper jedoch mit allen möglichen rosa Dingen schmücken. Ich ziehe oft ein rosa Hemd an, wenn ich besonders liebevoll zu mir sein will. Und wie ich bemerkt habe, scheint es auch *andere* glücklich zu machen, wenn ich Rosa trage.
- **Ein rosa Stift oder Markierer für Notizen.** Für mein Tagebuch verwende ich gern rosa Tinte als visuelle Erinnerung an meine bedingungslose Selbstliebe.
- **Rosa Glühbirnen.** Auch wenn man normalerweise keine brennende Glühbirne anfasst, führe ich sie auf, da sie eine tolle Methode sind, um Farbenergie in Ihre Umgebung zu bringen. Rosa Glühbirnen erhält man in vielen Geschäften, und sie tauchen jeden Raum in rosa Energie. Als schöner Nebeneffekt verleiht rosa Licht Ihnen einen gesunden Hautton!

Übung zur Aktivierung mit farbigen Gegenständen: Das Tagebuch der Selbstdankbarkeit

In einem Dankbarkeitstagebuch listen wir die guten Dinge im Leben auf, für die wir dankbar sind. Bei einem Selbstdankbarkeitstagebuch verstärken wir die positiven Wirkungen von Rosa, indem wir auf dieser Liste nur das Gute in uns aufführen. Wir können den positiven Effekt eines Dankbarkeitstagebuchs noch erhöhen, indem wir diese Gefühle mit unserer Farbstütze verbinden, um tagsüber an unsere Dankbarkeit erinnert zu werden.

Denken Sie an etwas, das Sie an sich lieben, und berühren Sie dabei Ihre Farbstütze. Notieren Sie es dann in Ihrem Tagebuch. Wenn Sie sich selbst „auf die Schulter klopfen“, erinnert die rosa Energie Sie daran, einen Schritt zurückzutreten und zu sehen, wie weit Sie schon gekommen sind. Versuchen Sie, sehr großzügig mit sich selbst zu sein. Wenn es Ihnen schwerfällt, etwas Gutes über sich zu finden, ist das ein deutliches Signal, dass Sie sich auf der Schattenseite von Rosa befinden. Ich spreche hier für Rosa und erinnere Sie daran, dass Sie, *so wie Sie sind,* liebenswert, wertvoll und vollkommen sind.

Behalten Sie die Farbstütze für den Rest des Tages bei sich und erinnern Sie sich jedes Mal, wenn Sie sie berühren, an die Eigenschaft auf Ihrer Selbstdankbarkeitsliste. Das Ziel der Übung ist, Ihren Motor der Selbstliebe anzuwerfen und ihn daran zu gewöhnen, auf Höchstgeschwindigkeit zu laufen. Vielleicht lieben Sie Ihren Humor und Ihre künstlerische Begabung, oder vielleicht sitzt heute auch nur Ihre Frisur perfekt! Das rosa Licht ermöglicht es Ihnen, sich selbst zu würdigen und in Einklang mit Ihrer einzigartigen Vollkommenheit zu gelangen.

Die folgenden Fragen helfen bei der Übung, doch listen Sie einfach auf, was Ihnen einfällt. Fragen Sie sich:

- Mit welchen Aspekten meiner selbst bin ich am glücklichsten?
- Welche Bereiche meines Lebens gedeihen/laufen gut?
- Was an mir ist besonders?
- Für was habe ich eine Begabung?
- Was habe ich der Welt zu bieten?
- Bin ich einfühlsam? Habe ich die Gabe, dafür zu sorgen, dass andere sich wohlfühlen?

Vergessen Sie nicht: Die Schattenseite von Rosa könnte versuchen, Sie daran zu hindern, sich auf diese Weise zu würdigen. Sie brauchen sie nicht zu bekämpfen oder zum Schweigen zu bringen; Sie müssen sich nur darüber im Klaren sein, dass diese Stimme nicht Ihr höchstes Selbst ist. Jeder Mensch ist ein einzigartiger Ausdruck von Energie. Durch die Farbe Rosa nehmen Sie sich die Zeit, alles an sich zu lieben und die Vollkommenheit Ihres einzigartigen „Schneeflockenwesens" zu erkennen.

DIE SCHATTENSEITE VON ROSA

Die Schattenseite von Rosa ist Selbstkritik und kann sich auch als überkritisch gegenüber anderen manifestieren. Es gibt viele Anzeichen dafür, dass jemand mit rosa Energie zu kämpfen hat, wie beispielsweise Depressionen, Essstörungen oder die Sucht nach Schönheitsoperationen. Wenn Sie zur Schattenseite von Rosa neigen, widerstrebt es Ihnen, Ihre eigene Stärke, Schönheit und Macht anzuerkennen. Manche der Übungen können dies auslösen; dann glaubt Ihr Verstand, Sie seien nicht authentisch und würden Ihre „Makel" nur ignorieren. Widerstand entsteht häufig beim Versuch, den Zugang zur Selbstliebe zu bekommen. Der Fehler, den viele Leute machen, ist zu versuchen, dieser Negativität zu widersprechen. Das Geheimnis liegt darin, zu wissen, dass sie nur gedeihen kann, wenn Sie sich mit ihr befassen.

Es ist wichtig, sich in Erinnerung zu rufen, dass ein tiefes Gefühl der Ruhe, des Friedens und der Gelassenheit eine Kernwahrheit Ihres Wesens ist. Selbstliebe bedeutet nicht, dass Sie nie negative Gedanken hätten. Stattdessen hilft Rosa Ihnen, Ihre dominante Stimme zu trainieren, liebevoller und positiver zu werden. Wenn Sie zur Schattenseite von Rosa neigen, brauchen Sie Geduld. Rosa wird anfangs einige Ihrer selbstkritischen Gedanken noch betonen, wenn sie im

Übermaß vorhanden sind. Und danach wird es sie bei ruhigem Bewusstsein durch positivere Gedanken ersetzen.

Wenn Sie merken, dass negative Gedanken bei der Aktivierung von Rosa auftauchen, dann kämpfen Sie nicht dagegen an und kritisieren Sie sich auch nicht dafür, dass Sie so etwas denken. Erinnern Sie sich stattdessen daran, dass Sie genau der Mensch sind, der Sie sein sollen, dass Sie genau an dem Ort sind, an dem Sie sein sollen, und dass Sie Ihren Lebensweg perfekt gehen. Lassen Sie sich von der liebevollen, fürsorglichen rosa Energie überfluten.

Versuchen Sie diese Woche, den Fokus auf das „Schulterklopfen" zu richten. Rosa Licht erinnert uns daran, einen Schritt zurückzutreten und zu sehen, wie weit wir schon gekommen sind. Erlauben Sie sich, mit sich selbst zufrieden zu sein.

Kapitel 11

Minzgrün

EIGENSCHAFTEN: Begeisterung, Veränderung und Lebenskraft

SCHATTENSEITE: Hyperaktivität, Ängstlichkeit und schlechte Gesundheit

Minzgrün wird mit Wachstum aller Art in Verbindung gebracht. So wie die Minzpflanze selbst erobert auch Minzgrün mit Leichtigkeit die Erde, um zu wachsen und zu gedeihen. Für mich ist das ein Symbol dafür, wie ich die hellgrüne Energie sehe, da unser Körper sich ständig regeneriert. Da Hellgrün die Farbe junger Pflanzen und Blätter ist, ist es gewöhnlich auch die Farbe, die mit dem neuen Leben in der Natur in Verbindung gebracht wird. Die grüne Farbe der Pflanzen wird hauptsächlich von der chemischen Substanz Chlorophyll erzeugt, die es den Pflanzen ermöglicht, Sonnenlicht in verwertbare Energie umzuwandeln. Grün hilft also buchstäblich allen Lebewesen, zu wachsen und zu dem zu werden, was das Universum für sie vorgesehen hat.

In vielen Sprachen hat sogar das Wort *grün* dieselben Wurzeln wie das Wort *wachsen,* was diese Verbindung noch weiter bestätigt. In den germanischen, romanischen, slawischen und hellenischen Sprachen finden sich Wörter für Grün, die ihren Ursprung in Begriffen für gesunde, lebende Pflanzen haben. Das japanische Wort für Grün ist *midori,* das sich aus dem Wort *midoru* – „blühen“ oder „wachsen“ – entwickelt hat.

Historisch gesehen wird Hellgrün mit neuem Leben und Wachstum assoziiert. Im alten Rom war Grün die Farbe der Venus, der Göttin der Gärten und des Gemüses. Die alten Ägypter brachten Grün mit der neuen Ernte, die durch die jährliche Überschwemmung des Nils entstand, in Verbindung. Darüber hinaus zeigen ägyptische Hieroglyphen für die Farbe Grün eine wachsende Papyrussprosse, während der Gott Osiris auf Wandmalereien mit grünem Gesicht abgebildet ist, was das Symbol für gute Gesundheit und Wiedergeburt war. In China gilt Grün seit Langem als Hoffnungsfarbe, die für Fruchtbarkeit und Glück steht.

„Elektrisiertes Minzgrün" klingt vielleicht seltsam als Beschreibung dieser Farbe, doch damit lässt sich am besten erklären, wie ich diese Energie um die Menschen herum sehe. Und nicht nur das – Minzgrün ist eine der wenigen Farben, die ich schon fast *hören* kann. Es ist so sehr voll neuen Lebens, dass es von einer Art Summen begleitet wird. Wenn ich Seminare über Farbenergie halte, beende ich sie immer mit Minzgrün als letzter Farbe. Minzgrün steht für Veränderung und neue Chancen. Deshalb hebe ich diese Farbe für den Schluss auf, denn es ist genau die Energie, mit der ich mich von Ihnen verabschieden möchte.

Unsere Reise durch die Welt der Farben hat es uns ermöglicht, viele Elemente der Seele näher zu erforschen und hervorzuholen. Daher scheint es sinnvoll, uns nun mit den Veränderungen in unserem Leben, die diese Farbe möglich macht, zu befassen.

Minzgrün symbolisiert unsere Lebenskraft, die häufig auch *Chi* oder *Prana* genannt wird. Ich sehe diese Farbe als die Lebensenergie an, die aus unserer Seele strahlt. Minzgrün ist die unmittelbare Reflexion unserer Gesundheit und unseres Wohlbefindens, aber das ist noch nicht alles. Es überschreitet die Grenze des Wohlbefindens und spiegelt außerdem, wie wir unser persönliches Wachstum auf Erden angehen. Begeisterung ist ein starkes Element von Minzgrün. Wenn diese Farbe im Energiefeld einer Person dominiert, kann sie andere wirksam anfeuern und ist gut im Umsetzen von Dingen. Minzgrüne Energie ist in jeder Situation willkommen, da sie jedem das Gefühl gibt, dass alles möglich ist. Wenn Sie schon jemals die Hausarbeit zu einer spontanen Tanzparty gemacht haben, dann haben Sie damit einen Schuss dieser spaßliebenden Energie generiert. Ich scherze oft, dass ein minzgrüner Mensch, dem Sie von Ihrem Hausflohmarkt erzählen, als Erster mit Kaffee, Schildern, Musik und Snacks auf Ihrer Matte stehen wird.

In meiner Privatpraxis sehe ich häufig Minzgrün um Schwangere herum. Minzgrüne Energie ist so mit Leben angefüllt, dass angehende Mütter es buchstäblich ausstrahlen, während in ihnen ein neues Leben heranwächst. Minzgrün fühlt sich wie „kosmisches Koffein" an. Es vibriert so schnell, dass ich es beinahe hören kann. Sein Klang wirkt nicht ablenkend, sondern ist wie Vogelzwitschern oder Wellenschlag – eine feine und wunderschöne Erinnerung daran, dass wir am Leben sind.

Mein Klient Kenneth kam viele Jahre zu mir. Er war von Natur aus voller Energie und Kreativität und arbeitete als Friseur, der immer gerade irgendwas *machte*. Kenneth hatte seine schwere Drogensucht überwunden und steckte wie viele Entwöhnte nun einen Großteil seiner Energie in die Arbeit. Ich hatte ihm geraten, seinen eigenen Haarsalon zu eröffnen, und sein Salon war sehr erfolgreich.

Bei den meisten Klienten ändern sich die Farben, die sie einhüllen, aufgrund anderer Lebensumstände im Laufe der Zeit. Doch bei Kenneth war das nicht der Fall. Er war ständig vom selben summenden minzgrünen Farbton umgeben – fast wie ein Kolibri. „Dougall, ich scheine nie runterkommen zu können", klagte Kenneth.

„Was meinen Sie damit?"

„Alles läuft super; das Geschäft boomt. Eigentlich bin ich glücklich, aber es fällt mir schwer, mich zu entspannen, und ich mache mir zu viele Sorgen."

„Ich verstehe. Manchmal ist es schwer, die Lautstärke des Alltags herunterzuschrauben. Meditieren Sie?"

„Machen Sie Witze? Jedes Mal, wenn ich zu meditieren versuche, hören meine Finger nicht auf zu trommeln und meine Füße bleiben nicht ruhig."

Das ist noch so ein interessanter Aspekt von Minzgrün. Die Farbe brummt vor Energie, doch manchmal kann die Energie zu viel werden, wenn sie unkontrolliert fließt. Vielleicht erinnern Sie sich noch an Mitschüler, die im Unterricht immer wieder mit den Füßen wippten. Sie konnten nicht lange stillsitzen und sich konzentrieren und wirkten, als würden sie gleich vom Stuhl hochspringen. So fühlt sich zu viel Minzgrün an.

Minzgrün ist super, solange man weiß, wie (und wann) man es abschaltet. Kenneths minzgrüne Energie sprudelte über, und er schien den „Aus-Schalter" nicht zu finden.

Wie bei jeder Farbe hat auch die minzgrüne Energie zwei Seiten. Für Menschen wie mich ist es einfach, ihre Mitte durch Meditation zu finden. Andererseits neige ich auch etwas zu Trägheit, wenn ich nicht aufpasse. Eine Dosis Minzgrün gibt mir die Energie für Aktivitäten. Ich aktiviere diese Farbe häufig für einen Energieschub, bevor ich ins Fitnessstudio gehe. Für Menschen wie Kenneth, der Unmengen an minzgrüner Energie hat, ist Stillsitzen und Meditieren schon fast eine Tortur. Seine Energie kann zur Schattenseite von Minzgrün neigen, die sich bei ihm als Hyperaktivität und etwas ängstlicher Nervosität zeigt. Menschen mit so viel Energie weisen häufig einen schnellen Stoffwechsel auf. (Für jemanden wie mich, der schon über

45 Kilo abnehmen musste, klingt das wie ein beneidenswertes Problem!)

„Kenneth, Ihre Aura strahlt immer elektrisierendes Minzgrün aus. Eine Unmenge an Energie zu haben ist zwar eine Supersache und Sie nutzen sie auch, um Ihr Leben nach Ihren Wünschen zu gestalten. Durch Ihre Energie konnten Sie ein blühendes Geschäft aufbauen, in dem Ihr ganzes Herzblut steckt, was sich die meisten von uns wünschen. Doch ständig vor Energie zu bersten ist nicht nachhaltig. Es klingt, als hätten Sie es mit einem Ungleichgewicht an minzgrüner Energie zu tun. Ihr Körper weiß das, und deswegen fühlen Sie sich allmählich wie ausgebrannt. Wir müssen Sie wieder ins Gleichgewicht bringen. Da Ihr Körper einen so dominanten Teil Ihrer Energie ausmacht, müssen wir eine Routine entwickeln, mit der Sie die Energie herunterschalten und Ihre Mitte finden können."

„Ich weiß nicht, wie ich das bewerkstelligen soll. Ich habe das Gefühl, als würde mein Verstand mich ständig davon abhalten, mich zu entspannen – sogar wenn ich versuche, stillzusitzen und zu meditieren."

Solche selbstauferlegten Urteile, wie unsere Spiritualität auszusehen hat, höre ich von vielen Leuten. Es gibt viele verschiedene Wege zum Frieden und zur Erleuchtung. Ich glaube, jede Seele auf Erden hat eine einzigartige Sichtweise darüber, wie sie ihr persönliches Gleichgewicht und ihre Mitte finden kann. Von einer minzgrünen Energie, wie Kenneth sie hat, kann ich viel lernen. Dynamik, Lebenskraft und Energie fallen ihm sozusagen in den Schoß. Minzgrüne Persönlichkeiten springen morgens aus dem Bett, da sie ganz klassische Morgenmenschen sind. Mein eigener Energietypus entspricht natürlich eher einer Aurafarbe, die Vanillemilch ähnelt – vorzugsweise auf einem gemütlichen Sofa serviert, während ich mich zwei Stunden lang entspanne und über die Tagesereignisse meditiere. Anschließend wäre ich vielleicht motiviert genug, diese Art von Energie zu generieren.

„Wann ist es Ihrem Gefühl nach am schwersten, Ihre Mitte zu finden?“, fragte ich Kenneth.

„Meistens abends. Ich weiß, dass ich produktiv war und einen erfüllten Tag hatte, und trotzdem kommt mein Kopf nicht zur Ruhe. Ich habe immer das Gefühl, irgendwas vergessen zu haben oder noch mehr tun zu können. Einige meiner Freunde sagen, ich wirke nervös.“

Wie mir klar wurde, hätte Stillsitzen und die Meditative Aktivierung von Minzgrün Kenneth nur noch mehr abgelenkt. Also riet ich ihm stattdessen zu einer Methode, mit der er seine natürliche Energie nutzen und in eine gesunde Beziehung zu Minzgrün lenken könnte.

„Kenneth, wir wollen versuchen, Ihren natürlichen Rhythmus mit einzubeziehen. Ich würde gerne eine Mischung aus Fitness und Meditation testen. Daher möchte ich, dass Sie sich einen Sport aussuchen und sich vornehmen, während des Sports zu visualisieren, wie minzgrüne Energie durch Ihren Körper fließt. Suchen Sie sich etwas aus, bei dem Sie die Energie loswerden und gleichzeitig den Verstand zur Ruhe bringen können. Und versuchen Sie, sich keine Sportart oder Fitnessübung auszusuchen, bei der Sie mit anderen reden müssen. Normalerweise ist es zwar gut, sich mit anderen auszutauschen, doch wir wollen diese Zeit als stille Meditation für Sie nutzen. Joggen, Yoga oder Spinning sind zum Beispiel Sportarten, die sich gut mit der spirituellen Aktivierung verbinden lassen. Atmen Sie vor Beginn ein paar Mal tief durch und visualisieren Sie minzgrünes Licht über Ihrem Kopf. Stellen Sie sich dann während des Sports vor, es würde durch Ihren Körper fließen.“

Ich bezweckte damit, dass Kenneth seine natürliche Chemie in den Versuch, sie auszugleichen, mit einbezog. In seinem Fall strömte sehr viel Energie durch sein Wesen hindurch, die er irgendwie loswerden musste. Auf der spirituellen Ebene wirkte es, als hätte er nach der Überwindung seiner Sucht ein Übermaß an konzentrierter Energie zurückbehalten, die er natürlich in andere Bahnen lenken musste. Kenneth kritisierte sich selbst dafür, dass er nicht auf normale Weise meditieren konnte, und ich wollte ihm helfen, sich von diesem selbstauferlegten Zwang zu befreien. Durch das Loslassen der Erwartung, wie er Frieden finden und in Einklang mit seiner natürlichen Energie kommen könnte, würde er nach meiner Einschätzung am besten zu seiner Mitte finden.

In der darauffolgenden Woche kam Kenneth zur nächsten Sitzung. Er konnte es kaum erwarten, mir zu berichten, wie es gelaufen war.

„Wow, Dougall, es war eine hochinteressante Erfahrung."

„Erzählen Sie mir alles!"

„Ich habe mir vorgenommen, jeden Tag eine Dreiviertelstunde zu laufen. Sport ist für mich nichts Neues, aber gewöhnlich mache ich mit Freunden zusammen Sport. Ich gehe regelmäßig ins Fitnessstudio und laufe dort entweder auf dem Laufband oder mache in einer Gruppe mit, aber immer mit Freunden. Statt beim Laufen Musik zu hören oder es mit einem Freund zusammen zu machen, habe ich diesmal auf Sie gehört und das Laufen zu meiner Meditation gemacht. Ich ging in den Park und stellte mir Minzgrün vor, während ich um den Wasserspeicher lief. Hinterher habe ich mich jedes Mal ruhiger und entspannter gefühlt. Auch wenn ich mir normalerweise unter einer Meditation was anderes vorstelle, habe ich gemerkt, dass es mir geholfen hat, den Kopf auszuschalten. Und am Ende der Woche war es interessant festzustellen, wie sehr ich mich selber verurteilt habe."

„Was meinen Sie damit?"

„Als ich noch ein Kind war, hat sich meine Familie immer darüber lustig gemacht, dass ich nicht stillsitzen konnte. Sie haben mich den ‚verrückten Kenneth' genannt. Auf langen Autofahrten klopfte ich ans Autofenster, ohne es zu merken. So konnte ich mich ablenken, bis es einen der anderen genervt hat. Und bei Familienfeiern bin ich immer hin und her gelaufen. Sogar in der Schule hatte ich Probleme, weil ich zu sehr herumgezappelt habe. Damals wusste man noch nichts über ADS [Aufmerksamkeits-Defizit-Syndrom], und alle glaubten, ich würde einfach nicht gern zur Schule gehen. Ich glaube, ich bin nie wirklich darüber hinweggekommen, mit wie viel Scham meine Energie verbunden war. Die Erfahrung in der letzten Woche hat meine Einstellung dazu total geändert. Statt meinen Energielevel als etwas Schlechtes zu verurteilen, konnte ich ihn dank Minzgrün als etwas Positives ansehen: als einen weiteren Ausdruck meiner Seele."

Ich finde es einzigartig, wie Minzgrün neue Perspektiven hervorbringen kann. In diesem Augenblick gibt es uns eine Sichtweise, die Fähigkeit, unser Problem aus einer anderen Perspektive zu betrachten. Bei elektrisierendem Minzgrün geht es um Freude, Spaß und unseren natürlichen Geisteszustand.

Ich bin kein Fan von schweißtreibenden Fitnessübungen oder Sportarten. Doch ich weiß, dass Bewegung für meine Gesundheit wichtig ist, und deshalb mache ich Sport. Ich glaube, mein Widerstand gegen Sport könnte damit zu tun haben, dass ich sexuell missbraucht wurde. Während Meditieren es mir leichter macht, meinen Körper zu verlassen, zwingt Sport mich dazu, ganz bewusst in meinem Körper zu sein, was mitunter unbequem sein kann. Trotzdem wende ich Minzgrün an, um mein Bewusstsein über meine eigene Energie zu erden.

Ich persönlich nutze Sport nicht, um meinen Verstand ruhigzustellen, wenn ich mit Minzgrün arbeite. Meine Herausforderung ist es, vollkommen wach und in meinem Körper präsent zu bleiben, während ich Fitness betreibe. Ich kann die Gedanken ganz leicht durch Meditation ausschalten, doch wie sieht es mit der Verwendung von Minzgrün aus, um meine Energie völlig aufzuwecken und einzusetzen?

Wenn ich vor dem Sport Minzgrün aktiviere, kann ich dadurch meinen Körper spüren und im Körper präsent bleiben. Es leitet mich in dem Bewusstsein, wie meine Energie fließt. Während ich eine Aufwärmübung mehr mache, um flexibler zu werden, oder ein Gewicht mehr hebe, um mehr Kraft zu bekommen, und selbst während ich darauf achte, wie mein Körper auf bestimmte Lebensmittel reagiert, macht Minzgrün es mir leichter, im Körper präsent zu bleiben. Kurz und gut: Minzgrün hilft mir, einen direkten Bezug zu meiner Lebenskraft und meinem Wohlbefinden zu finden. Es ist zwar ein anhaltender Prozess, aber es macht mir Spaß, mehr über mich zu erfahren. Und häufig kommen mir beim Sport die besten Ideen.

AKTIVIERUNG VON MINZGRÜN

BIN ICH IN MEINEM KÖRPER VOLLKOMMENLEBENDIG UND PRÄSENT?

Ich stelle mir die Aktivierung von Minzgrün gerne als eine Art Abschlussprüfung vor. Nicht etwa, weil man den Prozess beendet, sondern weil sie die Reifeprüfung für eine neue, wirkungsvolle Reise durch die Möglichkeiten der Farben bedeutet. Minzgrün ist ein Symbol für Ihre erwachte Beziehung zu Farben, und es steht für die vielseitigen positiven Veränderungen, die Sie mit jeder Farbe umsetzen können. Ich sehe Minzgrün meistens an kichernden Kindern und Menschen, die vor Gesundheit strotzen. Es schafft eine Lust aufs Leben und ist eine sehr greifbare Farbe.

Wenn Sie diese Energie aktivieren, wird es für Ihren Verstand beinahe unmöglich zu erfassen, wie schnell sie sich bewegt. Bei der Farbe Silber habe ich Sie dazu ermutigt, sich die Zeit zu nehmen, um die Tiefe und nuancierte Geschwindigkeit dieser Energie zu erleben. Doch wenn Sie mit elektrisierendem Minzgrün arbeiten, erleben Sie so gut wie das Gegenteil. Lassen Sie Minzgrün so schnell durch Ihren Körper fließen, wie es will. Wenn es in Ihnen die Lust auf Tanzen weckt, dann stellen Sie Ihre Lieblingsmusik an und tanzen Sie. Wenn es Sie dazu bringt, zu wandern oder Ihr Haus verschönern zu wollen, dann tun Sie es. Lassen Sie die Energie Ihren Körper aktivieren und neue Möglichkeiten des Wachstums schaffen, denn die Aktivität wird auch Neuanfänge in anderen Bereichen nach sich ziehen. Wie die meisten meiner Klienten berichten, bringt diese Energie ihnen Freude, Aufregung und positive Motivierung für die Zukunft.

Meditative Aktivierung

Viele von uns machen aus dem Meditieren und den spirituellen Praktiken eine intime Aktivität im Stillen. Wir zünden in der Privatsphäre unseres Zuhauses Kerzen an, spielen sanfte Musik und nutzen den Augenblick, um den Körper zu verlassen und eine andere Bewusstseinsebene zu erleben. Diese Mittel eignen sich hervorragend dazu, uns mit dem unantastbaren Bereich unseres inneren Wesens verbunden zu fühlen, und ich kann die regelmäßige private Meditation nur wärmstens empfehlen. Doch die minzgrüne Energie muss gesehen werden, um sich entfalten zu können, so wie Pflanzen von der Sonne „gesehen“ werden müssen, um zu wachsen. Bei minzgrüner Energie geht es mehr um eine aktive Meditation, ein Erlebnis, als um Selbstreflexion.

Ich empfehle jedoch vor einer romantischen Verabredung eine herkömmliche Visualisierung von Minzgrün im Sitzen. Diese Farbe lässt Ihre Energie besser fließen und aktiviert den Teil von Ihnen, der Fragen stellen und neue Leute kennenlernen möchte. Außerdem verhilft sie zu einer heiteren Stimmung, was für das Kennenlernen nützlich ist. Auf lange Sicht ist es wichtig, authentisch zu sein, doch zu tiefe Emotionen am Anfang sind häufig ein fehlgeleiteter Versuch, zu rasch Nähe aufzubauen. Das Tragen minzgrüner Kleidung ist nicht das einzige Mittel, wie man minzgrüne Energie aktivieren kann, da Sie diese positive und heitere Energie auch durch eine Meditative Aktivierung generieren können.

Übung zur Meditativen Aktivierung: Raus aus dem Haus!

Wegen der optimistischen und energetischen Eigenschaft von Minzgrün unterscheidet sich die Meditative Aktivierung von Grün etwas von der Aktivierung anderer Farben. Sie werden die Visualisierung in Verbindung mit einer Aktivität vornehmen. Bei der spirituellen Aktivierung von Minzgrün ist der Aufenthalt in der Natur eine wunderbare Methode, um ihre positive Energie noch weiter freizusetzen.

1. Überlegen Sie sich, wie Sie Ihre Meditative Aktivierung mit einer Tätigkeit verbinden können. Da Sie Minzgrün während der Tätigkeit spirituell aktivieren, werden Ihre Augen meist offen sein. Der wichtigste Aspekt der Aktivierung ist, dass Sie sehen, wie die Energie sich durch Ihren Körper hindurch erdet und dann tief in den Erdkern hineinfließt. Diese Übung können Sie auf vielerlei Weise durchführen. Gärtnern kann ein großartiges Mittel sein, um sich minzgrüne Energie direkt unter Ihren Füßen vorzustellen, während Sie auf der Erde stehen. Mit Ko-

chen lässt sich Grün hervorragend aktivieren, während Sie eine gesunde Mahlzeit zubereiten. Zu meinen Lieblingsmethoden zur Aktivierung von Minzgrün gehört, beim Kochen Musik zu hören, wobei ich meist den Kochlöffel als „Mikro“ verwende. So ziemlich alles von Yoga bis hin zum Spinningkurs und anderen Aktivitäten passt wunderbar zur spirituellen Aktivierung von Minzgrün.

2. Versuchen Sie, bei dieser Tätigkeit mehrere Sinne einzusetzen, und erden Sie weiterhin die minzgrüne Energie durch Ihren Körper. Minzgrün wirkt gewöhnlich auf mehr als nur einen Sinn, während es den Geist aufweckt und stimuliert. Lassen Sie die Wellen sprechen, wenn Sie während der Aktivierung von Grün am Strand spazieren gehen. *Hören* Sie auf den Klang der Wellen, *sehen* Sie, wie sie anschwellen, *fühlen* Sie den weichen Sand unter Ihren Fußsohlen und *riechen* Sie die salzige Meeresluft. Jede hereinkommende Welle, die an der Küste aufschlägt, symbolisiert einen Schub positiver Energie, während jedes Mal, wenn das Wasser zurück ins Meer fließt, für die Dinge steht, die nutzlos geworden sind.

3. Sie können bei der Aktivierung unabhängig davon, für welche Tätigkeit Sie sich entscheiden, mehrere Sinne einsetzen. Eine simple Wanderung oder auch nur ein Spaziergang in Ihrer Nachbarschaft kann zu einer bewussten minzgrünen Meditation werden, während die Blätter unter Ihren Sohlen knistern, der Wind Ihnen um die Nase weht und der Duft der Nadelbäume in der Luft liegt. Das ultimative Ziel ist es, so viele Sinne wie möglich als Unterstützung der Aktivierung zu nutzen. Solche zusätzlichen Elemente machen es Ihnen leichter, geerdet

und im Körper präsent zu bleiben, während Sie sich mit der himmlischen minzgrünen Energie verbinden. Ich bin ein großer Fan von bewusster Meditation, und diese Übung wird Ihnen zeigen, wie eine beliebige Tätigkeit zu einem Ritual der Erneuerung wird.

Intuitive Aktivierung

Wenn Sie Minzgrün aktivieren, wird Ihre Lebenslust gestärkt. Ich nahm einmal an einer Reihe von Pilateskursen teil, die starke Gefühle in mir hervorriefen. Pilates findet ganz langsam und ohne Musik statt, und wir mussten sehr achtsam und im Körper präsent sein. Dennoch hatte ich diese neue Form der Fitnessübungen als Zeichen meiner Verpflichtung zur Energie von Minzgrün ausgesucht. Es gab eine bestimmte Bewegung, bei der wir mit einem Bein über dem anderen auf den Boden sanken und in einer Art Schneidersitz landeten. Als wir diese Position eingenommen hatten und ein paar Mal tief ein- und ausatmeten, wies uns die Trainerin an, aufzustehen. Das Ziel war es, alleine vom Boden hochzukommen, ohne die Hände zu benutzen. Sie erklärte: „Untersuchungen haben bewiesen, dass es einen direkten Zusammenhang zwischen Langlebigkeit und Lebensqualität und der Fähigkeit, allein vom Boden aufzustehen, gibt."

Kurz gesagt: Wenn man sich vom Boden erheben kann, ohne die Hände zu benutzen, ist das ein gutes Zeichen dafür, wie unabhängig man im Leben sein wird. Es war eine ganz simple Bewegung, doch sie rief starke Gefühle in mir hervor, da ich sie nicht ganz ohne meine Hände ausführen konnte. Nach meiner Erinnerung musste ich mich mit ein paar Fingerspitzen am Boden abstützen, und die Flut der Emotionen ging mir nahe. Nach ein paar Wochen, in denen ich es nicht schaffte, war ich frustriert. Ich sah mich im Raum um und bemerkte einen der anderen Schüler, der auf einer minzgrünen Yogamatte saß. *Okay,* dachte ich. Ich nahm dies als Intuitive Aktivierung des Universums und schwor mir, weiter zu üben.

Diese Bewegung wirkte so einfach, und dennoch spiegelte sie meine genetische Vorgeschichte wider. Mehrere Verwandte von mir können aufgrund von Bewegungsproblemen nicht alleine aufstehen. Das weiß ich deswegen, weil ich es bei Familientreffen selbst beobachtet habe. Ich habe gesehen, wie sie im Alltag mit Bewegungsschwierigkeiten zu kämpfen hatten. Und auch wenn diese Farbe für alle möglichen Neuanfänge angewendet werden kann, hat mir das energiegeladene Minzgrün geholfen, mir bewusst zu werden, dass ich Aktivsein immer zu einer Priorität im Leben machen muss.

Ich mag zwar darüber scherzen, wie ich morgens mühsam Energie aufbringen muss. Und klar lockt mich ein Glas Chardonnay auf einer luftigen Terrasse weitaus mehr als ein Pilateskurs. Doch je mehr ich minzgrüne Energie in meine Routine erde, umso mehr verstehe und schätze ich ihren Zweck. Ich will nicht nur in der Lage sein, auch noch mit über neunzig vom Boden aufstehen zu können, sondern meinen Körper auch lieben und ehren, damit ich noch viele Jahre lang Neuanfänge machen kann.

ÜBUNG ZUR INTUITIVEN AKTIVIERUNG: PROBIEREN SIE ETWAS NEUES AUS

Minzgrüne Energie eignet sich dazu, es Ihnen leichter zu machen, Ihre Komfortzone zu verlassen und zu sehen, welche neuen Erfahrungen Sie umsetzen können. Ihre Reise mit Farben kann ein neues Unterfangen bedeuten, und diese Farbe ist perfekt für Neuanfänge. Elektrisierendes Minzgrün rüttelt die Dinge auf, was für ein positives Wachstum notwendig ist. Dr. Joe Dispenza hat viele Bücher geschrieben, in denen er den neurowissenschaftlichen Zusammenhang zwischen dem Ändern unserer Routine und einem glücklicheren, erfüllteren Leben beschreibt. Wie zahlreiche wissenschaftliche Untersuchungen zeigen, schalten das Gehirn und der Körper auf Autopilot, wenn wir zu lange in einer Routine steckenbleiben. Dasselbe gilt auch für Lebenserfahrungen. Die Bequemlichkeit und Vertrautheit einer Routine hat zwar etwas sehr Angenehmes. Doch um ganz im Einklang mit dem Gesetz der Anziehungskraft zu sein, müssen wir auch für neue und andere Teile unseres Bewusstseins offen sein.

Immer wenn Sie Minzgrün wahrnehmen und die Farbe universal aktiviert haben, sollten Sie es als ein Zeichen dafür sehen, an diesem Tag etwas Neues auszuprobieren. Dies kann ein Vorhaben oder etwas Spontanes sein, wenn Sie zufällig diese Farbe irgendwo entdecken. Denken Sie jedes Mal, wenn die Farbe auftaucht, an eine neue Tätigkeit, die Sie versuchen können. Das muss nichts Großes sein, solange es neu für Sie ist. Es kann etwas so Simples wie ein neues Essen sein, das Sie als Lunch bestellen, eine Unterhaltung mit einem Fremden oder ein anderer Supermarkt, in dem Sie einkaufen. Die Absicht dieser Übung ist, Minzgrün zu nutzen, um dadurch neue Möglichkeiten zu aktivieren und anzuziehen. Weitere Aktivitäten können beispielsweise der Besuch eines neuen Museums oder einer Stadt in Ihrer Nähe sein, in der Sie bisher noch nie waren.

Hören Sie beim Ausprobieren dieser neuen Aktivität oder des neuen Vorhabens immer wieder in sich hinein, um zu sehen, welche Auswirkungen dies auf die Energie Ihres Körpers hat. Wenn Sie möchten, können Sie sich Notizen in Ihrem Tagebuch machen. Möglicherweise nehmen Sie verschiedene Körpergefühle wahr, doch achten Sie auf die generelle Reaktion. Sie mag sich fremd anfühlen, doch wenn Sie Spaß haben und Ihr Bewusstsein erweitern, sind Sie einer guten Sache auf der Spur und sollten sie wiederholen!

Betrachten Sie jedes Mal, wenn Sie leuchtend grünes Licht sehen, dieses Licht als eine Dosis kosmischen Koffeins. Bekräftigen Sie bei jeder Wahrnehmung von grünem Licht, dass Sie für Veränderungen offen sind und ganz im Einklang mit dem Gesetz der Anziehungskraft stehen. Elektrisierendes Minzgrün schenkt Ihnen ein aufregendes Gefühl der Lebensfreude. Und es lehrt Sie Dankbarkeit dafür, dass Sie am Leben und in Ihrem Körper sind.

Die minzgrüne Affirmation

ICH BIN IN MEINEM KÖRPER VOLLKOMMEN PRÄSENT.

Aktivierung mit farbigen Gegenständen

Die Aktivierung von Minzgrün kann ein hilfreiches Mittel für Manifestationen sein. Ein Aspekt meines Berufs, den ich besonders liebe, ist die Tatsache, dass ich dadurch regelmäßig nach Japan reisen kann. Auf jeder Reise leite ich eine Reihe von Vorträgen, Workshops und veranstalte eine Vielzahl von privaten Readings und Beratungssitzungen. Es ist eine wundervolle Erfahrung, und ich bin für die Gelegenheit, dort meine Klienten zu treffen, zutiefst dankbar. Ich hatte schon immer das Gefühl, in einem früheren Leben in Japan gelebt zu haben, und fühle mich dort ganz zu Hause.

Die reale Aktivierung von Minzgrün hat mir das Bewusstsein für die Chance auf wunderbare und erfüllende Verbindungen zu Japan geöffnet. Als Manifestationsübung und um eine klare Botschaft meiner Absicht ins Universum zu senden, beschloss ich, Japanisch zu lernen, nachdem ich die ersten Kontakte zu meinen japanischen Kollegen geknüpft hatte. Ich schrieb meine Notizen in ein minzgrünes

Notizbuch und berührte es immer wieder, um mich an mein Vorhaben, Japanisch *in* Japan zu sprechen, zu erinnern. Meistens schien es mir wie eine tolle Idee, aber es gab auch Tage, an denen ich total gefrustet war. Wussten Sie, dass die japanische Sprache *drei* verschiedene Alphabete hat, von denen eines nur aus Symbolen besteht? Es ist zwar eine große Herausforderung, doch ich bin fest entschlossen, genügend Japanisch zu lernen, um die Sprache sprechen zu können.

Im Japanischunterricht spüre ich, wie Teile meines Gehirns Elektronen abfeuern, die lange geschlummert haben. Ein ganz neues Alphabet auswendig zu lernen, die Buchstaben auszusprechen, niederzuschreiben und zu lesen – all das hat mich auf eine Weise, die ich nie erwartet hätte, in meinem Körper geerdet. Es ist aufregend und zugleich unheimlich. Immer wenn ich meinen Level an japanischen Sprachkenntnissen selbstkritisch beäuge, berühre ich mein Notizbuch und erinnere mich an mein Vorhaben. Auch wenn es anfangs schwer war, kann ich mittlerweile stolz sagen, dass ich die *untersten* Grundkenntnisse in japanischer Konversation beherrsche. Das ist nützlich, da ich gerade von meiner dritten Reise nach Japan zurückgekehrt bin und die nächste plane!

Mein nächstes Ziel ist es, eine Meditation auf Japanisch zu leiten. Und obwohl ich nicht weiß, wie lange es dauern wird, bis ich den Wortschatz beherrsche, werde ich mir von Minzgrün bei der Umsetzung dieses Traums helfen lassen.

Minzgrüne Farbstützen, die Sie in den Alltag einbauen können, sind zum Beispiel:

- **Frische Minze.** Kaufen Sie einen Topf Minze, den Sie zu Hause aufstellen. Minze ist nicht nur eine großartige Farbstütze, sondern kann auch beim Kochen verwendet werden.

- **Ein minzgrüner Schal.** Minzgrün ist eine sehr kleidsame Farbe. Wenn Sie einen minzgrünen Schal tragen, können Sie die Farbe den ganzen Tag über sehen und anfassen.
- **Matcha-Grüntee.** Matcha (wie auch Zucha-Tee), der eine weitere Grünteesorte ist) ist reich an Antioxidantien und Vitamin C und eine sehr angenehme Methode, um minzgrüne Energie zu tanken. Wenn Sie etwas Mandelmilch hineingeben, erhalten Sie ein köstliches zartgrünes Milchgetränk!

Übung zur Aktivierung mit farbigen Gegenständen: Mit Minze manifestieren

Nehmen Sie sich etwas vor, was Sie gerne im Leben manifestieren wollen. (Anmerkung: Diese Übung ergänzt so ziemlich jeden anderen Manifestationsprozess, den Sie gerade anwenden.)

Schreiben Sie Ihr Vorhaben irgendwo auf, wo Sie es gut sehen können. Das kann ein Brett, der Hintergrund Ihres Desktops, ein Zettel an Ihrem Badezimmerspiegel oder sonst etwas sein. Denken Sie beispielsweise an ein Hobby, einen Kurs, eine Reise oder ein Erlebnis, das Sie schon immer ausprobieren wollten. Was könnten Sie in Ihr Leben integrieren, das neu, anders und aufmunternd ist? Wir leben in einer magischen Zeit, in der Wissen und Erfahrungen frei verfügbar sind. Wenn wir für Neues offen sind, dehnen wir unsere Energie aus und entfachen Leidenschaft.

Suchen Sie sich für die Aktivierung dieser Energie eine minzgrüne Farbstütze aus. Sie können den Gegenstand so oft Sie wollen austauschen. Berühren Sie ihn immer dann, wenn Sie eine Erinnerung an Ihr Ziel brauchen.

Ähnlich wie Orange lässt sich auch Minzgrün einfach durch Lebensmittel einbauen, da Sie frische Minze im Haus aufbewahren können. Sie aktivieren es nicht nur real, indem Sie es berühren, sondern es hat auch einen herrlichen Duft, was einen weiteren Sinn einbringt. Ich weiß nicht, ob ich jemals jemandem begegnet bin, der den Geschmack oder Geruch von frischer Minze nicht mag. Tun Sie die Blätter ins Trinkwasser, mischen Sie sie unter das Essen oder verwenden Sie die Minze einfach als Deko für Ihr Zuhause und erfreuen Sie sich an ihrer frischen, aufmunternden Wirkung.

Die Natur ist eine hervorragende Farbstütze, und ich empfehle Ihnen, sie sich so oft wie möglich ins Haus zu holen. Jeder Grünton kommt in der Natur vor; suchen Sie sich also eine saftig grüne Pflanze und verwenden Sie sie als Erinnerung an die neuen Möglichkeiten in Ihrem Leben.

Wenn Sie ein bisschen mehr auf sich aufmerksam machen wollen, dann eignet sich Minzgrün wunderbar für Ihre Garderobe. Diese Farbe macht Sie wahrscheinlich zur anziehendsten Person im Raum.

Die Schattenseite von Minzgrün

Die Schattenseite von Minzgrün sind Ängstlichkeit und Gesundheitsprobleme. Ängstlichkeit ist häufig die Angst vor dem unbekannten Ausgang. Daher wirkt sie genau gegen die mintgrüne Energie. Wenn Ihnen die Farbe widerstrebt und Sie zur Schattenseite neigen, kann es sein, dass es Ihnen schwerfällt, im Körper vollkommen präsent zu sein.

Vielleicht kennen Sie Leute, die vor Energie strotzen. Sobald sie den Raum betreten, fliegen überall Blätter herum, während sie ihre Schlüssel suchen und über vier Themen gleichzeitig reden. Es scheint, als müssten sie ihr Tempo ein wenig herunterschalten und tief Luft holen.

Diese wirbelwindartige Energie ist ein Anzeichen für ein minzgrünes Ungleichgewicht. Da Minzgrün uns unseren Körper mehr spüren lässt, löst es eine starke, schon beinahe instinktive kinetische Reaktion aus. Für manche Menschen fühlt sich ein Ungleichgewicht dieser Energie wie Unsicherheit an. Falls das bei Ihnen der Fall ist, kann eine langsamere Fitness- oder Sportart helfen, diese Energie auszugleichen. Tai Chi, Yoga, Töpfern oder ein gemütlicher Spaziergang um den Block sind geeignete Mittel, wie Sie Minzgrün auf eine Weise, die sich sicherer anfühlt, nutzen können. Es kann eine Weile dauern, bis Sie sich daran gewöhnt haben, Ihre spirituellen Praktiken mit Aktivitäten zu verbinden.

Nachwort

Folgen Sie Ihrem Regenbogen

Ich werde oft gefragt, wie eine Aura oder die Energie, die eine Person umgibt, eigentlich aussieht. Es ist fast unmöglich, die Tiefe und den Umfang unserer Energiestrukturen zu beschreiben. Und es wäre auch naiv von mir, zu glauben, ich würde das ganze Bild unseres Energiekörpers sehen. Ich kann nur schildern, was *ich* um die Menschen herum sehe, während ich in meinem Wunschberuf arbeite. Mich erinnert es an das Betrachten des Sternenhimmels. Man kann stundenlang im Gras liegen und hinauf ins Universum schauen. Der Blick richtet sich womöglich auf ein funkelndes Licht. Vielleicht entdeckt man sogar eine Sternenkonstellation und denkt, man könnte ahnen, was da oben wirklich ist. Doch in Wahrheit erleben wir alle die Tiefe und die riesige Weite des Universums auf unsere eigene, persönliche Weise.

Dasselbe gilt für unsere Seele und die Energien, die wir ausstrahlen. Ich kann bei einem Reading zwar eine, zwei oder sogar drei Farben sehen, in die mein Klient gehüllt ist, doch unsere Seele ist sehr tiefgründig und unsere Erfahrungen wie auch unsere Energien ändern sich ständig. Möglicherweise sehe ich eine bestimmte Farbe um einen Klienten, und ein Jahr später ist er von einer ganz anderen Farbe umgeben, je nachdem, was in seinem Leben gerade passiert. Deswegen wollte ich Ihnen die zehn wichtigsten Farben einzeln näherbringen. So wie sich Ihr Leben ständig ändert, werden sich auch die Farben und die Energie, die Sie anstreben, immer wieder ändern.

Ich habe diese Farben auf der Grundlage meiner eigenen Deutungen der Eigenschaften vieler Klienten beschrieben. Doch sie werden durch meine persönliche Linse des Verständnisses des Universums gefiltert. Die Farbenergie zu kategorisieren ist beinahe so, als würde man eine Sternschnuppe bitten, kurz anzuhalten, damit wir sie untersuchen und besser begreifen können. Nach meinem Gefühl sind die Energien, die für diese Farben stehen, jedoch universal. Ich habe ein System entworfen, das es Ihnen leichter machen wird, einige der dominanteren Aspekte Ihres Lebens zu erforschen. Von der Aktivierung höherer Gedankenformen durch Gold bis hin zur Findung Ihres Lebenssinns und Ihrer Lebensaufgabe werden diese Farben Ihnen helfen, Ihre Eigenschaften anzugleichen und zu stärken, wenn Sie sie brauchen.

Die Veränderungen, die Sie machen können, sind endlos – von der Bestandsaufnahme des Zustands Ihres Heims durch Silber bis hin zur Optimierung Ihrer Beziehung zu Ihrem Körper durch Minzgrün. Das System gibt Ihnen die Gelegenheit, darüber nachzudenken, wo Sie gerade stehen und – noch wichtiger – wohin Sie gehen wollen. Dieser Prozess erleichtert es Ihnen, mithilfe der Farben, die Sie schon Ihr ganzes Leben lang gesehen haben, ein Gefühl der Ausgewogenheit zu entwickeln. Es ist die Chance, in wesentlichen Lebensbereichen die Zügel selber in die Hand zu nehmen und dabei verschiedene Sinne zu nutzen.

Sie können sich Farb- und Lichtenergie auf vielen unterschiedlichen Wegen ins Leben holen. Es liegt vollkommen an Ihnen, wie stark Sie die Macht der Farben nutzen wollen. Sie können sich Woche für Woche durch jede Farbe hindurcharbeiten, bis der Kreis der Farbenergie sich schließt. Sie können den Prozess jeweils vom Anfang bis zum Ende durchführen und bei Weiß anfangen. Oder aber Sie greifen auf die jeweilige Farbe nach Bedarf zurück und lassen sich von ihr führen, wenn Sie sie am meisten brauchen. Mein wichtigstes Ziel ist es, Ihnen zu zeigen, dass Farbe eine neue Sprache ist, die Sie anwenden können.

Ich durchlaufe Phasen der Energie und werde hin und wieder zu verschiedenen Farben hingezogen, je nachdem, wo ich im Leben gerade stehe. Beispielsweise befinde ich mich gerade in einer blauen Phase. Neulich merkte ich beim Shoppen, dass ich blaue Shorts, ein blaues Polohemd, mehrere blaue T-Shirts und blaue Socken ausgesucht hatte. Vor Kurzem habe ich sogar neue blaue Sofakissen fürs Wohnzimmer gekauft. Doch statt mit den Schultern zu zucken und zu sagen: „Ich mag halt Blau", achte ich auf das, was meine Energie mir durch diese Farbe sagen will.

In Augenblicken wie diesem wird vielleicht nicht sofort deutlich, was die Farbe Ihnen mitteilen will. Für meinen Teil weiß ich, dass blaue Energie mir etwas über mein Leben sagen wollte. Also wollen wir das gemeinsam näher untersuchen. Wie ich schon erwähnt habe, sehe ich bei Blau häufig ganze Stapel blauer Bücher. Als ich auf die kleine Shoppingtour ging, war ich mit diesem Buch schon fast fertig. Wenn ich ehrlich zu mir bin und mich auf die Botschaft einstelle, die hinter Blau steht, hatte ich während des Schreibprozesses zugegebenermaßen etwas Angst. Das Beschreiben meiner Ideen, Konzepte und Prozesse scheint in mir Angst vor Zurückweisung und Scheitern hervorzurufen. Meine Kreativität macht mich verwundbar.

Als diese Ängste in mir hochstiegen, begann ich automatisch, mich mit Blau zu umgeben. Doch wie ich auch feststellte, tauchte die Farbe Blau regelmäßig in meinem Alltag auf. Als ich den Fokus auf ihre Bedeutung richtete, wurde mir klar, dass meine Energie von unbewusster Angst durchzogen war. Wenn Sie zu jeder Farbe einen Bezug hergestellt haben und sie in Ihrem Wesen verankert haben, kann dies Ihr eigenes System des Hellsehens werden. Das Universum nutzt Farbe als Kommunikationsmittel und zur Kontaktaufnahme. Es mag anfangs schwer zu entziffern sein – ungefähr so wie meine Bemühungen, Japanisch zu lernen. Doch wenn Sie sich die Zeit nehmen, sich damit vertraut zu machen, werden Sie die Informationen durch die Farben erkennen und empfangen.

Und das ist nur der Anfang. Wir warten oft darauf, dass das Universum durch Zeichen zu uns spricht. Viele Leute sagen, sie würden gerne ein Zeichen vom Universum erhalten. Indem Sie Ihr Leben mit Farben leben, befähigen Sie sich, durch die Anwendung der Farben Energie und Veränderungen im Leben zu generieren. Nun, da Sie ein deutliches Gespür für die zehn praktischsten Farben für unser Leben entwickelt und einen starken Bezug zu ihnen bekommen haben, können Sie sie in jeder beliebigen Reihenfolge oder Weise anwenden. Je nach Ihren Lebensumständen können Sie jede Farbe aus der emotionalen, spirituellen oder Sichtweise (oder vorzugsweise aus all diesen Perspektiven) aktivieren. Dieser Prozess kann Sie darin unterstützen, das Beste aus sich zu machen und Ihre Energie unter Kontrolle zu halten, so wie er mir vor Kurzem half.

Ich sollte bei einer Livesendung der Produktionsfirma Oprah Winfrey Network in Los Angeles einen Vortrag halten. Das Unternehmen hat ein Programm für seine Mitarbeiter eingerichtet, das OWN University oder auch OWN U genannt wird. Bedeutende Prominente wie zum Beispiel die Schauspielerin Cameron Diaz haben schon Vorträge für die OWN U gehalten. Und an diesem Tag sollte *ich* der Sprecher sein. Schluck. Ich hatte mir den Termin einige Wochen zuvor in den Kalender eingetragen und mir eingeredet, dass es keine große Sache sei. Auch hatte ich schon an mehreren Telefonkonferenzen mit den Mitarbeitern der Produktionsfirma teilgenommen. Außerdem hatten wir darüber gesprochen, vor meiner Live-Präsentation für ca. 70 leitende Angestellte und Teammitglieder einige Videos für die Webseite Oprah.com aufzuzeichnen.

„Äh, wird Oprah auch dabei sein?“, fragte ich während einer der Telefonkonferenzen.

„Schon möglich. Es hängt davon ab, ob sie gerade im Gebäude ist."

Ich lebe nun schon seit über acht Jahren in Los Angeles. Einige meiner Klienten sind ziemlich bekannte Leute, und mittlerweile habe ich mich daran gewöhnt, Promis kennenzulernen. Sobald man weiß, dass jeder die gleichen fundamentalen Probleme hat, schwindet die Illusion. Es gibt jedoch ein paar Leute, bei denen mich die Vorstellung, ihnen persönlich gegenüberzustehen, ein bisschen nervös macht. Dazu gehört auch Oprah Winfrey. Der geerdete, rationale Teil von mir weiß zwar, dass sie auch nur ein Mensch ist. Doch dem Kind in mir, das die Schule geschwänzt hat, um ja nicht ihre Show zu verpassen, fällt die Vorstellung, in einer Sendung mit ihr zusammen aufzutreten, schwer.

Es wäre etwas anderes, ihr bei einer Veranstaltung oder auf einer Party zu begegnen. Da würde ich mich wahrscheinlich nervös vorstellen und fragen, ob sie Lust hätte, irgendwann mal bei Kaffee und Heidelbeertörtchen über Spiritualität zu reden. Doch die Vorstellung, in ihrer Gegenwart vorne in einem Raum zu stehen und eine spirituell aufmunternde Rede über meine Arbeit zu halten, machte mich nervös. Auch wenn es aufregend war, verwandelte ich mich in ein Nervenbündel.

Normalerweise kann ich die Seiten meiner Persönlichkeiten trennen. Ich kann an Tagen, an denen ich andere führen soll, Violett nutzen. Wenn ich schreiben oder mich ausdrücken muss, verwende ich Smaragdgrün. Elektrisierendes Minzgrün hilft mir, Dinge mit Vitalität und kindlicher Freude anzugehen. Jede Farbe ermöglicht es mir, mich auf eine bestimmte Energie oder einen Teil meines Bewusstseins zu konzentrieren. Aber das hier fühlte sich nach einer Handvoll an. Es würde eine Kombination aus meinen Fähigkeiten als Lehrmeister und der möglichen Begegnung mit einer Lehrmeisterin, die mich unglaublich inspiriert hat, sein.

Am Morgen vor der Sendung war ich mir nicht sicher, welche Farbe ich tragen sollte. Also beschloss ich, meine Dusche zum Meditieren zu nutzen. Ich meditiere gerne beim Duschen. Es ist reinigend und es gibt keine Ablenkungen. Außerdem hat das Waschen meines Körpers, während ich gleichzeitig mein spirituelles Selbst „wasche“, etwas Poetisches.

An diesem Morgen rasten meine Gedanken während der Meditation unter der Dusche. Ich hatte nur ganz wenig ruhige, friedliche Energie. Wie mir klar wurde, gab es zwei sehr starke Energien, die in meinem Kopf schwirrten. Mein innerer spiritueller Lehrmeister wollte, dass ich meine Sache gut machte und wieder eingeladen wurde. Der Schüler in mir wollte auf cool machen, falls Oprah sich kurz die Ehre gab.

„Ich muss mich unbedingt erden“, sagte ich laut.

Spontan beschloss ich, Schwarz zu tragen. Schwarz steht für das Erden von Energie. Die Erde selbst, der Erdboden und alle Dinge werden durch schwarze Energie aktiviert. Es ist die Farbe, die unser Sein auf dem Planeten erdet. Wenn die Leute mehr über Farbenergie wissen wollen, fragen sie mich häufig: „Und was ist mit Schwarz? Sehen Sie auch manchmal Schwarz in der Aura von jemandem?“ Oder sie machen Witze über eine negative Person: „Ich wette, der hat eine ganz schwarze Aura.“ Solche Bemerkungen klingen immer danach, als wäre schwarze Energie etwas Schlechtes. Doch das ist ein Irrtum. Warum sollte irgendeine Farbe von Natur aus schlecht sein? Alle Farben haben eine positive Seite und eine Schattenseite. Visuell betrachtet soll Schwarz alle anderen Farben absorbieren, was für mich das perfekte Beispiel für seine erdende Fähigkeit ist. Schwarz besitzt die Eigenschaft, all unsere zerstreute Energie zu entfernen und uns im Erdkern zu verwurzeln.

Als ich noch in New York City lebte, war Schwarz meine Signaturfarbe für Kleidung. Tatsächlich tragen viele Leute in Manhattan gerne Schwarz – und das nicht nur, weil Schwarz schlanker macht. Ich denke, sie tun es, weil Raum in Großstädten sehr begrenzt ist. In New York ging ich immer eine Straße voller Fußgänger entlang und stieg dann in eine überfüllte U-Bahn, um schließlich in meinem winzigen Büro anzukommen. Nach der Arbeit nahm ich denselben Weg zurück zu meiner kleinen Wohnung. Um unsere Energie zu schützen, ziehen wir sie daher in unser Inneres hinein. Jemand aus einer Kleinstadt hält die New Yorker womöglich für unfreundlich, und ich kann den Grund verstehen. Wir neigen dazu, uns ganz auf den Weg zu konzentrieren und vermeiden gewöhnlich in der U-Bahn und im Zug Augenkontakt. Doch wenn wir uns zerstreut oder überwältigt fühlen, ist der Wunsch, unsere Energie ganz nahe bei uns zu behalten, nur natürlich. Sehr dunkles Braun, Schwarz, Anthrazit und andere dunkle, erdige Töne sind geeignet, uns zu erden und unsere eigene Energie zu schützen.

Seit ich in Los Angeles lebe, trage ich buntere und hellere Farben, da ich jetzt mehr Platz habe. Doch an diesem Tag schien Schwarz mich geradezu zu rufen. Wenn wir Schwarz als unsere Farbe verwenden, drehen wir dadurch den Aktivierungsprozess um. Während ich mich für meinen Auftritt bei OWN anzog, stellte ich mir nicht eine schwarze Kugel fünfzehn Zentimeter über meinem Kopf vor, sondern visualisierte zwei Kugeln aus schwarzer Energie direkt unter meinen Füßen. Solche schwarzen Energiekugeln sind für mich ein interessanter Anblick. Wenn Sie schon einmal einen schwarzen Obsidian-Stein gesehen haben, können Sie sich in etwa vorstellen, was ich sehe. Goldene Schattierungen mischen sich unter den schwarzen Stein. Man könnte ihn sogar als schillernd bezeichnen.

Bei jeder Farbe außer Schwarz suchen wir während des Aktivierungsprozesses oben am Himmel und im Universum Führung. Wir werden an unseren Seelenkörper erinnert. Doch wenn wir mit Erdtönen arbeiten, machen wir genau das Gegenteil. Der Grund, warum wir den Fokus auf Erdtöne wie beispielsweise Schwarz unter unseren Füßen richten, ist, um unsere Energie im Planeten zu erden. An diesem Tag musste ich spirituelle Themen auf eine geerdete Weise, die für alle Zuschauer leicht verdaulich war, kommunizieren.

Wir alle sind Wesen mit vielen Facetten und tragen tagsüber mehrere Hüte. Sie können eine Mutter, Ehefrau, Anwältin, Freundin, Reiki-Meisterin und ein glühendes Duran-Duran-Groupie sein. Je nach Aufgabe führt der Teil Ihrer Identität, der gerade gefordert ist. Es gibt nur wenige Schlüsselmomente im Leben, in denen wir alle Hüte gleichzeitig tragen können. Und an diesem Tag im Studio der Oprah Winfrey Network wollte ich alle meine Hüte tragen. Ich war total nervös und ruhte kein bisschen in meinem Körper, aber ich wollte bei dem Erlebnis hundertprozentig präsent und im Gleichgewicht sein.

Als letzten Moment meiner bewussten Meditation zog ich einen schwarzen Pullover mit V-Ausschnitt an. Ich nahm mir vor, jedes Mal, wenn ich an diesem Tag die Farbe Schwarz sah, meine Energie zu nutzen und ihr eine Dosis geerdeter Zentriertheit zu geben.

Als David und ich in den Fernsehstudios von OWN ankamen, stiegen wir die Stufen hinauf in die Empfangshalle, wo David sofort anfing zu lachen.

„Wahnsinn – das ist ja unglaublich!"

„Was denn?"

Wir machten die Tür auf und standen direkt vor einer riesigen Video-Leinwand, die vom Boden bis an die Decke reichte. Darauf war mein Bild zu sehen und dazu die Worte: *Die Oprah Winfrey Network heißt Dougall Fraser willkommen.*

Theoretisch wäre ich in so einem Augenblick total ausgeflippt. Ich war sowieso schon nervös, weil ich dort auftreten würde, und jetzt würden auch noch alle, die eintraten, mein Gesicht sehen. Es wäre also für mich ein Leichtes gewesen, mir selbst zu verbieten, mich über diesen Moment zu amüsieren. Ich trug meinen Hut des spirituellen Lehrmeisters und dachte irgendwie, einen spirituellen Lehrmeister könnte so was nicht aus der Ruhe bringen.

Doch heute war es anders. Heute war ich geerdet. Ich hatte Schwarz aktiviert, um in diesem Augenblick alles zu sein, und in diesem Moment fühlte ich mich total geschmeichelt. Alles, was ich tun konnte, war zu kichern. Wir gingen an den Empfangstisch, wo ich auf die Leinwand zeigte und sagte: „Hi, ich bin der Typ an der Wand.“ David flehte mich an, mich vor mein Bild zu stellen, damit er ein Foto von mir machen konnte. Dann setzten wir uns auf ein Plüschbänkchen, wo wir auf das Fernsehteam warteten und mein Bild vor unserer Nase anstarrten.

Als das Fernsehteam herunterkam, wurden wir hinauf in einen Raum geführt, in dem wir die Videos aufnehmen würden. Man stellte mir Samantha vor, die mich interviewen würde. Als ich ihr die Hand schüttelte, fiel mir ihre Halskette auf. Daran hing ein wunderschönes Amulett – ein schwarzer Obsidian, der in Golddraht eingewickelt war. Er baumelte direkt vor meiner Nase und war die perfekte Manifestation der Intuitiven Aktivierung. Ich erklärte ihr, warum ich Schwarz aktiviert hatte und inwiefern ihr Amulett dazu beitrug, meine Nerven zu beruhigen.

Dann drehten wir eine Reihe kurzer Videos, und ich kann von mir behaupten, dass ich den Laden echt gerockt habe. Die erdende schwarze Energie (und meine Fähigkeit, sie rechtzeitig entdeckt zu haben) verhalf mir zu einem glatten Übergang zwischen meiner aufgeregten Stimmung in der Empfangshalle und dem klaren Vortrag von Weisheiten und Informationen, ohne mit der Wimper zu zucken.

Mein Vortrag für die OWN University sollte um fünf Uhr nachmittags vor ungefähr 60 Zuschauern erfolgen. Es blieb mir noch ein wenig Zeit, und so gingen David und ich ins Café auf dem Studiogelände, um ein paar Erfrischungen zu uns zu nehmen. Das Café wirkt wie eine hübsche Lounge; das eine Ende ist mit schönen Polstermöbeln ausgestattet, und am anderen Ende befindet sich die Küche voller Köstlichkeiten. Ich holte mir einen Kaffee und ein Cookie und setzte mich gelassen hin. Beinahe sofort füllte sich mein Kopf mit Geschnatter: *Der Kaffee schmeckt köstlich, und der glutenfreie Keks auch. Warte mal, sind da ein paar von Oprahs Lieblingssnacks dabei? Schließlich arbeitet sie hier, also ist es gut möglich, dass man hier auch Julia Roberts' Lieblingsmuffins bekommt.*

Schließlich war die Zeit für meinen Auftritt gekommen, und mir war, als hätte man mich an eine elektrische Steckdose angeschlossen. Eine Mischung aus Energie, Aufregung und Nervosität strömte durch meinen Körper. Während ich sprach, spürte ich, dass mein Atem mich überholte. Es war wie eine hundertfache Konzentration von kosmischem Koffein. In diesem Augenblick begann ich, mich selbst zu beurteilen. Selbstkritische Gedanken schwirrten mir durch den Kopf: *Ein spiritueller Lehrmeister wäre ganz ruhig. Ein echter Lehrer würde langsam reden. Welcher spirituelle Lehrmeister schwitzt während seines Vortrags?*

In diesem Moment beschloss ich, beim Sprechen eine kleine Pause zu machen. Ich konnte gut eine kurze, bewusste Meditation einbringen. Eine Stimme in meinem Kopf sagte: *Atme tief durch. Du kannst ruhig eine Pause machen und dich sammeln.* Also sagte ich den Zuschauern, ohne weiter darüber nachzudenken, dass ich eine kurze Atempause bräuchte. Ich nahm einen Schluck Wasser, schloss die

Augen und holte ein paar Mal tief Luft. Dann sah ich auf meinen schwarzen Pullover herunter und erinnerte mich an mein Vorhaben.

Ich wandte mich zur Seite. Ein paar der Studiomitarbeiter klatschten freundlich und feuerten mich kurz an. Ich holte tief Luft und hatte mich wieder unter Kontrolle.

Wir alle haben irgendwann einmal Selbstzweifel. Schwarz half mir, meine Energie zu optimieren, doch ich war immer noch aufgeregt und etwas nervös. Im Rückblick amüsiert es mich, dass es mir schwerfiel, mir die Erlaubnis zu einer Atempause zu geben. Statt so zu tun, als wäre dieser Tag nichts Besonderes oder ich ganz cool, wollte ich den Moment so vollständig wie nur möglich erleben. Ein Teil meines Bewusstseins war auf mein inneres Kind gerichtet, den übergewichtigen schwulen Jungen, der früher täglich die Oprah-Winfrey-Show anschaute und nach Inspiration suchte. Ich kann Ihnen sagen: Er hüpfte an diesem Tag vor Freude, und ich würdigte ihn, indem ich mir meine Aufregung eingestand.

Doch ein anderer Teil meines Bewusstseins war der Lehrmeister, der seit mehr als 18 Jahren spirituell arbeitete und der dieser Gruppe von Zuschauern unbedingt etwas beibringen und sie aufmuntern wollte. Ich konnte gut verstehen, warum ich einen Augenblick brauchte, um tief Luft zu holen und mich zu sammeln. Indem ich mich erdete, sorgte ich dafür, in diesem Moment so präsent wie nur möglich zu sein. Der restliche Vortrag verlief recht gut, und ich bin stolz auf mich, weil ich im selben Atemzug Lehrmeister und Mensch war. Nach meinem Vortrag blieb ich noch da, um mit ein paar der Zuschauer zu reden. Dann setzten David und ich uns ins Auto, um schnell zum Japanischunterricht zu fahren. An einem Tag konnte ich begeisterter Fan, nervöser Mensch, Lehrmeister, Schüler und Intuitiver sein. Und dabei hatte ich ständig die Macht der Farben als Anleitung genutzt.

Der Verlauf dieses Tages ist das beste Beispiel dafür, wie Farbe eine Rolle im Leben spielen kann. Ich zügele diese Energien seit Jahren erfolgreich und hoffe, sie werden Ihnen genauso dienen und Sie haben das Gefühl, nun das Werkzeug zu besitzen, mit dem Sie auf jeder Ebene Energie einbringen können. Wie ich gelernt habe, müssen wir das Leben mit einem gewissen Maß an Gleichgewicht angehen. Wenn wir die spirituelle, und die emotionale Welt miteinander verschmelzen, heben wir unsere Energie auf ihre reinste Form an.

Es gibt Zeiten, in denen wir womöglich in der einen oder anderen Dimension feststecken. Den oben geschilderten Tag begann ich mit meiner Meditation und der Absicht, geerdet und völlig präsent zu sein. Ich aktivierte die Farbe auf einer spirituellen Ebene durch meine Visualisierung. Danach aktivierte ich die Farbe auf der materiellen Ebene, wobei ich den schwarzen Pullover als Farbstütze nahm. Ich machte die Affirmation, dass das Universum mich durch Minibotschaften anleiten würde, indem es mich die Farbe tagsüber wahrnehmen ließ, um mich an meine Absicht zu erinnern. Das Ergebnis war eine vollkommen integrierte und sehr erfüllende Erfahrung.

Wenn ich Ihnen nur eine wichtige Empfehlung hinsichtlich der Farbenergie mitgeben kann, dann ist es diese: Machen Sie sich nicht zu viele Sorgen darüber, ob Sie die „richtige“ Farbe für die Aktivierung auswählen. Jetzt, da Sie diesen Ratgeber und ein stärkeres Bewusstsein für Farben haben, wissen Sie, dass Farben mehr bewirken können, als nur eine Augenweide zu sein. Statt zu versuchen, die für Sie beste Farbe auszusuchen, können Sie einfach damit anfangen, die Farben anzuwenden. Jede von ihnen bewirkt aufregende Veränderungen in Ihrer Energie, und Sie können kontinuierlich anpassen, wie viel von jeder Farbe Sie nutzen wollen. Achten Sie auf ihre Wirkung auf Sie, und wenn Sie irgendeine Farbe anders erleben als ich – umso besser! Das Wichtigste ist, einfach hineinzuspringen und sie zu *nutzen.*

Vielen Dank, dass Sie sich die Zeit genommen haben, die starke Welt der Farben gemeinsam mit mir zu erforschen. Ich mache diese Arbeit seit fast 20 Jahren und liebe es, den Menschen ihre Möglichkeiten aufzuzeigen. Nun haben Sie viele Mittel an der Hand, mit denen Sie auf unbegrenzten Wegen durch Farben weiterkommen können. Probieren Sie es aus und lassen Sie mich bitte an Ihren Erfahrungen teilhaben!

Quellen

Kapitel 6

1. Donald A. Laird, „Fatigue: Public Enemy Number One; What It Is and How to Fight It“. *American Journal of Nursing* 33, Nr. 9 (September 1933): 835–841.
2. „A Flash of Green Enhances Creativity“. *Pacific Standard,* 20. März 2012, http://www.psmag.com/books-and-culture/a-flash-of-green-enhances-creativity-40483. Siehe auch Stephanie Lichtenfeld u. a., „Fertile Green: Green Facilitates Creative Performance“. *Personality and Social Psychology Bulletin* 38, Nr. 6 (Juni 2012): 784–797.
3. Siehe z. B. Sylvie Studentea, Nina Seppalab und Noemi Sadowskaa, „Facilitating Creative Thinking in the Classroom: Investigating the Effects of Plants and the Colour Green on Visual and Verbal Creativity“. *Thinking Skills and Creativity* 19 (März 2016): 1–8. http://www.sciencedirect.com/science/article/pii/S1871187115300250.
4. Gretchen Reynolds, „Greenery (or Even Photos of Trees) Can Make Us Happier“. *Well* (Blog), *The New York Times,* 17. März 2016, http://well.blogs.nytimes.com/2016/03/17/the-picture-of-health.

Kapitel 8

5. „Psychological Study Reveals That Red Enhances Men's Attraction to Women“. PhysOrg.Com, October 28, 2008. Verfügbar online unter http://medicalxpress.com/news/2008-10-psychological-reveals-red-men-women.html.

Kapitel 10

6. A.G. Schauss, „Application of Behavioral Photobiology to Human Aggression: Baker-Miller Pink“. *International Journal for Biosocial Research* 2 (1981): 25–27. Zitiert in James E. Gilliam und David Un-

ruh, „The Effects of Baker-Miller Pink on Biological, Physical and Cognitive Behaviour“. *Journal of Orthomolecular Medicine* 3, Nr. 4 (1988): 202–206.

7. A.G. Schauss, „Tranquilizing Effect of Color Reduces Aggressive Behavior and Potential Violence“. *Journal of Orthomolecular Psychiatry* 8 (1979), 218–220; W.D. Wilson, *The Pink Relaxation Center/Study Carrel* (Gig Harbor, WA: Human Edge Systems, 1985). Zitiert in Gilliam und Unruh, „The Effects of Baker-Miller Pink.“

Danksagungen

Ich habe so vielen Leuten für ihre Mühe, Anleitung und Unterstützung beim Schreiben dieses Buchs zu danken.

Ich danke dir, Colette Baron-Reid, dafür, dass du mich beständig ermutigt und der Hay-House-Familie vorgestellt hast.

Allen Mitarbeitern von Hay House: Danke für Ihr Engagement und die wichtige Rolle, die Sie bei der Umsetzung von Buchprojekten spielen. Mein besonderer Dank gilt Patty Gift, Diane Ray und Perry Crowe. Die gesamte Familie des Hay House Verlags hat mich herzlich aufgenommen, und es ist mir eine Ehre, Teil ihrer Gemeinschaft zu sein.

Ich danke meiner Lektorin Lisa Cheng. Durch Ihre ausgezeichnete Anleitung habe ich unglaublich viel gelernt. Ich bin Ihnen für Ihre tolle Unterstützung und harte Arbeit sehr dankbar.

Und nicht zuletzt haben mehrere Freunde und Kollegen eine große Rolle im Anfangsstadium der Entwicklung dieses Buchs gespielt. Es sind die Menschen, die so freundlich waren, die Idee und das Konzept zu *Geheime Kraft der Farben* zu lesen und zu lektorieren und mir Ratschläge zu geben. Ich danke Marilyn Kentz, Mariska Van Aalst, Ramey Warren, Alan Cohen, Danielle MacKinnon, James Van Praagh, Licia Morelli und John Holland.

Über den Autor

Dougall Fraser ist international anerkannter Hellseher, Autor und kosmischer Berater. Er ist in den Bereichen der Farbtherapie, Hellsicht, Intuition, Einfühlsamkeit und Innenarchitektur tätig und berät seine Klienten, so dass sie ihre Ziele und Träume verwirklichen können. Er war schon in mehreren Fernsehsendungen zu sehen. Dougall Fraser schreibt regelmäßig einen Blog für die *Huffington Post,* ist der Autor des Buchs *But You Knew That Already* und war Co-Moderator der spätabendlichen Talkshow *That Sex Show* des Senders LOGO Network. Dougall Fraser lebt mit seinem Mann in Los Angeles, und Sie können seine Webseite www.dougallfraser.com besuchen.